第一卷 绪论　　王余光　陆滢竹◎著

第二卷 先秦秦汉魏晋南北朝图书馆学史　　何官峰◎著

第三卷 隋唐五代图书馆学史　　赵晓◎著

第四卷 宋辽夏金元图书馆学史　　钱昆◎著

第五卷 明代图书馆学史　　熊静◎著

第六卷 清代图书馆学史　　熊静◎著

第七卷 民国图书馆学理论　　王莞菁◎著

第八卷 民国图书馆学教育　　郑丽芬◎著

第九卷 民国图书馆学学术团体　　王玮◎著

第十卷 民国图书馆学学者　　李诗苗◎著

民国文献学学者　　李诗苗◎编著

国家社科基金重大项目『中国图书馆学史』（13&ZD153）结项成果

中国图书馆学史

第六卷

主　编　王余光
副主编　熊　静　吴永贵

王莞菁　著

时代出版传媒股份有限公司
安徽教育出版社

图书在版编目（CIP）数据

中国图书馆学史. 第六卷 / 王余光主编；熊静，吴永贵副主编；王莞菁著. -- 合肥：安徽教育出版社，2024.5
 ISBN 978-7-5748-0246-9

Ⅰ.①中… Ⅱ.①王…②熊…③吴…④王… Ⅲ.①图书馆学史－研究－中国 Ⅳ.①G250.92

中国国家版本馆 CIP 数据核字(2024)第 093929 号

中国图书馆学史·第六卷
ZHONGGUO TUSHUGUANXUE SHI·DI-LIU JUAN

出 版 人：费世平
策划编辑：江　舟
统筹编辑：江　舟　陶忠娣
责任编辑：江　舟　查咏梅　胡曙扬
责任校对：汪　攀
装帧设计：张鑫坤
技术编辑：陈善军

出版发行：安徽教育出版社
地　　址：合肥市经开区繁华大道西路 398 号　邮编：230601
网　　址：http://www.ahep.com.cn
营销电话：(0551)63683012,63683013
排　　版：安徽时代华印出版服务有限责任公司
印　　刷：安徽新华印刷股份有限公司

开　本：710 mm×1010 mm　1/16
印　张：20
字　数：245 千字
版　次：2024 年 5 月第 1 版
印　次：2024 年 5 月第 1 次印刷
定　价：146.00 元

（如发现印装质量问题，影响阅读，请与本社营销部联系调换）

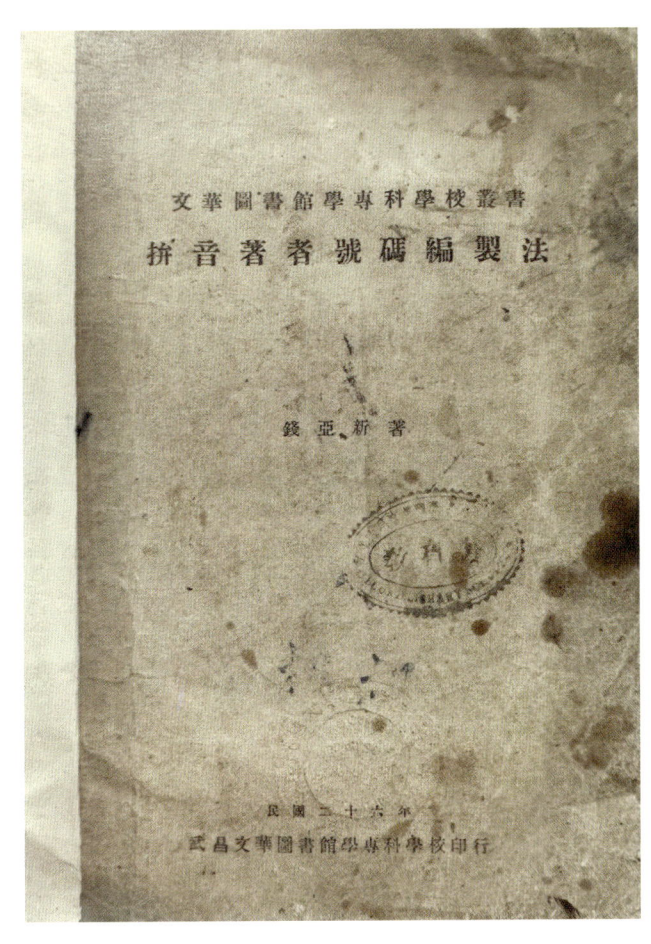

《拼音著者号码编制法》

《索引和索引法》

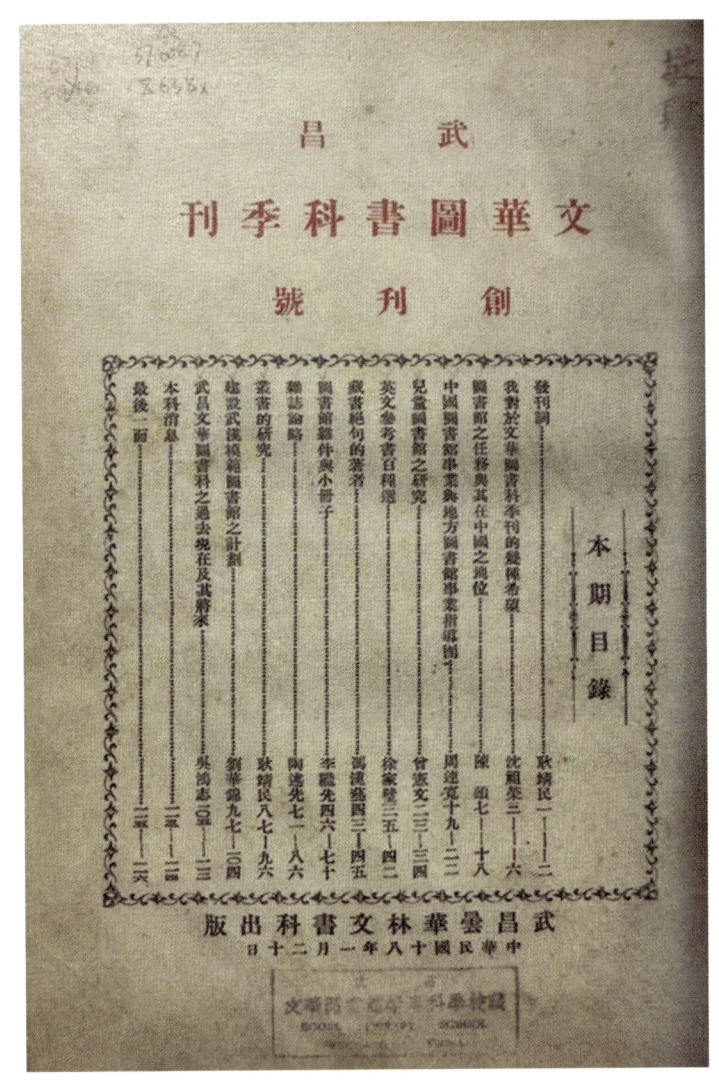

《武昌文华图书科季刊》

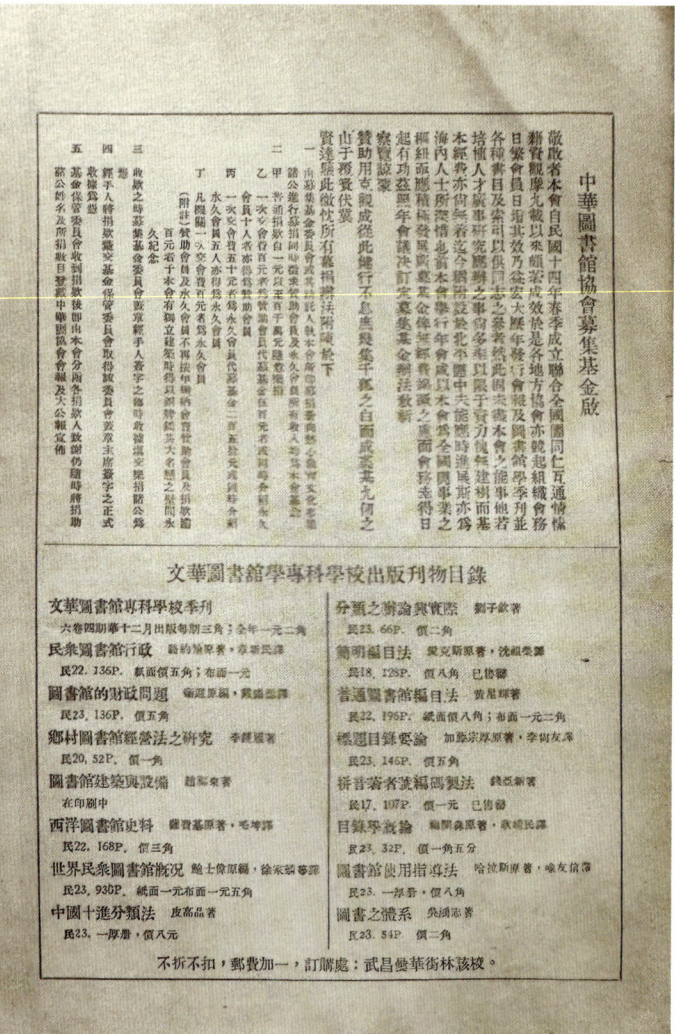

北京高等师范学校图书馆

顾颉刚　　　　　　　　杜定友　　　　　　　　桂质柏

刘国钧　　　　　　　　皮高品　　　　　　　　钱亚新

韦棣华

麦维尔·杜威

沈祖荣(右)

松坡图书馆快雪堂一馆正门

泰戈尔与辜鸿铭（前排右一）、徐志摩（后排左二）等在松坡图书馆一馆

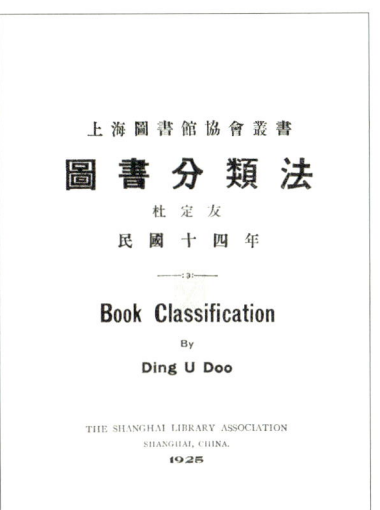

《图书分类法》

《图书选择法》

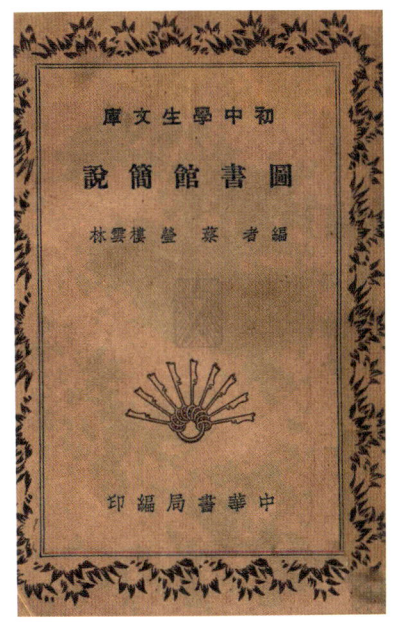

《图书馆简说》

文华大学学生在公书林阅览图书

中华图书馆协会成立仪式全体摄影

中华图书馆协会第一次年会开幕典礼 在金陵大学大礼堂前

中华图书馆协会第一次年会开幕典礼 在国立中央大学图书馆前

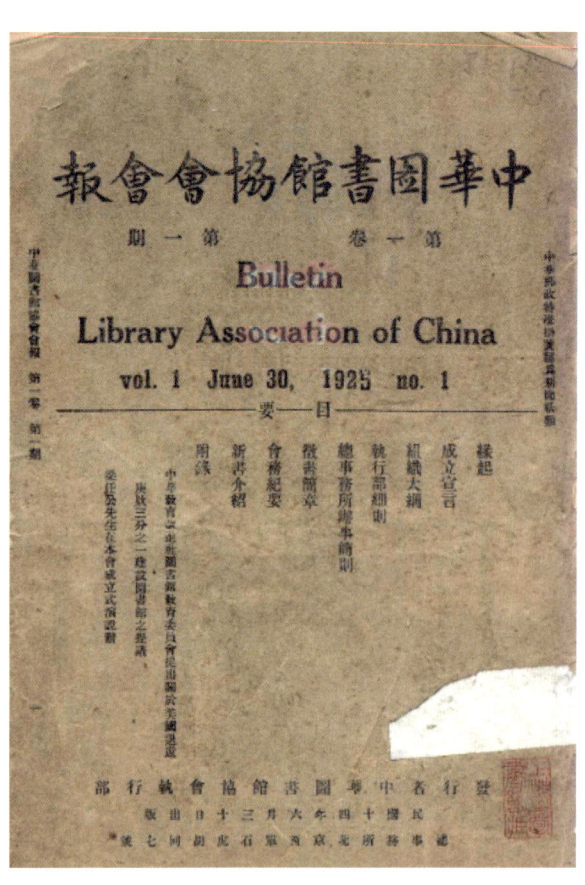

《中华图书馆协会会报》第一卷第一期

总　序

1925年，梁启超先生在中华图书馆协会成立会上呼吁，建设"中国的图书馆学"，明确指出"对于中国的目录学（广义的）和现代的图书馆学都有充分智识"之人，才能将中国的图书馆学建设成一门独立的学科，成为"中国的图书馆学"（《中华图书馆协会成立会演说辞》）。自此之后，经过几代图书馆学学人的共同努力，中国现代图书馆学走完了从孕育到成熟的发展历程。

中国古代藏书文化源远流长，自刘向、刘歆父子校理群书起，积累了丰富的藏书经验与整理理论；以清末西学东渐、西方图书馆学思想传入为起点，现代意义上的图书馆在中国生根发芽，一代图书馆学家完成了中国图书馆学学科体系构建的历史使命。数千年来，一代代爱书人聚书万卷、丹黄不辍，谱写了世界文化史上关于书的学问最为绚丽的篇章。

近百年来，数代图书馆学家筚路蓝缕，将中国传统藏书管理、整理的方法和理念，与西方图书馆学思想相结合，完成了中国图书馆学的本土化进程。在这个过程中形成的思想、理论、著作、学术流派，为学科发展作出贡献的人物，以及学科教育、学术组织、刊物等，都属于中国图书馆学学科史的重要内容。今天，我们重视学科史、学术史，既为表彰前辈学人开山辟路之功，同时也是在回顾成就的基础上，为中国图书馆学的发展厘清思路。

按照学界惯例，学术史是体现学科成熟度的重要标志。然而，中国图书馆学虽历史悠久，但学科史的研究一直比较薄弱，成果较少且叙述都较为简略，未能建立起纵贯古今的图书馆学史研究框架。2017年，四卷本《中国图书馆史》出版，填补了我国图书馆史系统性研究的空白，我担纲其中《古代藏书卷》的主编。图书馆事业与图书馆学，为一体之两面，也是我长期以来重点关注的研究领域。在爬梳史料的过程中，我深感古代藏书与近现代图书馆事业之间的紧密联系，以及建立中国图书馆学史研究体系的必要性。

随着学界同道对"中国图书馆学史"研究意义认识的不断深入，我们愈发感到推进"中国图书馆学史"研究的紧迫。因此，2013年初，笔者向国家社科基金委提交了"中国图书馆学史"重大项目选题。选题通过后，我们组建了一支由国内知名高校图情领域中青年研究者组成的团队，共同完成课题申报，并于2013年11月获得立项，项目名称就是"中国图书馆学史"，项目号为"13&ZD153"，该项目的预定目标就是推出一套多卷本的《中国图书馆学史》。

2014年，我们于北京大学信息管理系召开开题报告会，徐雁教授、王子舟教授、姚伯岳教授、吴永贵教授等参会，就研究计划与实施方案提出了大量切实可行的建议。课题组根据专家意见，重新修改完善了研究大纲并确定分工，正式展开中国图书馆学史的资料收集与研究工作。

经过一年多的准备，2015年11月28日至29日，课题组在北大信息管理系召开第二次全体工作会议。经过两天的讨论，会议确定了各卷的主要内容、写作大纲，讨论开列了各时期重要图书馆学学人名录，进一步明确了研究思路，课题研究转入攻坚阶段。2016

年初至 2019 年底，是各分卷按照分工独立展开研究的阶段。其间，我们多次召开小型研讨会，就各卷研究遇到的问题展开讨论，同时协调进度，统一写作思路。为保证书稿质量，2020 年元月 2 日至 3 日，课题组在北京召开第三次全体工作会议，从体例统一的角度，对各分卷初稿逐一审读并提出修改意见。2020 年 4 月底，各分卷按计划完成了初稿。经过近半年的修改，2020 年 10 月 14 日至 18 日，课题组在苏州召开结题审稿会，邀请苏州图书馆邱冠华、金德政、费巍和苏州大学李雅等专家学者与会，就审稿过程中发现的问题进行研讨。充分吸纳专家意见并对书稿进行修改后，2020 年 11 月底，"中国图书馆学史"重大课题结项报告最终定稿，并于 2021 年 3 月通过鉴定，获批结项。

我与安徽教育出版社渊源颇深，2017 年底，由我主编的十卷本《中国阅读通史》由安教社出版。在十余年"漫长"的合作中，安教社始终支持我们的工作，对作者的"拖延"保持了足够的宽容，并为出版做了大量认真细致的工作。因此，在与作者团队商议后，我们决定"再续前缘"，延续我们因《中国阅读通史》而结下的良好合作关系，共同做好《中国图书馆学史》的出版工作。2021 年，安徽教育出版社将该项目的结项成果按照出版规范加以调整后，申报了国家出版基金，并于 2022 年 3 月正式获批。此后，按照国家出版基金时间要求，根据专家审读意见再次修改书稿，完善内容，打磨细节。

2023 年 10 月 14 日至 15 日，在安徽教育出版社、河南大学新闻传播学院的支持下，我们在河南开封召开"《中国图书馆学史》出版推进会"，讨论了出版规范、书稿体例等问题。2024 年 3 月 14 日至 17 日，为了解决出版过程中遇到的问题，安徽教育出版社在合肥召开了一次由作者和全体责编参加的终审会,对书稿进行最后的修改。至此,基本完成全书定稿工作,最终的成果就是这套即将与读者见面的十卷本《中国图书馆学史》,目次为:

第一卷　绪论　先秦秦汉魏晋南北朝图书馆学史
第二卷　隋唐五代图书馆学史
第三卷　宋辽夏金元图书馆学史
第四卷　明代图书馆学史
第五卷　清代图书馆学史
第六卷　民国图书馆学理论
第七卷　民国图书馆学教育
第八卷　民国图书馆学学术团体
第九卷　民国图书馆学学者
第十卷　民国文献学学者

第一卷分为《绪论》和《先秦秦汉魏晋南北朝图书馆学史》两部分。《绪论》重点解决中国图书馆学史研究中的重要理论问题,阐释我们对中国图书馆学、图书馆学史等基本概念的理解,梳理前人研究成果,确立研究的疆域与边界,构建全书总体框架,为后续研究奠定基础。按照我们的理解,中国图书馆学既应包括西学东渐、近代学术转型以来,西方图书馆学思想本土化后的成果,更应继承古代藏书整理的经验、方法、理论。近代学科体系的突出特征,就是分科越来越细,交叉越来越多。在近代学科体系建立的过程中,许多原本有密切联系的知识门类独立为专门的学科,图书馆学与文献学就是其中的代表,但从学术史的角度看,相关学科之间的客观联系是无论如何不应被忽视的。因此,在对前人研究成果进行梳理时,我们将之分为图书馆学与文献整理学两部分,以求更为全面地展现本领域的既有进展,帮助我们厘清思路,提炼重点研究问题。

从《先秦秦汉魏晋南北朝图书馆学史》至《清代图书馆学史》,属于中国图书馆学史的古代部分。我们认为,中国古代关于藏书的文化传统,是滋养中国图书馆学发生、发展的土壤,而系统的西方学科理论,奠定了中国图书馆学学科化、体系化的基石。中国古代藏书文化中关于藏书建设、整理、管理的思想与方法,是中国图书馆学的重要内容,也是"中国的图书馆学"的文化土壤与特色所在。因此,我们按照时间顺序将古代图书馆学划分为五个时段,分论每个时段图书馆学的历史发展、主要成就、代表人物,重点梳理各时段藏书管理与藏书整理思想、理论。具体内容有:古代藏书管理的思想与方法,即古代藏书收集、保存、利用等相关经验的总结;古代藏书整理的思想与方法,重点放在分类、编目、版本等藏书整理实践中总结的方法和理论。

民国是中国图书馆学学科体系建立的关键时期,有对传统藏书经验和理论的总结与继承,更有随近代学科体系建构而形成的新领域、新思想;也是中国图书馆学发展的关键阶段,在形塑学科体系结构、引领学科发展方向等方面产生了深远影响。此外,这一时期学人、著作不断涌现,学术团体、学科教育等学术建制的萌芽与成熟对于学科发展意义重大,同样应当进入学术史的范畴。而学人、著作是学术史的"主角",以人为纲,学案体的写法更利于展现学派、学术发展之内在关联。故中国图书馆学发展至民国以后,有必要对其进行进一步的细分,以契合民国图书馆学在中国图书馆学史上的重要地位。在写作思路上，采用总分式结构。以一卷的篇幅总论民国图书馆学的发展背景、理论进展、学科建制；再以四卷的规模，择取民国图书馆学教育、学术团体、图书馆学与文献学学者等不同侧面，多维度展现民国图书馆学的发展面貌与主要成就，力求揭示近代中国图书馆学学科建构与转型的路径及其发展的内在机理。

"中国图书馆学史"的研究过程中，我的研究生、博士后也参与了课题讨论，从中选取相关论题撰写论文，为课题积累了丰富的前期成果和研究资料。由于工作变动，其中部分成员没有参与书稿的撰写，在此对他们的付出表示感谢。他们是北京大学范凡、许欢、张慧丽、李世娟、衡明明、张婵娟，清华大学王媛，中国人民大学王丽丽，河北大学赵元斌，青岛大学刘悦。

需要说明的是，在中国图书馆学史研究领域，许多基本概念尚存争议，学科史的研究框架与内容亦无成例可循，本书的观点仅代表一家之言。限于学力、时间，疏漏之处在所难免，诚盼学界同人不吝批评，就书中涉及的问题与我们展开讨论。

对学科史研究的重视，是学科发展到一定程度之后的学术自觉。对几千年来中国图书馆学成就的系统梳理，能够帮助我们找寻图书馆学史闪耀的思想光芒，确认值得今天借鉴的精神成果。当前图书馆学的发展也需要我们时常回望来路，通过反思历史，审视今天的问题，厘清前进的方向。当前，随着国民经济的快速发展，中国图书馆事业突飞猛进，取得了令世界瞩目的成就，图书馆是重要文化设施的理念深入人心。然而，与事业发展相伴的是图书馆学学科及其教育发展面临的困境。一方面，信息技术的革新赋予了以图书馆学为代表的信息学科无限的想象空间；另一方面，与现实脱节，对事业发展重大现实问题回应力不足，以及由此而生的关于学科必要性、独立性的悲观情绪，正在学科内部蔓延。历史总是相似的，如今，中国的图书馆学又走到了一个需要选择何去何从的关口。我们梳理图书馆学学术史时，不仅要铭记前辈先贤为构建学科作出的努力与贡献，更重要的是从历史经验中汲取养分，对今天的图书馆事业、图书馆学发展进行深入思考，厘清思路、拓展视野，透过纷繁的现象，为中国图书馆学未来的发展作出正确的道路选择。这也是时代赋予当代图书馆学学人的重大使命与责任！

十卷本《中国图书馆学史》的出版，仅是我们为上述目标所作的初步努力，而学术史的完善，仍需更多关心图书馆学的发展、深入理解"中国的图书馆学"内涵的学者共襄其事。我相信，图书馆是人类文明生活的"第二起居室"；中国的图书馆学，将有一个光明的未来！

是为总序。

王余光

2024年4月于北京

目录

引 言 / 1

第一章 / 28
民国图书馆事业的发展

第一节　社会教育的推动 / 34
　一、教育改革与图书馆 / 34
　二、民国初期的图书馆建设 / 38

第二节　图书馆法规的完善 / 41

第三节　西方图书馆思想的输入 / 47
　一、图书馆学著作的译介 / 47
　二、美式图书馆观念的引入 / 49

第四节　庚子赔款与图书馆事业 / 55

第二章 / 61
民国时期图书馆学的确立与发展

第一节　图书馆学研究群体的形成 / 61
　一、奠基的留美学人 / 62
　二、承前启后的留美学人 / 64

第二节 图书馆学专门教育的形成 / 66
  一、韦棣华与文华图书科 / 66
  二、图书馆学专业教育的建立 / 68
  三、图书馆学短期学习班 / 71
  四、图书馆学的内容体系 / 74

第三节 图书馆专业组织的成立 / 78
  一、中华教育改进社 / 78
  二、中华图书馆协会 / 87

第四节 图书馆学专业期刊的创办 / 95
  一、《中华图书馆协会会报》/ 95
  二、《图书馆学季刊》/ 100
  三、《文华图书馆学专科学校季刊》/ 102

第五节 图书馆学研究专著的出现 / 106

第三章 / 115
理论图书馆学的建树

第一节 梁启超的图书馆学思想 / 115
  一、美国的图书馆事业 / 117
  二、筹办松坡图书馆的经验 / 120
  三、建设中国图书馆学的思考与倡议 / 123

第二节 图书馆学的重要理论突破 / 128
  一、图书馆观念的更新 / 128

　　　　　　　　二、探讨图书馆的定义/ 132

　　　　　　　　三、要素说/ 137

　　　　　　　　四、比较图书馆学/ 141

　　　　第三节　图书馆学术史的分期研究/ 144

第四章 / 152
应用图书馆学的建树

　　　　第一节　分类法的原理及编制/ 152

　　　　　　　　一、传统文献分类理论/ 152

　　　　　　　　二、西方图书分类法的引进/ 157

　　　　　　　　三、民国时期的图书分类理论/ 159

　　　　　　　　四、著者号码表/ 178

　　　　第二节　图书编目/ 181

　　　　　　　　一、关于图书编目定义的研究/ 182

　　　　　　　　二、关于图书编目规则与方法的研究/ 186

　　　　　　　　三、关于目录形式的研究/ 192

　　　　　　　　四、关于图书编目与分类的关系/ 195

　　　　第三节　检字法和索引/ 197

　　　　第四节　立足实际的图书馆管理理论/ 209

　　　　　　　　一、读者指导/ 215

　　　　　　　　二、图书流通服务/ 224

第五节 图书馆的图书采访理论/ 229
　　一、顾颉刚及《购求中国图书计划书》/ 229
　　二、杜定友及《图书选择法》/ 240
　　三、邢云林及《图书馆图书购求法》/ 245

第五章 / 253
民国图书馆学理论的时代特征与启示

第一节 对西方图书馆学理论的借鉴与改造/ 253

第二节 图书馆学的本土化/ 259

第三节 民国图书馆学理论发展的启示/ 264

主要参考文献 / 268

索　引 / 292

后　记 / 303

引 言

梁启超曾于中华图书馆协会成立会上，系统阐述了他对中国近代图书馆学发展方向的看法。他认为知识是没有国界的，世界各国关于斯学之原理在大体上是一致的，本国之原理诚然也不会有所例外，但是中国图书源远流长，经历了数千年的发展，其类型和特质皆十分复杂，与西洋图书相比可以说截然不同。因而图书馆学者运用现代图书馆学原理来整理中国传统书籍，是一件非常困难的事情，从事相关整理工作的人员需要对广义上的中国传统目录学和现代图书馆学都有着充分的了解，并能够有所变通。这是一门需要大量学者不断探索和研究的学问，而研究成果无疑将成为一门独立学科，这门学科，则可以称为"中国的图书馆学"。①

中国图书馆学作为一门专业学科，经过几代学者的不懈努力，正逐渐由萌芽走向成熟，呈现出蓬勃发展的势头。

从创建图书馆学肇始，图书馆学人就在为争取独立的学科地位、构建自身核心理论和扩大教育规模而努力。"曾几何时，图书馆学被某些学者错误地认为是一门经验总结的'术'，而非理论概

---

① 参见梁启超《中华图书馆协会成立会演说辞》，《中华图书馆协会会报》1925年第1期。

括的'学'"①，此外，目前的图书馆学理论及相应的研究方法依旧是西方图书馆学的产物，如何实现其与我国传统图书馆学理论的完美融合，仍然是一个问题。"至今尚无一部能够全面系统反映和总结中国图书馆学产生、发展历史的学术史专著问世，使得中国图书馆学学科建设与专业教育都缺失了重要的一环。"②显然，对于图书馆学理论的探讨，能够为中国图书馆学的学科建制提供充分的支撑，为巩固当前图书馆学的学科地位作出一定的贡献。

从课程设置来看，当代图书馆学专业不仅要学习图书馆管理、分类与编目等与当前图书馆实际工作密切相关的课程，也要接触文献学、目录学等传统知识。因此，对民国图书馆学理论与应用的研究，有助于我们了解中国图书馆学的近现代转型，从而进一步探究图书馆学从何处来、往何处去。而对图书馆学演变发展的充分认识和准确把握，则能够更好地帮助当今的图书馆学人厘清图书馆学的本质，为图书馆学的进一步转型找到方向，从而促进现代图书馆的建设和完善。

图书馆学的本质到底是什么？它与图书馆是什么关系？它从哪里来，又将往哪里去？对中国图书馆学的发展历程进行科学、系统的梳理和总结，结合我国实际情况，兼顾古今中外的思想理论，建设真正的"中国的图书馆学"，成为当代图书馆学人的重要任务。

民国时期图书馆学是图书馆学史的一个重要组成部分，在新旧碰撞、社会动荡的大变局之中，完成了从传统目录学、校雠学向真正意义上的近现代图书馆学的转变。因此，全面系统地阐述民国图

---

① 龚蛟腾：《中国图书馆学的起源与转型——从校雠学说到近现代图书馆学的演变》，国家图书馆出版社，2013年，第3页。
② 王余光：《中国图书馆学史研究专题导言》，《图书馆》2015年第11期。

书馆学理论的内容、发展规律、特点、贡献及对理论的应用情状等,对民国图书馆学进行全方位爬梳以及客观真实的评价,并确立其在中国图书馆学史上的地位,对于图书馆学的学术传承及创新都有着极其重要的意义。

一、图书馆学史研究

关于图书馆学史研究的著作颇丰,较具代表性的专著有:谢灼华主编《中国图书和图书馆史》、龚蛟腾著《中国图书馆学的起源与转型——从校雠学说到近现代图书馆学的演变》、来新夏等著《中国图书事业史》、吴仲强等《中国图书馆学史》、范并思等编著《20世纪西方与中国的图书馆学——基于德尔斐法测评的理论史纲》、周文骏和王红元合编《中国图书馆学研究史稿(1949年10月至1979年12月)》、吴稌年《图书馆活动高潮与学术转型:古近代》、李刚等《制度与范式:中国图书馆学的历史考察(1909—2009)》、中国科学技术协会主编《中国图书馆学学科史》、范凡《民国时期图书馆学著作出版与学术传承》等。这些书籍以20世纪上半叶在该学科领域内产生过重要影响、具有指导意义的著述或是图书馆学的发展历史为研究对象,考察了中国图书馆学在特定时期的发展规律。

谢灼华主编的《中国图书和图书馆史》①是一部集图书史、图书馆史和图书馆学研究于一体的经典著作。该书总共有七编:第一编论述典籍的产生和藏书的出现;第二编介绍简帛书时期,即春秋至两汉时期的图书和藏书;第三编详述了写本书时期,即三国两晋

---

① 谢灼华主编:《中国图书和图书馆史》(修订本),武汉大学出版社,2005年。

至隋唐时期的图书和藏书;第四编叙述了印本书兴起时期,即宋元时期的图书和藏书;第五编阐述了印本书发展时期,即明至清前期的图书和藏书;第六编介绍了机械印刷兴起时期,即1840—1911年的书刊和图书馆;第七编详述了机械印刷发展时期,即1912—1949年的书刊和图书馆,这部分内容对于辛亥革命之后的斯学发展及事业建设进行了简要的介绍,但没有对其成系统地加以阐释。

龚蛟腾所著的《中国图书馆学的起源与转型——从校雠学说到近现代图书馆学的演变》对中国图书馆学的演进和发展作了较为详尽的论述。全书分为上、下两篇,共八章,上篇四章介绍了古代校雠学说,下篇四章则论述近现代图书馆学。在下篇近现代图书馆学中,第五章"传统校雠学说的涅槃新生",简述了在晚清以来的社会变革中,随着图书馆事业的发展,我国近现代意义上的图书馆孕育、成长的过程;第六章"西方图书馆学的学说东渐",叙述了泰西各国及东洋斯学相关理念的传入,并与我国传统藏书楼理念交流融合,共同促进我国图书馆事业的近现代化;第七章"新式图书馆学的蓬勃发展",分节介绍了对于图书馆学学科的认识,文献分类体系、文献编目方法、读者服务工作的探索研究,图书馆行业的管理制度和管理程序,图书馆学学科体系的构建;第八章"中国图书馆学的艰难转型",提出了中国图书馆学转型的条件、目标、模式以及启示。该书介绍了校雠学,即作者定义的中国古代图书馆学的起源与发展,总结了中国古代图书馆文献整理与文献管理的学术思想,同时也在一定程度上研究了晚清以来图书馆学的演变情况,概括了其时的图书馆学理论体系;通过相关分析,探讨了校雠学向西式图书馆学转型的艰难过程,认为传统的校雠学思想为我国古籍之整理、学术之考辨作出了巨大贡献,具有浓厚的历史文化底蕴;对于我国传统的图书馆学思想应当有选择地进行传承与发展，同时借鉴西方优秀的学术成果，才能建立真正意义上属于自己的具有民族特征的图书馆学，启示颇深。但正是由于该书将目光聚焦于中国的图书馆学从何而来、该往何处去的转型过程，因此对于民国时期图书馆学理论的梳理较有限，无法清晰完整地呈现其时图书馆学理论的内容与发展脉络。

来新夏等著的《中国图书事业史》[①] 一书共十四章，以周秦至民国为时间起止介绍我国图书事业，其中最后四章是对于民国时期我国图书事业的描述。书中有关图书馆事业法令、法规的制定，各种类型的图书馆，"新图书馆运动"及其历史作用，图书馆学的研究与教育，图书馆事业的发展等内容涉及了民国时期的图书馆学思想。该著作立足于图书，是一部全面系统介绍中国古代至近现代图书事业发展的通史，但是，由于近现代时期所占篇幅较少，且其着重点主要是"图书事业"，所以对于民国时期图书馆学思想的讨论并不是十分详尽。

吴稌年编撰的《图书馆活动高潮与学术转型：古近代》[②] 一书可以说是古代至近代中国图书馆事业史与学术史的结合。该书第六章"新图书馆运动中的主要学术成果"用了三节的篇幅对中国近代的图书分类法和"要素说"进行了考证，对其余理论或是一笔带过，或是穿插于图书馆的发展史中，简要提及。

吴仲强等著的《中国图书馆学史》[③] 一书分中国图书馆学史、图书学史、藏书学史、图书分类学史、目录学史、版本学史、文献

[①] 来新夏等：《中国图书事业史》，上海人民出版社，2009年。
[②] 吴稌年：《图书馆活动高潮与学术转型：古近代》，兵器工业出版社，2005年。
[③] 吴仲强等：《中国图书馆学史》，湖南出版社，1991年。

学史、图书馆学教育史八个专题，从古至今，条分缕析，系统地展现了我国图书馆学的发展历程。虽然每个章节对民国时期的图书馆学理论着墨不多，但也主次分明地介绍了该时期的代表人物和译著。由于该著是一部"通史"，且内容较为庞杂，因此对于学术理论部分的阐述和整理较为分散。

在期刊论文方面，关于图书馆学史的学术评论也颇具活力，相关论文有程焕文的《中华民国时期图书馆学术史序说》[①]，吴仲强的《中国图书馆学史论》[②]和《中国近现代图书馆学史论》[③]，范并思的《图书馆学基础理论的四个时期》[④]，袁凤的《中国图书馆学的产生与形成》[⑤]，霍国庆的《百年沧桑　三次高潮　四代学人——20世纪中国大陆和台湾地区图书馆学史总评》[⑥]，何官峰的《图书馆学史理论研究综述》[⑦]和《中国图书馆学史研究述评》[⑧]，伍若梅、张杰的《我国图书馆学史理论研究综述》[⑨]，郑全太的《我国图书馆学史学科建设亟待加强》[⑩]，等等。

何官峰《图书馆学史理论研究综述》一文对20世纪80年代以来该学科学术史的理论研究部分之进展进行了爬梳和总结，并提出

---

① 程焕文：《中华民国时期图书馆学术史序说》，《中山大学学报》1988年第2期。
② 吴仲强：《中国图书馆学史论》，《中国图书馆学报（季刊）》1992年第4期。
③ 吴仲强：《中国近现代图书馆学史论》，《图书馆论坛》1992年第3期。
④ 范并思：《图书馆学基础理论的四个时期》，《国家图书馆学刊》2008年第1期。
⑤ 袁凤：《中国图书馆学的产生与形成》，《科技情报开发与经济》2015年第7期。
⑥ 霍国庆：《百年沧桑　三次高潮　四代学人——20世纪中国大陆和台湾地区图书馆学史总评》，《图书馆》1998年第3期。
⑦ 何官峰：《图书馆学史理论研究综述》，《图书馆学研究》2015年第8期。
⑧ 何官峰：《中国图书馆学史研究述评》，《图书馆论坛》2015年第4期。
⑨ 伍若梅、张杰：《我国图书馆学史理论研究综述》，《图书馆》2012年第6期。
⑩ 郑全太：《我国图书馆学史学科建设亟待加强》，《图书馆学研究》2001年第3期。

对未来研究的思考及展望。他的另一篇文章《中国图书馆学史研究述评》则从四个方面梳理了中国图书馆学史研究文献，分析了中国图书馆学史研究进展，并在此基础上，综合讨论中国图书馆学史研究存在的不足，提出今后应关注的方向。伍若梅和张杰合作完成的《我国图书馆学史理论研究综述》一文从概念、意义、方法、内容、原则等方面对斯学的发展状况作了较为详尽的阐述，同时指出其不足之处并提出改进方法。这三篇文章均指出，学界至今尚无对中国图书馆学的产生与发展进行系统爬梳总结的著作与论文，这应成为今后学界重点关注的研究方向。在《我国图书馆学史学科建设亟待加强》一文中，郑全太提出了关于中国图书馆学史学科建设的设想，并围绕这一设想对该学科的性质、研究对象、研究任务、研究内容等进行初步探讨。文章详细分析了中国图书馆学史各研究部分之间的关系，同时指出中国图书馆学史必须从更宽广的历史背景和更深层次的理论层面来探讨中国图书馆学的发展之路。郑全太认为该学科的研究难度较大，需要具备严谨的研究态度和丰厚的学术积淀。

程焕文《中华民国时期图书馆学术史序说》一文将民国时期的图书馆学术发展分为三个阶段，并在每一阶段都列举了该时期重要的学人及其专著，认为民国时期图书馆学术研究在图书馆学术理论的建立与转变、近代图书馆学术体系、图书馆相关技术与方法等方面都取得了一定的成就，同时也提出了该时期研究存在的一些不足。

吴仲强《中国图书馆学史论》一文探讨了中国图书馆学史的研究对象、研究内容、分期、研究意义以及研究的原则和方法五个方面的内容。文中指出，图书馆学史研究的应该是整个图书馆学领域的历史，包括理论、技术和应用。他的另一篇文章《中国近现代图书馆学史论》简略阐述了1840年至1949年中国图书馆学的发展进程、重要事件、代表人物及其著作。

范并思《图书馆学基础理论的四个时期》一文，将孙毓修《图书馆》的出版作为斯学基础理论体系建立之肇始，认为百年间其体系的变化一共经历了四个时期，第一时期即1909年至1949年，其时的理论界侧重于描述图书馆活动。该文认为尽管当时的图书馆学人对于理论体系的认识水平不低，对于图书馆的性质、意义的描述甚至已达到较高的水平，但是由于社会环境的局限，理论的主体摆脱不了对于图书馆实际工作的经验描述，即始终没能摆脱仅对事件发展进行描述的局限。

袁凤所作《中国图书馆学的产生与形成》一文着眼于中国图书馆学的产生和发展历程，对中华人民共和国成立以前的图书馆事业之发展状况、图书馆学代表性人物及其重要贡献等内容进行了综述。

霍国庆在《百年沧桑　三次高潮　四代学人——20世纪中国大陆和台湾地区图书馆学史总评》及其续文中，对20世纪中国图书馆学三次高潮的历史背景、主要特点进行了详尽的论述，并对20世纪中国该学科的重要理论和发展脉络进行了评析，此外，对图书馆学人也进行了大致的介绍。

在学科史方面，范并思等编著的《20世纪西方与中国的图书馆学——基于德尔斐法测评的理论史纲》[①]采用德尔斐法，通过串联事件和人物，介绍和评析了20世纪世界图书馆学领域的重大事件、主要著作成果等，最终搭建起中国和西方图书馆学的大致发展脉络。该书对于图书馆的技术情结非常尊重，以应用图书馆学领域为切入点进行分析与阐述。作者认为彼时斯学事业的发展主要是由

---

① 范并思等编著：《20世纪西方与中国的图书馆学——基于德尔斐法测评的理论史纲》，国家图书馆出版社，2016年。

技术层面的不断进步促成的，由是孕育出进一步之研究，不少重要的图书馆学理论家都是在应用的基础之上形成自身的理论认识的，这样的研究角度对于今后的研究具有一定的借鉴参考意义。囿于篇幅，书中对民国时期的内容阐述不够详尽系统。周文骏和王红元合编的《中国图书馆学研究史稿（1949年10月至1979年12月）》[①]将时间跨度定位于中华人民共和国成立后三十年间，以时间为序，阐述了这期间我国图书馆学研究所获得的发展成就，厘清了图书馆学的发展脉络和发展规律，总结了图书馆学史研究工作的经验和教训。李刚等学者所著《制度与范式：中国图书馆学的历史考察（1909—2009）》[②]一书分上、下两篇，分别论述了我国图书馆学学科体系与研究模式的演进与变革。其中，关于20世纪上半叶的内容散见于期刊、交流等各章节之中，并未对其进行完整阐释。中国图书馆学会编著的《中国图书馆学学科史》[③]分三编概述了我国斯学从古至今的演进历程，其中，关于20世纪上半叶的学科之起始及发展等内容主要集中于该书第二编，分别从"新图书馆运动"、社会思潮、杜威及罗素热潮等方面阐述了社会因素对图书馆学学科思想的影响，并着重论述了以杜定友、刘国钧为代表的具有中国特色的图书馆学学科体系的创建。《民国时期图书馆学著作出版与学术传承》[④]一书对民国时期图书馆学文献译著及期刊发表情况进行

[①] 周文骏、王红元编：《中国图书馆学研究史稿（1949年10月至1979年12月）》，北京大学出版社，2011年。
[②] 李刚等：《制度与范式：中国图书馆学的历史考察（1909—2009）》，科学出版社，2013年。
[③] 中国科学技术协会主编，中国图书馆学会编著：《中国图书馆学学科史》，中国科学技术出版社，2014年。
[④] 范凡：《民国时期图书馆学著作出版与学术传承》，国家图书馆出版社，2011年。

了较为详尽的收集整理,并通过对该时期主要著述的评析,对彼时学界重要文献的作者群体之间的传承关系进行了全面的分析,并将其置于历史背景之下进行剖析,为进一步深入研究图书馆学史提供了更多的素材与启示。

目前与民国图书馆学理论研究直接相关的学位论文有4篇,均为硕士学位论文,分别为1987年武汉大学图书馆学专业徐鸿的硕士学位论文《中国近代图书馆学的产生与发展》,2007年黑龙江大学图书馆学专业王明慧的硕士学位论文《我国清末民初(1840—1925)图书馆学术思想及其评价》,同年河北大学图书馆学专业戎军涛的硕士学位论文《中国图书馆学理论发展史研究》,以及2011年西北大学图书馆学专业刘亮的硕士学位论文《民国时期我国图书馆学思想的主要内容与特征》。

徐鸿的《中国近代图书馆学的产生与发展》从学术史的角度总结我国图书馆学从古至今的演进过程。论文第二章大致介绍了民国时期对后世影响巨大的著名概论性图书馆学专著,尤其是杜定友和刘国钧的图书馆学理论,并重点探讨了近代中国目录学的发展。王明慧的论文将清末民初的图书馆学研究分为译书、实地考察、实践、初步理论建树和理论体系初创五个阶段,并简略介绍了数位图书馆学先驱及学人的生平和专著,但囿于篇幅,文章对于诸位学人思想的分析并不深入,且线索零碎,没有整理出完整的脉络。戎军涛的论文将时间切入点定于清末民初,并对百年来中国图书馆学的研究成果、相关著述等内容进行大致描述,归纳总结并分析其内在规律。但其文章的重心还是放在中华人民共和国成立之后,对于民国时期着墨较少。刘亮的论文与王明慧的论文在结构上颇为相似,他从四个方面总结了民国图书馆学思想的内容,每个方面选取杜定友、刘国钧等图书馆学人代表进行介绍说明,并提出民国时期图书馆学思想的形成和发展呈现出三大特点:古典、外来、中国化。与此同时,文章认为这种思想在其形成和发展的过程中,对于学科专业教育的形成和建立起到了促进作用。此外,2012年河北大学图书馆学专业史楠的硕士学位论文《清末民初维新派图书馆学思想研究》一文则重点总结了维新派对图书馆学研究与事业的发展作出的突出贡献。

对于民国时期图书馆学史的研究,成果较为丰富。但在这些成果中,有部分著述是以述为主,抑或述而不论;成果概述较多,成系统的、深入的研究成果较少;往往是在一些关于具有代表性、影响较大的图书馆馆史或图书馆学人的研究中涉及民国时期图书馆学思想理论研究。

二、图书馆及图书馆事业研究

张树华、张久珍编著的《20世纪以来中国的图书馆事业》[①]从图书馆的办馆观念及方针政策、各类型图书馆事业的发展、图书馆各项业务工作的进展、图书馆学研究和图书馆学教育的开展、图书馆协作组织的建立、各馆间的资源共享等方面论述了20世纪中国图书馆事业的发展。书中第三章第五节论述了20世纪上半叶斯学的发展状况及重要论著,将中国近现代图书馆学的发展分为新旧学术交替、东西方诸国图书馆学输入、中国图书馆学建树三个时期,并对每个时期的学术发展状况和主要的专著进行了简要介绍。刘少

---

① 张树华、张久珍编著:《20世纪以来中国的图书馆事业》,北京大学出版社,2008年。

泉在其编著的《中国图书馆事业史》① 一书中也对民国时期图书馆学略有提及。

《中国图书馆史》是中国图书馆界的一部大型史书类著作，2017年由国家图书馆出版社出版，主编为国家图书馆原馆长韩永进，内容涵盖范围全面、广泛。该书分为四卷，即古代藏书卷、近代图书馆卷、现当代图书馆卷以及附录卷。②《中国图书馆史》对于中国图书馆发展历史的时间跨度、古代藏书史与中国图书馆史的关系、中国图书馆史的历史分期以及研究的宏观视野等问题进行了深刻的探讨和诠释。该书第一次完整地记载、梳理了从先秦到当代历经数千年的中国图书馆事业之发展历程、丰硕成果、经验教训等内容，是一部真正意义上的图书馆通史。该套书籍将目光聚焦于中国图书馆及图书馆事业的发展，对于图书馆学理论提及较少。

严文郁所著《中国图书馆发展史：自清末至抗战胜利》③ 一书，在第七章"图书馆教育及图书馆学研究"的第二节"图书馆学研究"中，介绍了蓝乾章的分期方式，将1873至1945年这72年间中国图书馆学的发展分为播种时期（1873—1911）、萌芽时期（1912—1927）、茁壮时期（1928—1937）和晦暗时期（1938—1945），并列举了这四个时期的图书馆学著作和期刊。该书资料翔实、逻辑严密，对近现代图书馆的发展脉络进行了准确把握。但囿于以图书馆史为切入点，该书对于理论部分的阐发略显缺乏。

---

① 刘少泉编著：《中国图书馆事业史》，国家图书馆出版社，2013年。
② 韩永进主编：《中国图书馆史》（共4卷），国家图书馆出版社，2017年。古代藏书卷主编为王余光，近代图书馆卷主编为程焕文，现当代图书馆卷主编为肖希明，附录卷主编为汪东波。
③ 严文郁：《中国图书馆发展史：自清末至抗战胜利》，中国图书馆学会，1983年。

三、图书馆学人及其相关译著和专著研究

民国时期是中国图书馆学发展进程中的一个里程碑式的时期，是传统的中国图书馆学思想与先进的、开放的西方图书馆学思想汇聚、碰撞、相互交融糅合的时期，"一个时代的图书馆学思想体系是该时期图书馆学人思想的结晶，对于民国时期图书馆学思想体系的研究本身也是对于图书馆学人思想的研究"①。对于民国图书馆学人及其相关译著和专著的研究历来为学者们所重视，可以说成果丰硕，如王子舟所著《杜定友和中国图书馆学》②探讨了包括图书馆之观念、图书馆学基本要义、图书分类学之贡献、杜定友图书馆学之特征等问题；程焕文所著《中国图书馆学教育之父——沈祖荣评传》③一书分上、下两篇详述了沈祖荣的生平事迹和思想成就；翟桂荣编著的《李燕亭图书馆学著译整理与研究》④对李燕亭在中国图书馆和图书馆学教育方面的成就及影响进行了较为详尽的阐述，并对他的相关思想理论进行了进一步探讨和研究；郑锦怀所著《中国现代图书馆先驱戴志骞研究》⑤考证了戴志骞在童年、少年、青年时期的学习情况以及其在圣约翰大学罗氏藏书室及清华学校图书室的任职经历及贡献等。

关于图书馆学人群体研究亦有不少重要论文。程焕文在《论图

---

① 赵元斌：《民国图书馆学人综论》，《图书馆》2015年第11期。
② 王子舟：《杜定友和中国图书馆学》，北京图书馆出版社，2002年。
③ 程焕文：《中国图书馆学教育之父——沈祖荣评传》，台湾学生书局，1997年。
④ 翟桂荣编著：《李燕亭图书馆学著译整理与研究》，中国社会科学出版社，2016年。
⑤ 郑锦怀：《中国现代图书馆先驱戴志骞研究》，中国海洋大学出版社，2017年。

书馆人才的特征——关于"图书馆四代人"的探讨》①一文中提出了"图书馆四代人"的说法,认为20世纪中国图书馆界的学者可以按照其特征划分为四代,其中第一代及第二代学人主要出生或活跃于民国时期。在《跨越时空的图书馆精神——"三位一体"与"三维一体"的韦棣华女士、沈祖荣先生和裘开明先生》②一文中,程焕文分析和赞扬了韦棣华为中国图书馆事业所作出的杰出贡献及她的奉献精神,并认为沈祖荣继承了韦棣华之精神,这种精神之后为裘开明继续发扬,三者一脉相承,同为先驱。在文章《百年沧桑 世纪华章——20世纪中国图书馆事业回顾与展望》③里,程焕文回顾了过去百年间中国图书馆事业的发展进程,并对学界的将来进行了规划和展望。

尹吉星和邓小昭在他们合著的文章《关于第二代学人图书馆学思想研究的综述》④里采用了程焕文的"四代学人说",并对该学说体系中所定义的第二代学人关于斯学之基本理论构建等内容加以概述。刘兹恒在《20世纪初我国图书馆学家在图书馆学本土化中的贡献》⑤中,主要介绍了20世纪二三十年代的图书馆学者为促进我国图书馆学的发展所作出的贡献,以及他们为建立"中国的图书馆

---

① 程焕文:《论图书馆人才的特征——关于"图书馆四代人"的探讨》,《广东图书馆学刊》1988年第3期。
② 程焕文:《跨越时空的图书馆精神——"三位一体"与"三维一体"的韦棣华女士、沈祖荣先生和裘开明先生》,《中国图书馆学报》2002年第5—6期。
③ 程焕文:《百年沧桑 世纪华章——20世纪中国图书馆事业回顾与展望》,《图书馆建设》2004年第6期。
④ 尹吉星、邓小昭:《关于第二代学人图书馆学思想研究的综述》,《图书馆》2011年第6期。
⑤ 刘兹恒:《20世纪初我国图书馆学家在图书馆学本土化中的贡献》,《图书与情报》2009年第3期。

学"而付出的努力,最后总结了其时学者之作为给予当今图书馆学人的启示。顾烨青在《中国近现代图书馆学人史料建设:现状与展望》①一文中对图书馆学人相关史料的类型和研究现状进行了简要叙述,提出史料建设对于相关研究的重要性,并鼓励研究者查漏补缺,建立更加完善的资料库,进行更加深入的研究。俞君立的《文华图专学者对图书分类理论与实践的贡献》②一文从分类学和实务贡献两个方面考察文华学人的学术成果及贡献,重点阐述了引进与研究外国图书分类法及其理论、编制中国图书分类法、发展图书分类理论与方法体系等方面的内容。郑丽芬《筚路蓝缕先驱之路——试论我国第一代图书馆学人留美经历》③一文以民国初年奔赴美国学习深造的图书馆学人为研究对象,剖析了他们留学的动因、方式、经历等内容。吴永贵、林肖海《文华图专与中国近代图书馆学学科建制》④从文华学人的角度切入,分别对中国图书馆学高等教育的开辟者、学术研究主力军、中华图书馆协会建设的积极推动者三大主体进行分析,阐述了文华图书馆学专科学校的大体情况及其对于民国图书馆学发展的重要贡献。该文列举了文华图专所培育的部分图书馆学人及其相关专著。

吴稌年在《中国近代图书馆学的学术转型——以杜定友、刘国

---

① 顾烨青:《中国近现代图书馆学人史料建设:现状与展望》,《大学图书馆学报》2010年第3期。
② 俞君立:《文华图专学者对图书分类理论与实践的贡献》,《高校图书馆工作》2001年第1期。
③ 郑丽芬:《筚路蓝缕先驱之路——试论我国第一代图书馆学人留美经历》,《图书馆论坛》2015年第4期。
④ 吴永贵、林肖海:《文华图专与中国近代图书馆学学科建制》,《图书情报知识》2009年第3期。

钧为中心》①里以该学科著名学者为切入点,大致阐述了中国传统的图书馆学研究范式至近代的演进,并总结了该范式在20世纪上半叶的总体特征。范凡所著文章《民国时期图书馆学人》②,根据学者的相关经历及主要研究方向,将其时学界学者分为文献学家和图书馆学家两类。对于图书馆学家,该文主要将第一代留美学人作为考察对象,简述了他们的生平经历以及著作,并对过往记述的谬误进行了纠正,使他们的贡献得以充分彰显。李凡在《我国早期图书馆学家对参考馆员素质的论述及其启示》③中总结了民国时期朱家治、刘国钧、李钟履、袁同礼、李小缘、喻友信等学者对图书馆专员在其相关工作中所需具备的职业素养等内容的阐释。平保兴《16位图书馆学者事略与著述考录》④一文以极其精练的方式列举并介绍了其时16位有待深入研究的该学科之学者,为后来者更进一步的研究提供了思路。刘亮和杨玉麟《抗战时期图书馆学人的救亡思想——以沈祖荣、杜定友、李小缘、刘国钧为例》⑤一文大致介绍了标题列举的重要学者在其时所体现的救国思想及依此进行的实践工作。吴稌年在《近代图书馆学人对学术史的研究》⑥中,从民国图书馆学者的角度,详略有当地探讨了他们对于图书馆学术史的思考。霍国庆《百年沧桑 三次高潮 四代学人——20世纪中国大

---

① 吴稌年:《中国近代图书馆学的学术转型——以杜定友、刘国钧为中心》,《图书情报工作》2004年第10期。
② 范凡:《民国时期图书馆学人》,《图书与情报》2011年第1期。
③ 李凡:《我国早期图书馆学家对参考馆员素质的论述及其启示》,《大学图书馆学报》2013年第5期。
④ 平保兴:《16位图书馆学者事略与著述考录》,《山东图书馆学刊》2012年第1期。
⑤ 刘亮、杨玉麟:《抗战时期图书馆学人的救亡思想——以沈祖荣、杜定友、李小缘、刘国钧为例》,《图书馆》2011年第5期。
⑥ 吴稌年:《近代图书馆学人对学术史的研究》,《山东图书馆学刊》2014年第2期。

陆和台湾地区图书馆学史总评》沿用了"四代学人说",选取代表人物及重大事件,梳理了20世纪中国图书馆学发展的整体脉络。

除了群体研究之外,关于图书馆学人的个人研究也为数不少,如吴稌年、顾烨青的《论刘国钧先生早期的图书馆学思想》[1]、吴稌年的《社会教育理念下的图书馆学思想——马宗荣先生与近代图书馆事业》[2]、张雪梅的《试论孙毓修对中国近代图书馆学的贡献》[3]、刘应芳的《沈祖荣图书馆学本土化的理念及实践》[4]、韦庆媛的《戴志骞新图书馆思想与实践》[5]、周晓燕的《论杨昭悊及其图书馆学思想》[6]、李跃和张磊的《柳诒徵的图书馆学思想与实践》[7]、张喜梅的《王云五和近代图书馆》[8]、平保兴的《民国时期许振东的图书馆学术贡献》[9]、刘劲松和符夏莹的《民国时期陈颂的图书馆学思想及实践论略》[10]、丁友兰和刘雯的《李小缘先生图书馆社会教育思想探析》[11]、刘应芳和潘欣的《王云五对我国图书馆学本土化的特殊贡

---

[1] 吴稌年、顾烨青:《论刘国钧先生早期的图书馆学思想》,《中国图书馆学报》2011年第5期。
[2] 吴稌年:《社会教育理念下的图书馆学思想——马宗荣先生与近代图书馆事业》,《中国图书馆学报》2009年第2期。
[3] 张雪梅:《试论孙毓修对中国近代图书馆学的贡献》,《图书馆》2009年第2期。
[4] 刘应芳:《沈祖荣图书馆学本土化的理念及实践》,《图书情报工作》2010年第19期。
[5] 韦庆媛:《戴志骞新图书馆思想与实践》,《图书馆》2010年第6期。
[6] 周晓燕:《论杨昭悊及其图书馆学思想》,《四川图书馆学报》1999年第5期。
[7] 李跃、张磊:《柳诒徵的图书馆学思想与实践》,《兰台世界》2013年第16期。
[8] 张喜梅:《王云五和近代图书馆》,《太原师范专科学校学报》1999年第2期。
[9] 平保兴:《民国时期许振东的图书馆学术贡献》,《国家图书馆学刊》2016年第5期。
[10] 刘劲松、符夏莹:《民国时期陈颂的图书馆学思想及实践论略》,《图书馆建设》2019年第1期。
[11] 丁友兰、刘雯:《李小缘先生图书馆社会教育思想探析》,《情报探索》2017年第4期。

献》①等，这些文章中或多或少地提到了民国时期相关图书馆学人的图书馆学理论。

此外，还有数篇学位论文对民国时期的图书馆学人进行了研究，其中自然会涉及相关学人的图书馆学理论，如2011年北京大学潘梅的博士论文《袁同礼与中国图书馆事业》，该文详略得当地介绍了袁同礼的生平及成就等内容，并就其在具体实践工作中所作的诸多努力及获得的相应成果，如在图书馆管理、文献采访等方面均作了较为全面的探讨。2016年南京大学谢欢的博士论文《钱亚新图书馆学学术思想研究》，从钱亚新相关经历入手，总结归纳其在斯学上之成就贡献，同时就其研究中存在的欠缺之处进行评述，较为客观具体。

四、图书馆学的发展轨迹与特征研究

关于民国时期我国图书馆学的发展历程以及重要特点的研究在相关话题的研究中占了比较大的比重，有曾凡菊的《民国时期图书馆学学术转型研究》②，刘亮的《民国时期图书馆学思想的特征、影响和局限》③，吴稌年的《中国图书馆界早期近20年主要学术思想特征》④，沈占云的《"新图书馆运动"与民国时期图书馆学学术转型》⑤，张峰的《二十世纪我国图书馆学理论研究两次高潮的比较与

---

① 刘应芳、潘欣：《王云五对我国图书馆学本土化的特殊贡献》，《浙江师范大学学报》（社会科学版）2016年第2期。
② 曾凡菊：《民国时期图书馆学学术转型研究》，科学出版社，2020年。
③ 刘亮：《民国时期图书馆学思想的特征、影响和局限》，《图书馆建设》2011年第12期。
④ 吴稌年：《中国图书馆界早期近20年主要学术思想特征》，《图书馆理论与实践》2011年第12期。
⑤ 沈占云：《"新图书馆运动"与民国时期图书馆学学术转型》，《图书馆》2013年第6期。

分析》①，柯平、岳修志、李卓卓的《图书馆学发展规律探究》②，刘春云、龚蛟腾的《新文化运动与整理国故运动对中国图书馆学近代转型的影响》③，等等。

曾凡菊《民国时期图书馆学学术转型研究》一书以民国时期中国图书馆学学术转型为研究对象，从清末民初由藏书楼向近现代图书馆的转变发展开始谈起，通过探讨图书馆学者、专业教育、协会、期刊等历经学术转型的过程及其在学术转型中的功用，进而分析图书馆学是如何实现理论与应用的中西融合，并走上具有中国特色的"中国的图书馆学"道路的。刘亮《民国时期图书馆学思想的特征、影响和局限》一文认为民国时期是我国图书馆学思想形成和发展的重要阶段，指出此时的图书馆学具有古典特征、外来特征和中国化特征，并简要探讨了此时的图书馆学思想与图书馆学专业教育、学术研究及图书馆事业的关系，以及其在时代背景下不可避免的局限性，如对于中国传统文献典藏和利用思想的矫枉过正等。吴稌年的《中国图书馆界早期近20年主要学术思想特征》以列举翻译文章的方式大致总结了20世纪初期图书馆学术思想的外来性、多样化等特征，同时简要介绍了引进近代图书馆学术思想的部分知识分子及其译著。

沈占云所著文章《"新图书馆运动"与民国时期图书馆学学术转型》认为民国初期中国图书馆建设进入一个新的阶段。文章将

---

① 张峰：《二十世纪我国图书馆学理论研究两次高潮的比较与分析》，《图书情报知识》1992年第2期。
② 柯平等：《图书馆学发展规律探究》，《情报资料工作》2006年第4期。
③ 刘春云、龚蛟腾：《新文化运动与整理国故运动对中国图书馆学近代转型的影响》，《大学图书馆学报》2018年第3期。

"新图书馆运动"作为切入点,着重梳理了 20 世纪二三十年代,即"新图书馆运动"之后,中国图书馆界在探讨图书馆本质、构建基础理论、完善管理方法、付诸实际应用等方面的转变、创新和发展,最终形成了特色鲜明且符合中国实际的理论体系,并取得了丰硕的研究成果。张峰《二十世纪我国图书馆学理论研究两次高潮的比较与分析》一文引用黄宗忠关于 20 世纪我国斯学发展有两个黄金时期的观点,分别对这两段高潮时期的图书馆学理论研究的特点、成因等内容进行论述,其中,第一个黄金时期即 20 世纪 30 年代,大体上形成了图书馆学的理论体系。该文还探讨了民国时期图书馆学理论研究的主要内容,包括研究对象、研究方法、学科体系结构、特征与不足等。

柯平、岳修志、李卓卓《图书馆学发展规律探究》一文以图书馆学的产生发展为切入点,认为图书馆学思想来源于官方意识和私家藏书两个方面,得出图书馆学在研究宗旨、社会性和本土化三个方面的渐进性特征。文章认为图书馆学史兼容并包,归纳了图书馆学的六个流派,同时界定了图书馆学的学科性质,并探究了其发展规律。

刘春云和龚蛟腾的文章《新文化运动与整理国故运动对中国图书馆学近代转型的影响》以新文化运动和整理国故运动为切入点。一方面,新文化运动宣传先进的西方思想,传播了欧美发达国家的图书馆观念,同时新文化运动对于教育改革的推动也推进了图书馆事业的发展,进而催生了学科专业教育;另一方面,整理国故运动提倡以科学方法对国故进行整理和研究,这促使传统校雠学逐渐转向图书馆学,呼吁学界对传统理论进行批判和继承。两大社会思潮的相互碰撞和共同作用,为图书馆学的发展指明了新的方向。

五、图书馆学教育和思想体系研究

关于图书馆学教育等相关内容的研究的著作有严文郁的《中国图书馆发展史：自清末至抗战胜利》，郑章飞、黎盛荣、王红主编的《中国图书馆学教育概论》①，等等。

《中国图书馆发展史：自清末至抗战胜利》一书专辟一章论述图书馆教育与图书馆学，详细介绍了文华图书馆学专科学校、金陵大学文学院图书馆专科、国立北京大学图书馆专修科、国立社会教育学院等的开办历程、课程设置等内容，较为翔实地介绍了当时的办学模式。《中国图书馆学教育概论》是一部介绍中国图书馆学教育事业的学术性专著，共分为九章，从不同教育阶段着手对近乎整个20世纪的学科教育之概况以体系化的方式进行阐述，并将该学科教育之发展分为三个阶段，其中民国时期属于图书馆学教育的第一阶段。该书从图书馆学学校教育和业余教育两个方面呈现了其时中国图书馆学教育的概况，并对重要的学者和教育机构进行简要介绍，但该书主要将目光放置于20世纪下半叶，以及对新世纪之展望，对于民国时期着墨不多。

在期刊文章方面，有王子舟的《中国图书馆学教育九十年回望与反思》②，该文以武昌文华图书馆学专科学校的创办为起点，将图书馆学教育分为三个阶段，梳理了图书馆学专业教育的发展脉络。刘亮的《民国时期图书馆学思想的特征、影响和局限》一文强调了民国图书馆学思想对于图书馆学教育的积极意义，认为这种思想在

---

① 郑章飞等主编：《中国图书馆学教育概论》，国防科技大学出版社，2001年。
② 王子舟：《中国图书馆学教育九十年回望与反思》，《中国图书馆学报》2009年第6期。

形成和发展的过程中，对学科专业教育的形成和建立起到了促进作用。图书馆学思想、专业教育、学术研究三者是相辅相成、互为促进的，并共同推动了图书馆事业的蓬勃发展。此外，还有荣红涛的《20世纪80年代以来民国图书馆学思想研究述评》①《民国图书馆学思想的宏观考察》②，顾烨青的《民国时期图书馆学会考略》③，冯方、张华的《早期维新思想家与近代图书馆学思想的传播》④，刘亮和杨玉麟的《30年来民国图书馆学思想研究述略》⑤，等等，这些文章都提到了民国时期斯学教育之相关思想。

郑丽芬在《民国时期的图书馆学教育》一文中认为，民国时期的图书馆学教育奠定了我国图书馆学专门教育的基础。文章从民国时期图书馆学教育的背景及发展历程，政府、教育学术团体与图书馆学教育，图书馆学教育的影响因素、办学形式等方面进行详细论述，并对该时期留学美国的业界学者进行了详尽的罗列和大致的介绍，对于20世纪上半叶斯学教育的贡献与不足也进行了较为客观的讨论。

六、图书馆学近代化、本土化研究

潘燕桃、程焕文《清末民初日本图书馆学的传入及其影响》⑥ 一

---

① 荣红涛：《20世纪80年代以来民国图书馆学思想研究述评》，《图书馆》2014年第1期。
② 荣红涛：《民国图书馆学思想的宏观考察》，《国家图书馆学刊》2013年第5期。
③ 顾烨青：《民国时期图书馆学会考略》，《山东图书馆学刊》2009年第6期。
④ 冯方、张华：《早期维新思想家与近代图书馆学思想的传播》，《图书馆学研究》1996年第4期。
⑤ 刘亮、杨玉麟：《30年来民国图书馆学思想研究述略》，《图书馆》2011年第3期。
⑥ 潘燕桃、程焕文：《清末民初日本图书馆学的传入及其影响》，《中国图书馆学报》2014年第4期。

文梳理了清末民初日本图书馆学传入中国的过程，认为日本图书馆学的传入对我国图书馆学学术研究的深入以及相关事业的发展都起到了一定的促进作用，并列举和简要介绍了学人对日本图书馆学著述的译介与研究的情况，认为这些著述的引进为我国传统之斯学思想注入了新的活力，且对于实际工作具有参考价值和指导意义，可以说为当时的图书馆学研究开辟了新道路。不过该文主要聚焦于图书馆界对于日本图书馆学思想的引进和翻译，对于此时期本土图书馆学理论的内容梳理涉及不多。

龚蛟腾《中国图书馆学近代化演进分析——从古代校雠学说到西式图书馆学》[①]一文认为中国古代即有图书馆学（传统校雠学），对传统校雠学说择其优而承之，是演进形成近现代图书馆学思想的基础，也是建立"中国的图书馆学"的必要条件。龚蛟腾认为校雠学近代化的进程，也就是中国近现代图书馆学萌芽、发展的过程。在这一进程中，形成了专业系统的学科体系，更新了图书馆学的相关理念，并保留了我国传统的治书之学，进而融合中西，形成了独具中国特色的图书馆学。因此，中国图书馆学的发展进程可以说是不断吸收并且融合西方思想，同时继承优秀传统内容的过程，即本土化过程。该文第四章论述了梁启超、徐树兰、孙毓修、沈祖荣四人的实践工作并总结了中国近代图书馆学本土化进程中的重要成果。

其余诸如王子舟和廖祖煌的《图书馆学本土化问题初探》[②]、傅荣贤和李满花的《基于中国古代智慧建构本土化图书馆学思想的必

---

① 龚蛟腾：《中国图书馆学近代化演进分析——从古代校雠学说到西式图书馆学》，《图书与情报》2014年第1期。
② 王子舟、廖祖煌：《图书馆学本土化问题初探》，《图书情报工作》2002年第1期。

要性及其可能路径》① 等文章也对民国时期图书馆学理论的本土化略有提及。

七、应用图书馆学研究

在分类法方面，俞君立主编的《中国文献分类法百年发展与展望》② 一书共分为四个部分，第一部分从理论与方法等角度出发对20世纪上半叶我国文献分类法的发展进行系统性介绍，第二部分详述20世纪下半叶我国文献分类法发展中的学术争论与研究热潮，第三部分介绍20世纪我国文献分类学名著研究，第四部分则分析了我国文献分类法发展目标。可以说，该书翔实地总结和阐明了20世纪我国文献分类法发展的历史轨迹与历史经验。

刘应芳《民国时期图书分类法本土化之研究》③ 一文认为民国时期图书馆学的发展是一个糅合中西、结合本国实际探索斯学的本土化进程，其中分类法作为近现代学术体系的重要研究内容，也是本土化的实践和成果。徐学《略论我国近代图书分类法的发展和特点》④ 一文从中国近代史上主要分类法的形成及其特征入手，对我国近代图书分类法的形成特点和成因进行了简单归纳，并对其产生的影响进行了初步总结。吴仲强的《中国近代图书分类学史论》⑤、

---

① 傅荣贤、李满花：《基于中国古代智慧建构本土化图书馆学思想的必要性及其可能路径》，《图书馆》2013年第5期。
② 俞君立主编：《中国文献分类法百年发展与展望》，武汉大学出版社，2002年。
③ 刘应芳：《民国时期图书分类法本土化之研究》，《图书情报工作》2012年第1期。
④ 徐学：《略论我国近代图书分类法的发展和特点》，《科技信息》（学术研究）2008年第12期。
⑤ 吴仲强：《中国近代图书分类学史论》，《图书馆学研究》1995年第4期。

张凤英的《略论中国传统目录系统的近代化》① 以及戴煜滨和高磊的《我国近代图书分类理论的形成》② 三篇文章都从刘歆的《七略》说起，大致梳理中国分类法的变化过程。

在检字法和索引方面，熊静《索引运动与索引学说的建立》③ 一文提到，20世纪二三十年代图书馆学界出现不少学者投身关于构建索引理论体系并编纂成册付诸实践的研究中，彼时的学界将这种研究倾向称为"索引运动"。文章梳理了索引运动的发展进程，并将其分为两个阶段，同时简要总结了民国时期较为重要的索引学研究成果。平保兴《民国时期我国索引理论研究述评》④ 一文指出我国现代意义上的索引出现于民国时期，文章分阶段将民国时期学人所创制的检字法以及有关检字法的论文一一罗列，并对重要成果进行重点介绍，认为这些成果为日后方法的进一步完善提供了范本、奠定了基础。这些研究既要参酌借鉴欧美相关的体系原则，又要从本国的传统入手，寻求并建立符合本国文字特征的相关体系。该文强调目前学界对这一领域的研究虽有涉及，但缺乏系统性和全面性。

吴稌年《中国近代图书馆参考咨询活动之研究》⑤ 一文认为我国近现代的参考咨询工作是由康有为倡导的，并在"新图书馆运动"中开始真正意义上的起步，同时简要介绍了刘国钧、李钟履和

---

① 张凤英：《略论中国传统目录系统的近代化》，《湘潭大学学报》（哲学社会科学版）1989年第S1期。
② 戴煜滨、高磊：《我国近代图书分类理论的形成》，《哈尔滨师专学报》（社会科学版）1996年第3期。
③ 熊静：《索引运动与索引学说的建立》，《图书情报知识》2016年第4期。
④ 平保兴：《民国时期我国索引理论研究述评》，《贵图学刊》2009年第3期。
⑤ 吴稌年：《中国近代图书馆参考咨询活动之研究》，《晋图学刊》2006年第4期。

李小缘三位学人对参考部门的认识与研究。

总体来说,目前尚无完整深入地梳理民国时期图书馆学理论与应用的研究,学界更多关注的是图书馆机构的发展与图书馆学人的活动。关于图书馆学理论的阐述往往是简短的,或者碎片化地散见于图书馆学人相关译著、图书馆或图书馆学史的相关研究成果之中。关于应用图书馆学的研究重点常置于分类法之上,其他方面的研究则较为欠缺。

一方面,学界对于图书馆学人的研究虽然较为重视,但专著与期刊论文大多都聚焦于杜定友、沈祖荣等图书馆学人及其译著或专著,范围较窄。可以说目前中国图书馆学界被"湮没"的学者大有人在,现有图书馆学人研究主要集中在部分第一代学人身上,但对于第一代中的李小缘、洪有丰、戴志骞等学人重视程度不够。

另一方面,在关于图书馆和图书馆学史的研究论著之中,往往会对其时斯学之发展进程进行分期和梳理,对每一时期的代表人物进行列举并作简要介绍。但是由于篇幅所限,对于图书馆学理论的介绍往往止步于对代表人物及其著作的列举和简介,并没有进行深入的研究和整理。

根据范凡《民国时期图书馆学著作出版与学术传承》一书中的统计,民国时期图书馆学著作的数量有 543 种,其中篇幅在 100 页以上的有 150 种,[①] 换言之,还有为数不少的图书馆学专著没有受到重视。另外,李钟履于《图书馆学论文索引 第一辑(清末至 1949 年

---

① 参见范凡《民国时期图书馆学著作出版与学术传承》,国家图书馆出版社,2011 年,第 37 页。

9月）》① 一书中收录晚清民国时期有关图书馆的期刊论文5000余篇。这些专著和论文固然在内容上有一定的重复，且具有代表性的著作数量有限，但为了更清晰地梳理民国时期图书馆学理论的发展脉络，丰富学科学术史的研究，仍然有必要对这一时期的相关专著及论文进行详细的整理。

---

① 李钟履编：《图书馆学论文索引 第一辑（清末至1949年9月）》，商务印书馆，1959年。

第一章

民国图书馆事业的发展

1840年第一次鸦片战争以来,中国社会发生了巨大变化,中华民族陷入深重危机之中。为了争取民族独立和国家富强,开明士大夫开始踏上艰辛探索民族复兴之路,图书馆学思想也在此时逐渐进入有识之士的视野。林则徐组织翻译的《四洲志》为介绍欧美国家图书馆与藏书之嚆矢,[①] 之后,魏源在其基础上编撰《海国图志》,影响远播海外。第二次鸦片战争后,清政府的领土与主权被侵略者进一步吞噬,为图中兴,越来越多的士大夫开始主张"睁眼看世界",以学习引进西方先进的科学技术知识。1861年清政府设立总理各国事务衙门,并于1866年派遣使臣出国游历,这些奉派出洋的人员亲身接触了西方的文化和技术,并将其见闻付梓成册,诸如志刚《初使泰西记》、斌椿《乘槎笔记》、郭嵩焘《伦敦与巴黎日记》、刘锡鸿《英轺私记》、张德彝《随使英俄记》、曾纪泽《出

[①] 参见曾主陶《林则徐魏源是最早介绍西方藏书和图书馆的中国人》,《求索》1987年第4期。

使英法俄国日记》、薛福成《出使英法义比四国日记》等均从不同角度反映了他们对于西方图书馆的认识。①1867年，王韬应理雅各所邀西行，将其对西方图书馆的考察录入所著《漫游随录》一书。1879年，王韬应日本学者邀请东游日本，著《扶桑游记》介绍日本图书馆的改良情况。在游历欧洲期间，他还作《金亚尔乡藏书记》一篇，介绍金亚尔乡图书馆的服务方式。

1895年，甲午战争惨败，举国哗然，中华民族危机空前严重，有识之士奔走疾呼。郑观应于1894年出版《盛世危言》一书，鉴于其时国家处于危亡之际，郑观应不断根据时局状况对书籍进行增改，提出西方发达国家的教育事业主要是通过学习、新闻、图书馆这三者共同实现并推动的。换言之，泰西各国将图书馆视为培养人才的机构之一，其科学文化的发达，图书馆功不可没。在《盛世危言·藏书》一文中，郑观应批判中国传统藏书思想，建议引进西方图书馆的管理制度和技术，主张广开源流、筹措资金，以购置书籍，并于各厅、州、县三级分设书院；这些图书馆的相关业务，包括图书经费使用等方面，则需要专业的人员进行管理；图书馆应开放阅览，遍惠士林。②郑观应还翻译了《西士〈论英国伦敦博物院书楼规制〉》，介绍大英博物院书楼的管理制度。康有为、梁启超撰写《上清帝书》，请求"大开便殿，广陈图书"，从而聚集天下的图书器物，广见闻开风气。③1896年，李端棻上《请推广学校折》，提议设立京师大学堂及藏书楼。1898年，光绪皇帝令孙家鼐主持

---

① 参见韩永进主编《中国图书馆史·近代图书馆卷》，国家图书馆出版社，2017年，第20—21页。
② 参见郑观应《盛世危言·藏书》，载夏东元编《郑观应集》（上册），上海人民出版社，1982年，第306页。
③ 参见翦伯赞等编《戊戌变法》（第四册），神州国光社，1953年，第384—443页。

创立京师大学堂，并拟定《京师大学堂章程》，建议设立图书馆，搜集东西方的重要书籍资料，将这些文献给予文人阅读，从而促使社会风气之良善广阔。

内忧外患让清政府近乎穷途末路，不得不另觅他方，实行新政。新政在客观上推动了中国的近代化进程，西方先进思想得到了一定传播，文化教育领域日渐活跃，公共藏书楼的观念逐渐在部分地方士绅和封疆大吏间传播开来。1901年，以何熙年为首的皖绅拟定《皖省藏书楼开办大略章程十二条》，认为书籍报纸均应收购，藏书盖求实用；有志于学问之士，不论籍贯，都应被允许入楼抄阅；还可设季课鼓励勤学之士。① 徐树兰为古越藏书楼的建立写下《为捐建绍郡古越藏书楼恳请奏咨立案文》《古越藏书楼章程》《古越藏书楼书目》，他认为国势强弱由人才盛衰决定，而人才的盛衰取决于学识的博陋，为达到广育人才的目的，除开设学校外，还应建立藏书楼，与学校相辅而行。② 故徐树兰积极筹设公共藏书楼，并参酌仿照东西各国规则，拟定《古越藏书楼章程》，规定藏书楼宗旨"一曰存古；一曰开新"③。为了便于典藏和借阅，徐树兰将旧时经、史、子、集、时务五部分类改为政、学二部，其下各自再分二十四类，从而打破传统的四部分类体系，尽量将古今中外的书籍囊括其中。可以说，徐树兰的"开新"思想已经体现了近现代图书馆的教育功能，图书馆作为社会教育、文化传播的机构之思想在其

---

① 参见李希泌、张椒华编《中国古代藏书与近代图书馆史料（春秋至五四前后）》，中华书局，1982年，第108—109页。
② 中国图书馆学会主编、《建筑创作》杂志社编：《百年文萃——空谷余音》，中国城市出版社，2005年，第3页。
③ 中国图书馆学会主编、《建筑创作》杂志社编：《百年文萃——空谷余音》，中国城市出版社，2005年，第5页。

时已被部分文人接纳。①清末新政实施以来,《钦定学堂章程》《奏定学堂章程》等重要章程均对图书馆有所提及,各省也相继奏请开办图书馆。

1901年5月,由罗振玉发起创办,王国维任主编的教育刊物《教育世界》在上海出版,这是我国近代最早、最专业的教育杂志。该杂志在发行期间,刊载了数篇介绍各国图书馆的相关文章,如1905年发表的《日本之图书馆》《德国之小图书馆》,1906年刊载的《法国图书馆数》等。罗振玉于1906年写出《京师创设图书馆私议》一文,认为图书馆为学术之渊薮,京师图书馆尤应规模宏远,搜罗精详,以供多士研求,昭同文盛治,然后参考西方先进的图书馆理念,以京师为龙头,按部就班构建囊括全国的"大图书馆"体系。②此外,湖南图书馆收发委员黄嗣艾于1905年出游日本,考察日本图书馆的办馆方式,翻译整理相关资料后编著《日本图书馆调查丛记》一书,内容涉及图书馆的设立准备、图书整理的方法、管理组织概要等方面。

1906年,清廷颁布《宣示预备立宪谕》,图书馆作为国家的文化制度被确立下来。③1909年,学部奏请建立"京师图书馆",在《学部奏筹建京师图书馆折》中写道:"图书馆为学术之渊薮。"④1910年1月27日,学部拟定并颁布中国第一个全国性的官方图书馆章程《京师图书馆及各省图书馆通行章程》,该章程认为图书馆

---

① 参见罗贤春、姚明《近代文化变迁中的图书馆学思想》,《图书情报知识》2015年第5期。
② 参见罗振玉《京师创设图书馆私议》,《教育世界》1906年第130期。
③ 参见谢灼华主编《中国图书和图书馆史》(第三版),武汉大学出版社,2011年,第268—269页。
④ 任继愈主编:《中国藏书楼》(叁),辽宁人民出版社,2001年,第2086页。

设立的目的是保存民族之文化,培养广博的人才,便于学者进行精深的研究,辅助学生参考学习,因此需要广征博采,用以提供给民众阅读,并以此为宗旨。①《京师图书馆及各省图书馆通行章程》可以说是清末新政时期近现代图书馆理念的集中体现,也是我国公共图书馆兴起的一个重要标志。

孙毓修的《图书馆》于 1909 年开始在《教育杂志》上连载。《图书馆》一书共七章,其中已刊载的章节为前三章及第四章的部分内容,对书籍的购置方面展开了比较详细的叙述,但后三章内容,包括编目、管理、借阅,没有发表,甚为可惜。《图书馆》充分体现了近现代图书馆公共、公开的服务理念,并肯定了作为知识交流场所的图书馆在国民教育中所起到的重要作用,确定了图书馆的教育职能和社会地位。该书囊括了斯学体系中的所有重要内容,较为具体翔实,被誉为"国人对近代图书馆学术作有系统著述的端始"②,具有重要的开创意义。同年,王国维译著的《世界图书馆小史》开始在《学部官报》上连载,该作系统描述了外国图书馆的发展历史,并在最后介绍了图书馆管理法,包含图书馆的建筑、通风和温度、书箱书架、图书室、取书方法、分类排架、目录编纂、行政、阅读指导、馆员、购书、版权等内容。1910 年,韦棣华创办的"文华公书林"正式开放,面向公众实行开架借阅和"巡回文库"制度,并积极开展演讲、读书会等活动吸引民众前来读书。

1911 年 10 月 10 日,武昌起义爆发,辛亥革命就此拉开帷幕。这场全国性的革命推翻了统治中国几千年的君主专制制度,传播了

---

① 参见《学部奏拟定京师及各省图书馆通行章程折》,《湖北教育官报》1910 年第 1 期。
② 严文郁:《中国图书馆发展史:自清末至抗战胜利》,中国图书馆学会,1983 年,第 37 页。

民主共和理念，极大地推动了中华民族的思想解放。不久后，业界学者海外学成归国，宣扬新式观念，掀起公共图书馆运动，这在一定程度上也让社会了解了图书馆在教育事业中拥有的巨大潜能，欧美的先进观念得到倡导和宣传，西方图书馆学术译介内容叠见层出，中国的图书馆事业得到了进一步的发展。

为了宣传西方知识文化，以解放思想、救亡图存，先进的资产阶级开始在全国各地组织学会、开办书藏，创建各种形式的图书馆、阅览室。这些措施一则可以启迪民众，二来便于宣传他们的理念，客观上推动了公共图书馆思想的传播。此外，依照《学部奏拟定京师及各省图书馆通行章程折》的内容，全国范围内的省立图书馆必须以1910年为限设立。① 此后，省级图书馆如雨后春笋，不断涌现，图书馆作为开启民智的教育机构已得到部分学者的肯定。1915年，国民政府教育部颁布《通俗图书馆规程》11条和《图书馆规程》11条，对公共图书馆及其他各类图书馆的创建、管理、发展、服务以及社会职能等方面作出了详细规定，这是民国时期第一次颁布图书馆法规，有开新启后之义。

民国初年，报纸杂志上有关图书馆的内容多为介绍欧美图书馆，或拟设、议设、创设甚至是催办图书馆，以及图书馆规程和图书馆书目等方面。如《中华教育界》于1913年第3期和第6期分别刊载《美国之图书馆》和《德国通俗图书馆》两篇文章，《时报》于1913、1914年先后报道《筹设图书馆》《催办各属图书馆》《调查图书馆书目》《图书馆扩充记事》等新闻，《孔社杂志》于1914年发表《孔社博闻图书馆章程》。足见彼时图书馆事业尚处于起步阶段，仍在摸索

---

① 参见《学部奏拟定京师及各省图书馆通行章程折》，《湖北教育官报》1910年第1期。

如何建立一个合格的图书馆并服务于读者。

第一节 社会教育的推动

一、教育改革与图书馆

1911年，辛亥革命爆发；次年2月，清帝溥仪发布退位诏书，清朝的专制帝制被推翻；1912年元旦，孙中山就任中华民国临时大总统，建立共和政体。在这一过程中，民主共和等西方思想进一步于先进知识分子之中传播。甲午中日战争惨败后，传统的教育观念不断受到冲击，"'新民'观、'民智'观、'国民'观"[①] 等观念开始出现。有识之士逐渐认识到，教育既要造就人才，还要启迪民智，提升国民素质；教育也并不只包含学校教育，因为学校只能服务于部分适龄学子，而大多数普通民众无法接受学校教育，所以教育必须囊括社会教育，使失学人士、社会人士都能因此受益。[②] 而图书馆作为重要的社会教育机构，理应服务于这种广开民智、提高国民素质的教育观念。先进知识分子已经认识到，当时国民的思维方式和智识程度尚不足以称为"健全的人格"，封建思维依然根深

---

① 王雷：《中国近代社会教育史》，人民教育出版社，2003年，第345页。
② 参见王雷《中国近代社会教育史》，人民教育出版社，2003年，第345页。

蒂固，这些都会在一定程度上阻碍新制度、新国家的建立和发展。正是基于这样的认识，此时期的教育观开始发生转变，由自洋务运动以来产生的"以培育人才为重"逐渐转变为"开民智""提高国民程度"，国民政府逐渐认识到仅仅靠培养的少数人才无法从根本上解决当时国家所面临的种种社会问题，唯有全体国民的认识有所提高，才能从根本上推动社会的整体进步。人才的培养可以依靠学校教育，但是失学群众和社会人士的教育则无法被兼顾，因此，社会教育逐渐为民国政府和社会各界所重视。此后，中国的教育界逐渐从把培养人才作为教育最重要的任务，转变为着重培养"新民"，以广开民智，提高民众素养，推动文化发展和社会进步。在这一观念的转变过程中，教育界人士就教育的主要受众应该是"人才"还是普通民众、是优先培养精英人才还是着重提高民众程度展开了深入探讨。① 随着教育界人士对民众重视程度的逐渐提高，"人才"与"民众"共同培养的呼声渐起，国民教育观逐渐兴起，社会教育及相关机构愈加为大众所重视，地位不断提升，形成了社会教育与学校教育并重的教育观念。民国时期的社会教育活动是政府和社会各界有识之士，为了尽可能使所有国民得以接受教育、学习知识，从而提高文化素养，使民众得以受教育之利益，提高生活水平，而在学校系统之外进行的有计划、有组织的教育活动。社会教育由政府发起，并得到社会各界人士以及私人团体、民间组织的支持。

民国政府成立后，蔡元培增设社会教育司，"官制系统中第一次出现了社会教育建制"②。该部门的设立认可了学校教育以外的其

---

① 参见王雷《中国近代社会教育史》，人民教育出版社，2003年，第344页。
② 周慧梅：《鲁迅与北洋政府时期的教育部社会教育司——社会生活史的视角》，《宁波大学学报》（教育科学版）2020年第5期。

他教育系统,使无法进入学校就读的民众也得以享受知识之利,获得受教育的权利,扩大了教育所涵盖的范围。这极大地推动了社会教育事业的发展,促进了社会面貌的更新,对于培养具有健全人格的国民也起到了积极作用。民国初年,随着蒋梦麟、陶行知、胡适等人从海外学成归来,美国先进的教育思想得到一定程度的推广;1919年,约翰·杜威等著名教育学家受邀来华演讲,实用主义教育思想开始在华传播开来,冲击了中国传统的教育思想和教学方式,先进知识分子开始了变革教育方式的尝试。正是在这样的变革之中,教育界和其他领域的有识之士逐渐意识到图书馆在推动教育方面的重要作用。图书馆学人们也逐渐认识到图书馆在社会教育功能的发挥方面有极大的潜力。马宗荣曾撰文表示,从社会教育的角度来看,图书馆对民众的影响最大,产生的效果最好。沈祖荣充分肯定了图书馆可直接面向全体民众的教育方式,认为其功能不仅是培养少数精英学者,去研究博大精深的学问,更是普利民众,使他们都能享受到教育之利,从而得以休养身心,提高智识水平。[①] 公共图书馆这种普及国民教育、培养健全人格、提高国民程度的教育理念,与民国政府实施社会教育的指导思想一脉相承。

清朝末年,图书馆已被视为教育机构,其管理权归属于学部,这种隶属于学部的图书馆管理系统后为国民政府所沿袭,图书馆被列入教育部。1912年1月10日,教育部指示各地立即筹办社会教育,认为社会教育是其时社会至关重要的事务,提示各地可以先进行宣传演讲,以使民众了解相关事宜。同年颁行的《民国教育部官职令草案》将"关于博物馆图书馆事项""关于通俗图书馆巡回文

---

① 参见沈绍期《中国全国图书馆调查表》,《教育杂志》1918年第8期。

库事项"归于社会教育司所掌事务。① 图书馆作为承载社会教育重任的教育机构，逐渐得到认可，彼时之图书馆，"不惟为研究学术所必需，且为社会教育之利器"②。

沈祖荣在《中国全国图书馆调查表》一文中直言："今之谈教育者，莫不曰广设学校，然竭全国之能力，谋国民教育之效果，恐于毕业学校数年后，学业既限于止境，甚或消灭无存，故不得不于学校教育外，急筹补偏救弊之法，此诚教育家极重大之问题也。学校外之教育机关甚多，其性质属于根本的、其效果属于永远的，莫如图书馆。"③ 杜定友在《图书馆与成人教育》一书中直言这是一个重大转变。他认为从前的图书馆将图书视为服务对象，图书馆的日常工作均立足于图书；而现在的社会事业，包括图书馆在内，均以服务公众为首要任务，一切以民众为中心，为满足民众的需求而提供服务、作出改变，以期能够开启民智，进而推动社会发展，图书馆从陈旧保守转变为公开公平，这可以说为我国图书馆事业带来了重大的变化。④ 刘国钧也于《美国公共图书馆之精神》中提到，图书馆已不只是为学者进行学术研究提供参考资料，更是社会教育的重要实施工具，担负教育民众之职。⑤

民国初年，提高国民智识的需求已提上日程。彼时学校教育无法满足社会各个年龄段和各个阶层民众对于教育的需求，因此，具有普遍性的社会教育在教育工作者和社会各阶层中都得到大力推广

---

① 参见《民国教育部官职令草案》，《教育杂志》1912年第12期。
② 刘衡如：《美国公共图书馆概况》，《新教育》1923年第1期。
③ 沈绍期：《中国全国图书馆调查表》，《教育杂志》1918年第8期。
④ 参见杜定友编译《图书馆与成人教育》，中华书局，1933年，第158—161页。
⑤ 参见刘国钧《美国公共图书馆之精神》，载史永元、张树华编《刘国钧图书馆学论文选集》，书目文献出版社，1983年，第11—13页。

并被广泛接受,图书馆作为社会教育举足轻重的实行机构,逐渐为社会所接纳和认同。

二、民国初期的图书馆建设

近现代中国图书馆与传统藏书楼有诸多不同之处,其中最引人注目的地方在于,图书馆既保留了传统藏书楼保存文献、传承文化之功能,同时还史无前例地拥有传播知识、教育公众以促进社会发展的功能。① 鸦片战争后,林则徐、魏源等开明士大夫均在著作中描述了图书馆的公共性质,开始对图书馆的社会教育功能有了模糊的认知。早期维新派代表人物中,郑观应将图书馆视为培养人才的三大举措之一,可见其对图书馆的社会教育功能已然有了初步认识。甲午战争后,教育救国思潮逐渐兴起,以康有为、梁启超为首的维新派将新式图书馆视为与学校同等重要的发展社会教育的重要手段,并身体力行地创办了以面向大众、开启民智为主要目的的新式藏书楼。这种重视图书馆社会教育作用的思想也逐渐为清政府及部分官员所接纳,1909 年学部上《奏报分年筹备事宜折》,提出要于宣统元年(1909)颁布图书馆章程,开办京师图书馆(附古物保存所);于宣统二年(1910)"行各省一律开办图书馆"。② 可以说,此时学习欧美先进思想、呼吁创办新式图书馆已经成为清政府主导的国家行为,中国的图书馆也从重藏轻用的传统藏书楼逐渐朝着面

---

① 参见李剑桥、司梦荣《图书馆功能及演化》,《山东大学学报》(哲学社会科学版)1994 年第 3 期。
② 参见陈学恂主编《中国近代教育史教学参考资料》(上),人民教育出版社,1986 年,第 743—744 页。

向民众的社会教育机构转变。

辛亥革命以后,中华民国临时政府沿袭了清末预备立宪的政策和制度,图书馆仍归教育部管辖,列入社会教育司。社会教育被纳入国家教育体系,受教育对象囊括了全体国民。1914年12月,教育部颁布《整理教育方案草案》,该草案认为社会教育包含除学校教育以外的所有教育,范围非常广泛;草案以程度为区分标准,将社会教育分为"学艺的社会教育"和"通俗的社会教育"两类。[①]其中,"学艺的社会教育"以增进国民的学艺为目的,其内容亦分两种,一为通过美术馆、展览会、音乐剧等培养审美思想,一为通过博物馆、图书馆、动植物园等鼓励研究;而"通俗的社会教育"数量最多,包括通俗教育、通俗讲演等。1915年教育部颁布《教育部分科规程》,规定总务厅下设文书科、会计科、统计科、庶务科,分别掌管各项事务,其中,庶务科负责掌管学校、图书馆、博物馆等教育机构的修建事项,以及调查公私立诸学校、图书馆、博物馆的设置和图案等事项。社会教育司下置第一科和第二科分掌各项事务,第一科所掌事务:博物馆图书馆事项,动植物园等学术事项,美术馆美术展览会事项,文艺音乐演剧等事项,调查及搜集古物事项;第二科所掌事务:厘正通俗礼仪事项,通俗教育及讲演会事项,通俗图书馆巡行文库事项,通俗教育之编辑调查规划等事项,不属于他科所掌事项。[②]

民国肇始,教育总长蔡元培即强调图书馆的社会教育功能,他说:"孤本抄本,极难得的书,都可以到图书馆研究。"他又说:"书报之必不可少明矣。惟个人之财力有限,而书报之卷籍无穷,势不能

---

① 参见王雷《中国近代社会教育史》,人民教育出版社,2003年,第257页。
② 参见《教育部分科规程》,《政府公报分类汇编》1915年第13期。

尽买。""其惟一解决之法，莫若建设图书馆，使大家都可来看。"①应当说，随着我国平民教育思潮的兴起与发展，社会各阶层对图书馆社会教育功能的认识和关注愈加深入，并逐渐形成共识，全国各地的图书馆也开始迅速建设起来。

国立图书馆方面，1912年5月，教育部任命江瀚为京师图书馆馆长，继续完成京师图书馆的建设工作。1912年8月27日，京师图书馆开馆，凡来馆阅读者均需购买阅览券。②同年，中华民国临时政府开始筹建中央图书馆，并委派教育部承担该项事宜，不久后临时参议院决议迁都北京，中央图书馆的筹建计划暂时搁浅，直至1933年才正式创建。

民国初年，全国省立图书馆数量较少，1915年，教育部颁布了《图书馆规程》，规定在各省及各特别区，均应当设立图书馆，以存放各类藏书，并为民众提供阅读服务。③之后我国公共图书馆有了较大发展，如1913年安徽省创办的安徽省立图书馆，创建于1914年9月的江苏省立第二图书馆，同年位于沈阳军署街的辽宁省立图书馆以及长春中山大街的吉林省立长春图书馆开馆，1916年于兰州民国路开馆的甘肃省公立图书馆，等等。

通俗图书馆是民国初年通俗教育重要的组成部分，在北京、天津、安徽等多地均有创设，其中京师通俗图书馆具有代表意义。京师通俗图书馆于1913年开馆，馆中藏书多以启发一般民众普通必

---

① 张树华、张久珍编著：《20世纪以来中国的图书馆事业》，北京大学出版社，2008年，第32页。
② 参见杨宝华、韩德昌编《中国省市图书馆概况（1919—1949）》，书目文献出版社，1985年，第15页。
③ 参见《学部奏拟定京师及各省图书馆通行章程折》，《湖北教育官报》1910年第1期。

要之知识为主,受到民众的普遍欢迎。根据1916年阅览统计,京师通俗图书馆"全年阅览总数二十六万六千九百一十四券,除休息日不计外,每日平均八百九十五券。总计普通阅书券七万一千二百九十七,儿童阅书券十四万零九百三十八,阅报券五万四千六百七十九。较上年每日平均券数,增加二百四十一券"①。此外,"所阅书类大阅览室以小说文学杂志图画杂类为最多,法制理科次之,英文教科实业经传又次之"②。

第二节 图书馆法规的完善

在西学东渐的影响和进步人士的积极努力下,一些地方政府开始兴办图书馆事业。1904年3月,湖南开明士绅梁焕奎联合湘中士绅龙绂瑞、陈保彝、魏肇文等有识之士,在《湖南官报》上发布《创设湖南图书馆兼教育博物馆募捐启》③,以求取支援。同年11月,《湖南图书馆兼教育博物馆规则》在《湖南官报》上发布。次年,时任湖南巡抚的端方、庞鸿书先后添拨银款,建造馆舍。1906

---

① 《指令京师通俗图书馆该馆五年分阅书统计表已悉此后仍应力图进行期臻完善文》,《教育公报》1917年第4期。
② 《指令京师通俗图书馆该馆五年分阅书统计表已悉此后仍应力图进行期臻完善文》,《教育公报》1917年第4期。
③ 梁焕奎等:《创设湖南图书馆兼教育博物馆募捐启》,《湖南官报》光绪三十年正月二十九日(1904年3月15日)。

年,庞鸿书上《湘抚庞奏建设图书馆折》,并附《湖南图书馆暂定章程》,该章程规定了湖南图书馆的名称,并明确其目的是保存民族文化精粹,传播文化,提高国民素质,同时开放知识,使少有藏书者能够于图书馆博览群书。①《湖南图书馆暂定章程》是中国第一个官办公共图书馆章程,对于京师图书馆及其他省级图书馆章程的制定具有一定的借鉴和推动作用。

1909年,清廷学部上《学部奏分年筹备事宜折》,提出各项分年筹备事宜。1910年,学部颁布《京师图书馆及各省图书馆通行章程》(以下简称《章程》),共20条。《章程》提到建立图书馆,是为了保存民族之文化,培养广博的人才,便于学者进行精深的研究,辅助学生参考学习,因此需要广征博采,用以提供给民众阅读,并以此为宗旨。这对图书馆的职能有了明确的说明。《章程》明确规定从中央到地方各级所设图书馆的具体命名规则,依次为京师设京师图书馆,而后各省所设图书馆以该省名称命名,再下一级则定名为某府、厅、州、县图书馆。②这为不同地区的图书馆建设提供了政策依据,同时确立了京师、各省以及各府、厅、州、县图书馆的基本体制,另外,也以法规的形式确定了图书馆的名称规范。在图书的藏阅与流通方面,《章程》指出,图书馆之馆藏,从用途上分为两种,一种需要恰当地进行贮藏,以保存文化、传承文明;一种置于书架上,供来馆者自由观赏阅读。内府藏书、宋椠元刊等以往无法轻易得见的善本精本都由图书馆进行刊印或者抄录,并使之得以供读者观览,这些"观览类"书籍读者可以随意领取翻

---

① 参见庞鸿书《湘抚庞奏建设图书馆折》,《学部官报》1906年第9期。
② 参见《学部奏拟定京师及各省图书馆通行章程折》,《湖北教育官报》1910年第1期。

阅，但是不得污损毁坏，并且只能在图书馆内阅读，不可外借。① 这些规定虽然依旧突出图书馆的收藏职能，但西方图书馆的开放观念已然得到了官方的正式认定。《章程》还涉及图书馆的组织业务、人事制度、管理体制以及图书馆行政机关等方面，内容翔实，涉及面广，比较全面地反映了当时新式图书馆的思想观念，是我国图书馆事业的一项重要举措，为图书馆的发展作出了巨大的贡献。

1911年，辛亥革命爆发，次年，中华民国建立，中国面临前所未有之大变局。在西方列强撬开中国国门攫取利益的同时，他们先进的科技、意识等也一并涌来，给我国腐朽的制度和古旧的观念带来了空前的冲击。在图书馆界，新式图书馆兴起，开放的西方先进图书馆精神逐渐得到大众的认可。

1915年10月23日，国民政府教育部公布《图书馆规程》11条和《通俗图书馆规程》11条，并于同年11月8日通知各省施行。可以说，《图书馆规程》和《通俗图书馆规程》是我国历史上由政府颁布并在图书馆实践中发挥了重要作用的最早的图书馆法规。它们上承清末《京师图书馆及各省图书馆通行章程》的立法精神，下启民国时期国民政府一系列有关图书馆法规的先河。② 这两项规程规定了各类图书馆的名称、人员、经费等。规程的颁布使当时的图书馆有规可依，对图书馆事业的发展进行了行为约束，同时也提供了示范指导，对于具有公开、平等特性的新式图书馆起到了宣传作用，促进了相关理念的传播。"自1915年教育部颁发《图书馆规程》和《通俗图书馆规程》以后，我国的公共图书馆有了较大的发展。

---

① 参见《学部奏拟定京师及各省图书馆通行章程折》，《湖北教育官报》1910年第1期。
② 参见李彭元《〈图书馆规程〉和〈通俗图书馆规程〉的公共图书馆思想研究》，《图书馆理论与实践》2013年第1期。

据 1916 年教育部调查，包括巡回文库在内，全国共有公共图书馆 293 所。而至 1918 年，已增至 725 所。"[1]

其时相关事业的不断发展、馆舍数量的逐渐增加，也促进了图书馆法规的不断完善。1927 年 12 月，国民政府大学院颁布《图书馆条例》15 条、《新出图书呈缴条例》4 条。教育部在 1915 年《图书馆规程》及 1927 年《图书馆条例》的基础上进行修订，后经核准，于 1930 年 5 月颁布了《图书馆规程》14 条。此外，教育部于同年颁布《新出图书呈缴规程》6 条、《私立图书馆立案办法》3 条。1932 年颁布《民众教育馆暂行规程》19 条。1933 年 4 月，教育部颁布《国立中央图书馆筹备处组织大纲》7 条。1939 年 7 月，教育部为提高工作效率，健全组织机构，在《图书馆规程》的基础上，修订并发布《修正图书馆规程》33 条。除此之外，教育部于该月再次颁布了根据《修正图书馆规程》延伸订定而成的《图书馆工作大纲》18 条，同年还公布了《图书馆辅导各地社会教育机关图书教育办法大纲》15 条，将其作为图书馆施教之依据。1940 年 10 月，国民政府颁布《国立中央图书馆组织条例》13 条。1941 年 6 月，教育部发布《各级学校及各机关团体附设图书馆（室）供应民众阅览办法》9 条；同年 12 月，再次发布《县、市立图书馆设置巡回文库办法》16 条。1944 年 3 月，国民政府教育部再次以《修正图书馆规程》为基础，公布《图书馆工作实施办法》11 条；同年 11 月，发布《普及全国图书教育办法》15 条。1947 年 4 月，教育部颁布了《图书馆规程》34 条，这是民国时期官方所发布的最后一部相关条例。

---

[1] 李彭元：《〈图书馆规程〉和〈通俗图书馆规程〉的公共图书馆思想研究》，《图书馆理论与实践》2013 年第 1 期。

这些政策法规的出台，为其时相关工作的开展提供了指导，对行业的规范化、专业化都有着不可磨灭的重要贡献。此外，关于图书馆功能的讨论，也逐渐在图书馆学人及其他领域学者中开展起来。

《图书馆规程》第一条规定各地应设图书馆，用以储藏图籍，供公众阅览；第二条规定各公私立学校及公共团体得依规程设立图书馆；第六条规定公共图书馆应搜集保存各种中外图籍，以及本地有价值的作品，不论出版与否；此外还规定了图书馆的名称、备案方式、人员设置、经费等内容。① 《修正图书馆规程》第一条规定，图书馆应遵循中华民国的教育宗旨、政策方针和社会教育目标，同时收集各类书籍和地方文献，供读者阅览，并开展各类社会教育及相关的活动，促进民众文化水平的提高。此外，该规程还详细规定了各级图书馆应设置的行政部门、人员要求、工时工薪等。② 《图书馆工作实施办法》中多个条款提到图书馆应承担社会教育之责任，如第八条规定图书馆的教学方式，要结合人民群众的实际需求，发展地方特色，并与党政机关、社会团体、学术文化组织、民众所信仰之人士联合起来，以提高工作效率。③ 这些规程一方面体现了当时社会对于图书馆保存文化和辅助教育功能的认识，另一方面对于建设图书馆的基本工作也有一定的指导作用。

民国时期有关的政策和条例，除了规定图书馆功能外，还反映了其时的图书馆管理思想。1915年10月，教育部颁布《图书馆规

---

① 参见《教育部颁布修正图书馆规程》，《义乌教育月刊》1930年第7期。
② 参见《修正图书馆规程》，《进修》1939年第11期。
③ 参见《图书馆工作实施办法》，《浙江教育行政月刊》1944年第15期。

程》，该规程第九条明文规定，图书馆得酌情收取阅览费用，① 而于同一年颁布的《通俗图书馆规程》第七条却规定通俗图书馆不征收阅览费用。② 这一方面表明民国初年图书馆免费服务民众的观念尚未普及；另一方面也反映出当时的图书馆在资金紧张的情况下，在能力范围内给予民众相对完备的服务。"关于公共图书馆收费到免费的转变，经历了一个发展过程，最终在1930年确立了免费服务的原则。"③

此外，1930年颁布的《图书馆规程》第七条规定，为了方便读者，图书馆必须设立分馆、巡回文库和代办处等机构，并与附近的学校订立相关的援助协议。④《图书馆工作大纲》第三条规定了图书馆施教目标，即养成健全公民、提高文化水准、改善人民生活、促进社会发展。⑤《图书馆辅导各地社会教育机关图书教育办法大纲》点明图书馆应以辅导各地社会教育机关图书教育为主要任务之一。⑥《各级学校及各机关团体附设图书馆（室）供应民众阅览办法》第二条规定，各级学校、机关团体须得附设图书馆（室），且须向公众开放，便利阅读。⑦ 这些规定不仅反映了教育部对图书馆社会教育职能的肯定，还表达了其对于图书馆开放性质的认可，图

---

① 参见《图书馆规程》，《教育杂志（安庆）》1915年第4期。
② 参见《通俗图书馆规程》，《教育杂志（安庆）》1915年第4期。
③ 刘小琳：《从民国时期图书馆法规透视我国图书馆事业的发展态势》，《图书馆界》2020年第4期。
④ 参见《教育部颁布修正图书馆规程》，《义乌教育月刊》1930年第7期。
⑤ 参见《图书馆工作大纲》，《广东省政府公报》1939年第448期。
⑥ 参见《图书馆辅导各地社会教育机关图书教育办法大纲》，《教育通讯（汉口）》1940年第1期。
⑦ 参见《各级学校及各机关团体附设图书馆（室）供应民众阅览办法》，《浙江教育》1941年第1期。

书馆的社会地位日益稳固。

相关条例法规的颁布对其时该事业之发展具有重要意义,"足以促进圕(图书馆)事业,且可为创办之根据"[①],从而提高图书馆工作效能,健全图书馆机构。这些图书馆相关的法规规定了图书馆的设置、职责、组织机构、业务范围等内容,使图书馆事业发展有章可循,同时肯定了图书馆的教育功能,将图书馆纳入国家的教育体系,保障了图书馆的地位,为其时该事业之进展提供了比较完备的制度保障。

第三节　西方图书馆思想的输入

一、图书馆学著作的译介

1912年,中华民国成立后,全国各地开始相继设立图书馆,社会对于建设、经营图书馆的需求越来越迫切。鉴于此,当时的图书馆学人们开始将目光投向文化发达的西方,掀起了翻译外国图书馆学书刊的高潮,先后翻译了多部著述,如王懋镕于1913年翻译日本文部省所著的《图书馆管理法》;1917年通俗教育研究会翻译

---

① 金敏甫编:《中国现代图书馆概况》,广州图书馆协会,1929年,第9页。

日本图书馆协会编写的《图书馆小识》①，顾实于1918年重新编译该书，并将其命名为《图书馆指南》；1917年朱元善编译的《图书馆管理法》；1918年《东方杂志》刊载金泽慈海所著、李明澈翻译的《学校文库及简易图书馆经营法》；1920年杨昭悊译自日本学者田中敬的《图书馆学指南》等。

1913年《教育杂志》开始连载王懋镕翻译的《图书馆管理法》，文章一共分为十八章，内容包括图书馆之种类，近世式图书馆之特征，图书馆之必要，图书馆之创立，图书馆之建筑，函架之构造，馆务之顺序概要，书籍之选择，书籍之注文，原簿之记入，书籍之整理（书籍陈列法、分类法、分类记号法、书籍记号法），函架目录，目录编纂法（牌子目录记入法、字书体及分类目录之优劣、牌子目录及印刷目录之优劣、增加书之告示目录并图书馆报），杂志及参考书，图书出纳法，巡回文库，调查书籍及曝书，书籍之装订。1917年朱元善所编译的《图书馆管理法》，其内容与王懋镕翻译的《图书馆管理法》重合度较高。

1917年通俗教育研究会翻译出版的《图书馆小识》，内容包括图书馆之必要、图书馆之效果等共二十二章。该书翔实系统地梳理了日本的图书馆事业。绪言中言及编纂此书的目的，在于向民众宣传图书馆之概念，并向图书馆的工作人员介绍必备之知识。金敏甫认为《图书馆小识》为"中国圕（图书馆）学术书籍之滥觞"②。顾实的《图书馆指南》就深受《图书馆小识》的影响，是在其基础上编写完成的。

1920年，法政学报社出版杨昭悊翻译的《图书馆学指南》，该

---

① 参见程焕文《百年沧桑　世纪华章——20世纪中国图书馆事业回顾与展望（续）》，《图书馆建设》2005年第1期。
② 金敏甫编：《中国现代图书馆概况》，广州图书馆协会，1929年，第29页。

书篇幅不长,共八章,分别为概论、建筑及设备、目录编纂法、分类、图书馆教育、图书之保存、制本、图书馆史。同年,郑韬三所编的《图书馆管理法》简明扼要地介绍了图书馆的种类、建筑、职员及职务、用具、图书之选择、图书分类法、学校图书馆、图书出纳法、图书陈列法、图书之检查及巡回文库等。二者可以说囊括了图书馆的各项工作,具有参考意义。

1934年,武昌文华图书馆学专科学校出版《民众图书馆的行政》一书,该书原著者为美国人骆·约翰·亚当,译者为章新民。全书分为七章,包括馆长的行政职权、馆长与董事、财务、图书与用品的采购、行政组织、统计的意义、民众图书馆的发展机会等。该书虽然重点在于阐述相关的管理内容,但对于民众图书馆本身,包括含义、服务等方面都有一定的诠释,认为民众图书馆实际来自美国,也完全承袭了美国的制度模式,它是按照民主政治的基本原理与其他社会团体进行协作,为民众谋求福利的一种利器。①

民国初年,公共图书馆如雨后春笋,次第设立。图书馆学术著作的译介和传入,给当时缺乏经验的图书馆学人们提供了理论指导与新式的管理技术,对图书馆的运营发展有重要的参考作用。

二、美式图书馆观念的引入

19世纪初,美国在第二次美英战争中取得胜利,巩固了自身的政治独立地位,同时,美国产业革命也初见端倪,技术上的不断进步不仅能够促进经济的发展,还能带动各种科学的发展。经济的

---

① 参见骆·约翰·亚当著、章新民译《民众图书馆的行政》,武昌文华图书馆学专科学校,1934年,第125页。

发展、社会的稳定和文化的繁荣，为美国图书馆事业的迅速发展奠定了坚实基础。

尽管当时美国的图书馆事业已经有了长足的进步，但尚没有成熟的统一机构。在缺乏统筹指引的状况下，不同地区和不同种类的图书馆工作标准不尽相同，图书馆之间缺乏互动和协作，图书馆界人员间的沟通对话也有明显不足，因此图书馆界无法凝心聚力，向大众更好地介绍和宣传图书馆，也难以发挥自身的职能和作用。当时的图书馆，并没有在美国教育界站稳脚跟，地位不高。19世纪中叶，美国公众逐渐意识到了拥有开放性社会教育机构的必要性，考虑到图书馆对公众征收费用降低了民众来馆阅读的热情，不利于书籍与知识的流通，公众呼吁创办免费的图书馆。美国图书馆学家麦维尔·杜威发声支援公众，他反复强调图书馆理应免费对公众开放。美国教育部的统计数据显示，1876年，美国向公众提供免费服务的图书馆仅有300余所，这显然无法满足当时的美国民众所需，因此，美国各界人士致力于筹建图书馆，以满足社会的需要，众多免费的图书馆相继成立。

1853年9月15日，近百位美国图书馆员和专家学者聚集于纽约，商议图书馆协会的成立事宜。1876年，图书馆员和相关专家于费城召开第二次会议，正式成立美国图书馆协会（American Library Association，简称ALA）。也在同一年，杜威提出："我们不得不将大众教育划分为同等重要、值得同样重视的两个部分：免费的学校和免费的图书馆……图书馆是一所学校，从最高层面上来说，图书馆员则是一位教师。"[①] 他明确了图书馆的社会教育职责。

---

① 转引自周亚《美国图书馆成人教育运动简史（1924—1957）》，《图书馆研究与工作》2020年第11期。

1883年5月7日，杜威被聘任为哥伦比亚图书馆馆长，他打算创办一所真正意义上的图书馆学校，同年，杜威在布法罗美国图书馆协会会议上向与会者介绍了有关哥伦比亚大学图书馆学院的构想。①1884年，哥伦比亚大学校长巴纳德向校董事会提交了杜威关于创办图书馆学院的计划，这个方案得到了董事会的批准，"1887年1月5日，图书馆经营学院正式开放"②。图书馆学院的课程完全是实用性的，"杜威采用讲座、阅读、研讨会、参观图书馆、提问和实践等"教学方法进行教授，他认为唯有进行充分的实践才能取得更好的培训效果。③鉴于当时的美国并没有形成专业教育体系，而处于发展期的美国图书馆界对于具有专业技能的从业人员需求量持续增长，哥伦比亚大学图书馆学院的创办得到了包括美国图书馆协会在内的相关组织及专业人士的盛赞，认为杜威非常具有前瞻性，这对美国社会文化教育的进步有积极意义。④

20世纪一二十年代，尤其是20年代初，美国图书馆运动迎来了又一个崭新的高峰，其重点就是强调公共图书馆对于大众尤其是成人的教育职能。⑤1923年，在密尔沃基公共图书馆的支持之下，米莉安·汤普金斯在该公共图书馆设立首个专门的成人教育部门，另外，部分大型城市的公共图书馆也开始提供有特色的服务项目。⑥

1910年，武昌县华林文华学校扩大阅览室馆舍，将其命名为

---

① 参见郑永田《麦维尔·杜威与美国公共图书馆运动》，《图书馆》2011年第4期。
② 郑永田：《麦维尔·杜威与美国公共图书馆运动》，《图书馆》2011年第4期。
③ 参见郑永田《麦维尔·杜威与美国公共图书馆运动》，《图书馆》2011年第4期。
④ 参见郑永田《麦维尔·杜威与美国公共图书馆运动》，《图书馆》2011年第4期。
⑤ 参见李刚等《制度与范式：中国图书馆学的历史考察（1909—2009）》，科学出版社，2013年，第209页。
⑥ 参见周亚《美国图书馆成人教育运动简史（1924—1957）》，《图书馆研究与工作》2020年第11期。

"文华公书林"，面向武昌文华学校、武汉其他大学及社会民众开放，并设立巡回文库，以便于读者借阅。韦棣华将美式方法运用于文华公书林，提倡图书馆的开放理念，并将其付诸实践，在该馆实行开放的服务模式。此外，文华公书林还举办讲座，宣传图书馆思想。韦棣华将她在美国的所学所感带至中国，并将这种公开、平等的思想运用于文华公书林的运营当中。该馆的服务模式几乎全盘仿照西洋之方法，对于后来者也有一定的借鉴和指导意义。

1914年，沈祖荣接受韦棣华的资助，远赴美国纽约州立图书馆学校进行相关专业的学习，1916年获哥伦比亚大学理学学士学位。在哥伦比亚大学深造期间，他对西洋之平等、开放的理念有了深刻的理解。回国之后，沈祖荣致力于宣传公平、开放的美国图书馆管理思想和方法，他奔走于国内各地进行讲演，以促进相关理念的传播。同时，沈祖荣也积极撰言，力求通过学术著作表达并且传播他的相关理念，比如他在《中国全国图书馆调查表》一文中提到，真正能从根本上永久性地起到使全民进行阅读、普利基层人民作用的教育机构只有图书馆，充分肯定图书馆在推行民众教育中的重要作用。胡庆生学成归国后，与沈祖荣一起，协助韦棣华创办武昌文华图书馆学专科学校。

图书馆是人类思想、学术、经验、智慧的结晶，平等是其原则，而使书籍得以流通致用则是其目的。图书馆应普利民众，提高公众的素养和智识，进而促使民众权利得到维护，生活质量得以提高。在1928年发表的《全国图书馆计划书》一文中，李小缘认为，图书馆的首要任务，是使不论男女老少的普通群众，都能享有图书馆所带来的好处，或提供参考，或提供业余研究的资料和场所，或供娱乐之用,简而言之,古代的藏书楼侧重点是保存书籍,而近现代图书馆则是以普利人民为目的。[①] 文章充分表达了李小缘对公开、公共、公平的图书馆精神的追求,他认为图书馆应该平等地服务一切来馆阅读者。在《公共图书馆之组织》中,李小缘表示,公共图书馆是民众的共有财富,每个人都应当贡献力量并对其加以管理,以保障图书馆的资金充裕,使其得以顺利建设发展,这样才能最大限度地发挥其公共属性。

杜定友的图书馆学思想也受到美国图书馆思想的影响,他认为图书馆是一种为全体民众提供公开服务的社会机构,是能够使民众利用馆内读物提升自我的教育场所。[②]"今之图书馆,则为公共之机关,为市民之产物。盖书籍,天下之公器也。"[③] 之后,杜定友对图书馆的性质作了更进一步的阐释:其一是要能够运用科学的方法,很好地保存图书馆里已有的书籍,使文化得以延续;其二是能够使馆藏的书籍流通致用,让书中的知识发挥作用,同时以公平原则,使所有人都能享受图书馆的益处。[④] 杜定友认为书籍为公众所共有,而图书馆作为公共机关,理应面向公众开放。图书馆唯有面向国民,充分开放,使图书流通起来,才能将图书的作用真正地发挥出来。杜定友还点出了公共图书馆的平等性,即任何人来到图书馆都能行使阅读的权利,都应当受到欢迎。

杨昭悊的《图书馆学》于1923年由商务印书馆出版,该书

[①] 参见李小缘《全国图书馆计划书》,《图书馆学季刊》1928年第2期。
[②] 参见杜定友著,广东省立中山图书馆、中山大学图书馆编《杜定友文集》(第一册),广东教育出版社,2012年,第15页。
[③] 杜定友著,广东省立中山图书馆、中山大学图书馆编:《杜定友文集》(第一册),广东教育出版社,2012年,第5页。
[④] 参见杜定友《图书馆通论》,商务印书馆,1925年,第38—39页。

"是我国第一部以'图书馆学'命名的图书馆学专著,标志着我国图书馆学的正式形成"[①]。金敏甫评价该书是当时图书馆学界最为完善的图书馆学专著,不过该书的内容还是属于介绍外国图书馆学的范畴。此外,该书也第一次较为科学地建立了图书馆学的学科体系,将图书馆学分为纯正的和应用的两大类,其中纯正的图书馆学又分为具体的和抽象的,前者包含事实的和法规的,后者则指图书馆教育等内容;应用的图书馆学分为特殊的和一般的两部分,特殊的包括编目法、分类法、装订法等内容,一般的则是指管理法、组织法、图书馆视察法、图书馆经济学等内容。杨昭悊的图书馆学学科体系已经大致具备理论与应用两个部分,对后来图书馆学内容体系的形成发展有着重要影响。

杨昭悊在《图书馆学》一书中表示,相较于学校等教育机构,图书馆更为自由,在性别、资格、时间、金钱上都没有限制,不论男女老少、仕宦平民都可以在开馆时间内,随时自由入馆阅览。[②]其呼吁图书馆平等对待每一位阅览者,使他们能自由使用图书馆所贮藏的书籍。刘国钧也认同作为公共社会教育机构的图书馆,应当在公平、公共、开放的原则下,承担起民众的社会教育责任。除此之外,刘国钧还提到图书馆宜采取完全免费的服务模式,这样才能提高民众来馆阅读的热情,同时也使底层民众有使用图书馆的能力。[③]戴志骞则提到美国的公共图书馆之资金主要

---

① 中国图书馆学会主编,《建筑创作》杂志社承编:《百年大势——历久弥新》,科学出版社,2004年,第24—25页。
② 参见杨昭悊编著《图书馆学》(上),商务印书馆,1923年,第84页。
③ 参见刘衡如《近代图书馆之性质及功用》,《浙江公立图书馆年报》1923年第8期。

来源于政府税收，图书馆的最终受惠者是人民，此法可为我国效仿。①

我国早期的图书馆学人，诸如沈祖荣、戴志骞、杜定友、李小缘等，在这段美国图书馆界经历思想"变革"的时期，留学美国，并将所学所感一并带回国加以效法，这对我国相关事业以及斯学教育的发展有着深远的影响。

第四节 庚子赔款与图书馆事业

1900年，慈禧发布诏令，维护义和团，清政府向西方列强开战，同年8月，八国联军基本占领北京全城。1901年9月，清政府和英、法、美、日、俄、德等11个国家签订了丧权辱国的《辛丑条约》。条约规定，清政府以海关银等关税为抵押，拿出4.5亿两白银赔偿各国，这笔赔款史称"庚子赔款"。鉴于中国赴美留学的人数远少于赴欧和赴日留学的人数，1906年美国伊利诺伊大学校长爱德蒙·詹姆士建议总统罗斯福，美国政府招收更多中国留学生，从而可以在知识和精神上支配中国。同年3月，美国传教士明恩溥向总统罗斯福提议，归还一笔由清政府支付的赔款，用以补助教育，设立和资助在华学校，同时也鼓励中国青年到美国求学。中

---

① 参见戴志骞《论美国图书馆》，载中国图书馆学会主编、《建筑创作》杂志社编《百年文萃——空谷余音》，中国城市出版社，2005年，第27—30页。

国驻美公使梁诚也多次与美方进行交涉争取，经过多方努力，美国驻华公使柔克义于1908年作出正式声明，表示美国会将庚子赔款一分为二，实际接受的赔款主要为弥补美国参与对华战争所付出的军事耗损，以及用作赔偿在华美国人因战争所遭受的损失；剩余部分则可以返还清政府，用于扶持教育事业，供给赴美留学等，两国政府还于同年就派遣留学生问题草拟了详细的章程。同时，中美双方商定，在北京设立"游美学务处"，作为留学美国的专门训练学校。该学校由清政府外务部负责，为清华大学雏形。随后，其余国家也效仿美国退还庚子赔款，如英国1922年宣布退还，亦坚持此款项用于中国的教育事业，包括建设中央图书馆等。①

1923年，囿于资金短缺，文华图专陷入困顿，韦棣华与社会各界知名人士通力合作，奔走于中美两国，谒见包括美国国会参议员、众议员在内的高官权贵、社会名流、教育专家等，辛苦游说，以期得到更多的支持，从而推动美国政府尽快退还剩余庚款，并争取将部分退款用于发展中国的图书馆事业。②

1924年，中美双方合作成立中华教育文化基金董事会。1926年，"该会在北京饭店举行第一次年会，议决补助的图书馆事业为：（甲）北京图书馆建筑设备费一百万元；（乙）补助武昌华中大学文华图书馆学教席及助学金三年，每年一万元"③。之后的年会也均有补助我国图书馆事业的议案获得通过。

近代中国面临百年未有之变局，财匮力绌，社会经济以及文化

---

① 参见《朱家骅关于中英庚款董事会成立经过及其与中国教育文化事业关系的报告》，载中国第二历史档案馆编《中华民国史档案资料汇编》第五辑 第二编《（教育一）》，江苏古籍出版社，1997年，第273—274页。
② 参见陈碧香《韦棣华生平考辨》，《大学图书馆学报》2013年第6期。
③ 洪焕椿：《美国退还庚款补助图书馆事业之由来及经过》，《图书展望》1947年第2期。

的发展整体较为缓慢。国内的教育事业囿于资金不足,发展乏力,整个社会的文化智识之进展相对缓慢,所以国内先进知识分子关于美国将退庚款的用途,意见基本一致,即用于教育学术方面。[①]当时社会有识之士认为宜将退款用于平民教育等相关事业,使已进入职业生涯或学龄已过者也能继续接受教育,最宜先从"平民大学"着手;发展平民教育是使有职业者得以接受高等教育,职业教育则是使无职业者得以学习他们想要从事之职业的相关知识与技术;发展乡村演讲会,以帮助那些无法接受教育的农民,使大多数农民得以受惠;发展图书馆,根据各图书馆所缺所想以酌量增补书籍。

1924年,美国国会受理《将超索庚款余额完全退还中国》提案,并于5月21日通过,授权总统退还庚子赔款于中国,由总统依照当时情形决定退款用以发展中国的教育、文化事业。同时,"为防中国政府挪作他用,美国政府有权监督退还庚款用途"[②]。同年8月,美国政府非正式派遣教育学家孟禄博士来华,与中国教育界进行商讨,综合意见后,决议由中方政府组织设立基金董事会、选聘董事,董事包括10名中国人及5名美国人。孟禄表示,美国政府对于退款,并无用途之规定,但综合中国教育界意见,且为防止款项用于军事等其他用途,提出庚子退款不应用于偿还中国政府所欠教育方面之债务、支付国立学校教职员之薪金,或用于将来不能存续之事业,或用于建筑校舍等。总之,庚子退款应该用以满足其时中国人最迫切之需要,该款项是直接通过税收取之于民,也理

[①] 参见周太玄等《庚子赔款与教育》(上),商务印书馆,1925年,第1页。
[②] 张书美、刘劲松:《美国所退庚款与中国近代图书馆事业》,《图书馆界》2008年第3期。

应投资于可以提高民众生活水平,为民众谋取福利的事业当中。鉴于此,该款项更适宜投资到社会教育事业当中,用以增进普通民众的智识,使其有能力改善生活,可以直接享受到退款带来的益处。①

1924年9月18日,中华教育文化基金董事会成立,负责接收、存放及监督、使用庚子退款。中华教育文化基金董事会利用庚子退款投资发展中国的科学文化教育事业,并为当时的图书馆事业提供了资金支持。自中华教育文化基金董事会成立以来,部分图书馆拥有了较为稳定的资金来源,从而得以平稳持续地发展。通过中华教育文化基金董事会对中国科教文化事业的资金分配和监督,庚子退款被用于发展教育、培养人才、建设图书馆等诸多方面。款项的使用推动了大型图书馆的建设,促进了图书馆专业人员的培养,为中国近代图书馆学的发展提供了有力的支持。

1926年,中华教育文化基金董事会通过决议,将部分退款用于为武昌文华图书馆学专科学校提供一定的经费资助。在中华教育文化基金董事会的扶持和资助下,尽管历经艰难困苦,武昌文华图书馆学专科学校仍然得以在动荡的时局中坚持运营并且有了一定的发展,还为其时之业界输送了众多的专业人才、学界精英。

此外,鉴于其时国内图书馆学专业人才短缺,"为提倡图书馆学起见,自民国十五年八月起,每年设图书馆学助学金额二十五名,每名国币二百圆,至十八年六月止,由本会(中华教育文化基金董事会——引者注)委托武昌华中文华图书科给予之"②,并列出

---

① 参见雷殷《庚子赔款问题》,《民大月刊》1925年第3期。
② 《中华教育文化基金董事会图书馆学助学金规程》,《中华图书馆协会会报》1926年第6期。

申请资格进行严格的审查与选拔。中华教育文化基金董事会要求申请学生需具备关于图书馆事务的经验或兴趣，以及至少大学本科二年级程度肄业期满且成绩合格，满足相关资格者，可前往北京、上海、南京、武昌、广州等五地进行入学考试，入学考试由董事会委托中华图书馆协会协同武昌华中大学文华图书科合组考试委员会执行。① 如若本年度没有招收到与之匹配的人，则宁缺毋滥，此款项应留作下学年之助学金。中华教育文化基金董事会委托文华图专实行的这种助学金制度，通过免费生的形式吸引生源，在严格选拔的基础上尽可能多而精地为学界挑选了生力军，这对其时斯学之发展起到了积极的推动作用。

美国退回部分赔款兴办教育事业，招收中国留学生赴美进修，中国学界一片欢欣，中美间友谊不断增进，美国亦间接获利，故而日本、英国等国也纷纷效仿。② 西方国家的退款，大部分都作为文化和教育的专用资助经费。尽管这是西方列强出于自身在华利益的考虑而产生的结果，但在客观上一定程度地为其时我国事业之发展提供了经费支持，同时，向外国派遣留学生也在客观上推动了我国图书馆学教育事业与国际社会接轨乃至同步。

鸦片战争以来，中国面临前所未有的社会变局，主权丧失、领土残缺、政治腐朽、民生凋敝。有识之士踏上寻求救亡图存的道路。在经历了戊戌变法、新文化运动等一系列社会运动和变革后，先进知识分子已经意识到国之兴盛无法单纯地依靠人才的培养来实现，而是需要提高国民的整体智识程度，即广开民智，因此，单一

---

① 参见《中华教育文化基金董事会图书馆学助学金规程》，《中华图书馆协会会报》1926 年第 6 期。
② 参见雷殷《庚子赔款问题》，《民大月刊》1925 年第 3 期。

的学校教育已经不能满足当时的社会需求,学龄外人员及社会人士的教育问题亟待解决,拥有社会教育作用的图书馆开始得到社会各界的重视和推广。可以说,社会教育大力推行的相关活动的广泛开展为图书馆的建设发展提供了良好的社会环境;为数众多的普通民众成为图书馆提供服务的对象,他们的阅读活动不仅极大地提升了图书馆的服务意识和服务能力,也在一定程度上传播了图书馆的作用,为图书馆在社会中的普及起到了宣传作用,激发了民众的阅读意识和对于图书馆的使用意识。随着图书馆事业的不断发展,相关法规的完善也提上日程。民国时期图书馆法规陆续颁布与完善,规定了图书馆的设置、职责、组织机构、业务范围等内容,一方面使图书馆的创办与运行有规可依;另一方面也从法规上规定了图书馆为社会教育机构的性质,肯定了图书馆在社会教育中所起到的重要作用,将图书馆纳入国家的教育体系,确立了图书馆的地位和职能,为民国时期图书馆的发展提供了比较完善的制度保障。民国初年,在社会各界的帮助下,沈祖荣、戴志骞、杜定友、李小缘等图书馆学人留学美国。此外,图书馆学人们先后翻译了多部西方图书馆学著作,这些先进的图书馆思想的传入,为国内当时缺乏经验的图书馆学人们提供了理论指导与新式的管理技术,对图书馆的运营发展具有重要的参考作用,对中国图书馆事业的发展产生了积极影响。留学海外的图书馆学人们归国后,将在外国图书馆界的所学所感一并带回国内,并将这些先进的理念和我国国情相结合进行宣讲,加以著述,这对我国的图书馆事业以及图书馆教育的发展有着深远的影响。

第二章

民国时期图书馆学的确立与发展

第一节 图书馆学研究群体的形成

中华民国成立以后,随着官方机构和社会各界逐渐认识到图书馆事业之裨益,其时图书馆馆舍数量开始不断增加,社会地位有所稳固,公众对于图书馆也愈加认可。正因如此,旧有的管理方式已经无法适应社会的需求,各个图书馆都开始迫切寻求具有专业素养的人才,以谋求更好地服务来馆阅览者,进而使斯学得到更进一步的发展。

一、奠基的留美学人

韦棣华于1908年自美返中后,立刻着手为兴建文华公书林做准备。1909年,美国将部分庚款归还,并由清政府外务部、学部负责设立了游美学务处,附设游美肄业馆,以管理留学美国等事务。留学美国之风逐步取代了清末学者的留日之风。

为了搜集书籍,韦棣华多次求助美国"教会期刊俱乐部"等社会组织及友人,同时奔走于纽约、费城等地,会见名流、进行演讲,以募集资金。经过社会各界人士的大力协助,在数年的不懈努力下,文华公书林于1910年5月正式启用。文华公书林不仅服务于学校学生,更是面向武汉三镇采取开架式借阅,为所有居民提供阅读服务。为了能够更好地满足民众的阅读需求,文华公书林还采用巡回文库等方式,将偏远地区的民众也纳入服务范围。这是中国第一所美式公共图书馆,也是中国第一所真正意义上的新式公共图书馆,可以称为"中国近现代图书馆史上的里程碑"。

文华公书林通过各种手段大力向公众宣传图书馆的功用,并提供免费的借阅服务,逐渐为民众所接受,前来公书林阅览书籍的群众数量逐渐增多。"1918年统计时,文华公书林有中文图书1012种11771册,西文图书6704册。……1934年统计时则达48208册。所有图书均按麦维尔·杜威(Melvil Dewey)十进分类法排列,向公众免费开架开放。"[①]

文华公书林建成后,搜罗中西书籍,规模粗具。但公书林开始

---

① 周洪宇:《不朽的文华——从文华公书林到文华图书馆学专科学校》,华中师范大学出版社,2013年,第63页。

运营后，困难层出叠见，诸如分类编目、择购书籍、书本装订、专业工具等方面。沈祖荣认为，如果没有经过图书馆学专业教育之训练即于文华公书林就职，自然无法解决工作中的实际困难，公书林的发展就难以为继了。[①] 然而当时的中国并没有图书馆学专门教育学校等机构，无法为从业人员提供专业训练以解决图书馆面临的燃眉之急。于是，韦棣华于1914年资助沈祖荣赴美国纽约州立图书馆学校学习图书馆学，1917年又派遣胡庆生赴美留学。此外，由于其时我国高等教育事业也开始发展，各大学图书馆宛如雨后春笋纷纷出现，对图书馆管理人才的需求渐大，然而国内寥寥无几的专业教育学校培养人才的速度远无法满足图书馆的需求，部分图书馆选择派遣馆员出国接受图书馆学教育。当时的图书馆界随即掀起留学美国的潮流。

这一批赴美留学的图书馆学人有沈祖荣、胡庆生、洪有丰、李小缘、刘国钧、徐燮元、戴志骞、袁同礼、杜定友、杨昭悊、李燕亭、冯陈祖怡、王京生等。其中，沈祖荣、胡庆生均毕业于武昌文华大学，在美国纽约州立图书馆学校获得图书馆学学士学位，归国后于文华图书科任职；刘国钧、李小缘毕业于南京金陵大学，回国后任职于金陵大学图书馆，其中刘国钧毕业于美国威斯康星大学，李小缘则于美国纽约州立图书馆学校获得图书馆学学士学位；洪有丰就读于南京金陵大学，后赴美国纽约州立图书馆学校攻读图书馆学学位，毕业后任南京高等师范学校图书馆主任。这些图书馆学人赴美深造，学习相关专业知识，回国后在各图书馆任职，能更好解决图书馆管理中的问题。

---

① 参见沈祖荣《在文华公书林过去十九年之经验》，《武昌文华图书科季刊》1929年第2期。

上述人员皆为得外部赞助留学海外归来者，受美式图书馆思想之影响，并未接受国内专业训练，是国内图书馆界留美学者之先锋，对我国近现代图书馆事业和图书馆学的产生及发展都有巨大的影响。他们通过在美国的学习，对美国图书馆事业及思想有了全新的更深入的了解，归国后，他们在各地讲演，宣传其在海外接受的先进图书馆学思想。这些学者在建立专业组织、创办学术期刊等方面做了大量开拓性的工作，使学术研究和相关事业得以迅速发展。

二、承前启后的留美学人

20 世纪 20 年代前后，首批求学海外的图书馆学者陆续返回祖国。他们积极倡导、宣传和借鉴效法走在世界前列的先进的美式图书馆学的理念、教育方式等，并在国内进行了一系列的实践活动，为我国斯学事业之发展培养了一大批高素质的人才。留洋归国的学者，将其所学所想一并带回国内，传播先进理念，使更多学子对西洋心生向往，留学海外已然成为潮流。同时，由于图书馆事业的快速发展，图书馆数量不断增加，对于专业的图书馆人员的需求量自然开始不断增长，图书馆学专门人才供不应求。为了能够与世界接轨，了解最新最先进的理论方法，更好地解决当时中国图书馆所面临的实际问题，20 世纪 20 年代中后期，一批已在国内接受过图书馆学专业教育的学者选择继续奔赴美国进修专业知识。相较于第一代留洋之学者，这一批留学美国的图书馆学人数量大为增长。

根据李刚[①]和郑丽芬[②]的统计，这批图书馆学人包括裘开明、桂质柏、王文山、查修、葛受元、谭卓垣、田洪都、严文郁、吴光清、梁思庄、冯汉骥、汪长炳、刘廷藩、房兆楹、杜联喆、黄星辉、岳良木、李芳馥、陆秀、张葆箴、徐亮、黄维廉、徐家麟、陈晋贤、曹祖彬、陈东原、赵廷范、曾宪三、曾宪文、邓光禄、朱士嘉、王重民、耿靖民、刘修业、于震寰、陈鸿舜、王恩保、蒋元枚、邓衍林、童世纲、徐家璧、钱存训、吴元清、胡延钧、顾家杰、孙云畴、张铨念、王肖珠、金云铭、喻友信、胡绍声、沈宝环、黄凤翔、曹柏年、李继先、舒纪维、朱兆颖、杨漪如、黄作平、黄慕龄、刘楷贤、蓝乾章、姜文锦、富兰英、陶维勋、任蒪（简）、孙雁征、聂锡恩、陈本林、鲁光桓、伍贵珍等71人。在这些图书馆学者中，有40余人接受过文华图书馆学专科学校的专业训练，有30多人奔赴美国后去往哥伦比亚大学进行深造。

部分图书馆学人留美期间，一直积极保持着与西方学界的联系，参与相关的活动，进行学术交流。他们向外国专家介绍中国图书馆学的研究方向以及国内学界的发展动态，为民国时期的图书馆学保持与国际接轨，随时了解国际最先进的专业理论和方法作出了一定的贡献。这些图书馆学人学成归来后或任职于各地不同类型的图书馆，或从事专业教育事业以培养专业人才，为图书馆界输送了新鲜血液，促进了学术研究和相关事业的进一步发展。"面对民国中后期战乱频仍的社会环境，他们还积极利用海外的关系寻求国外图书馆界的同情和

[①] 参见李刚等《制度与范式：中国图书馆学的历史考察（1909—2009）》，科学出版社，2013年，第130—132页。

[②] 参见郑丽芬《民国时期赴美第二代图书馆学人群体研究》，《图书馆》2020年第2期。

支持，竭力延续本土图书馆事业和图书馆学教育。"①

第二节　图书馆学专门教育的形成

一、韦棣华与文华图书科

19世纪末，义和团运动爆发。义和团以"扶清灭洋"为口号，教会及洋人是他们仇视的对象，在美国媒体添油加醋的渲染之后，美国公众一度认为中国极其危险。其时韦棣华的弟弟韦德生受美国圣公会国内外差会指派，在武昌圣公会传教。消息传到美国后，韦棣华非常担心幼弟在华的安危，于是，她辞去里奇蒙德纪念图书馆馆长一职，于1899年底只身来到中国。

抵达中国之后，韦棣华决定暂居武昌。由于武昌圣公会创办的思文学校缺乏师资，在韦德生的劝说之下，韦棣华受聘担任该校英语教师。1900年，韦棣华赴上海圣约翰书院，帮助整理该校藏书室书籍。之后，韦棣华返回武昌，继续在思文学校执教。此时，她发现学校书籍极为缺乏，于是，她写信给美国的朋友，一则为收集二手图书刊物，二来为筹集资金以添购新书。韦棣华将这些书刊置于思文学校内一处只有十几平方米的八角亭里，供师生免费借阅，

---

① 郑丽芬：《民国时期赴美第二代图书馆学人群体研究》，《图书馆》2020年第2期。

这个八角亭被称为"报房"。1903年，思文学校设立高等科，更名为文华书院，"报房"亦取名为"文华书院藏书室"。

1905年，清廷废除科举制度，次年，文华书院准备升格为大学。在这种情势下，韦棣华深感筹建公共图书馆之必要，乃于1906年返回美国。抵达美国之后，韦棣华便开始在普拉特学院图书馆学校进修图书馆学，并四处参观图书馆，学习管理经验；同时，她还积极演讲募捐，以筹款创办图书馆。在她的努力下，美国学者塞斯·罗博士、教会人士亨廷登博士等美国各界友人慷慨解囊，最终，韦棣华共募集到约10000美元的捐款，以及美国妇女援助会、圣公会期刊俱乐部等团体捐赠的书刊。①

返回武昌后，韦棣华即着手图书馆的建设。1910年5月16日，文华公书林对外开放，成为中国真正意义上第一所新式的公共图书馆和大学图书馆。② 文华公书林并非文华大学私有，而是"武汉三镇各机关、各学校、各人士皆得而应用之公共图书馆也"③。针对偏远地区，"韦棣华女士于1914年在中国率先设立了巡回文库（Traveling Library），将各种实用书刊，每50至100册装箱分别送到各个学校、机关、工厂，以便民众就近借阅"④。此时的文华公书林已成为享誉武汉的著名公共图书馆。

韦棣华于1914年资助公书林协理沈祖荣赴美国纽约州立图书

---

① 参见陈碧香《韦棣华生平考辨》，《大学图书馆学报》2013年第6期。
② 参见韩永进主编《中国图书馆史·近代图书馆卷》，国家图书馆出版社，2017年，第98—99页。
③ 毛坤：《悼韦棣华女士》，载梁建洲等编《毛坤图书馆学档案学文选》，四川大学出版社，2000年，第186页。
④ 程焕文：《文华精神：中国图书馆精神的家园——纪念文华图专80周年暨宗师韦棣华女士和沈祖荣先生》，载马费成主编《世代相传的智慧与服务精神——文华图专八十周年纪念文集》，北京图书馆出版社，2001年，第233—234页。

馆学校攻读图书馆学,开启国人奔赴海外学习图书馆学之先河。1916年,沈祖荣获得美国图书馆学学士学位,并于第二年回国。1917年,韦棣华派胡庆生赴美学习,胡庆生于1919年回国。胡庆生回国后,与沈祖荣一起协助韦棣华,于1920年创办了文华图书科。

二、图书馆学专业教育的建立

鉴于我国与欧美国家截然不同的文化背景以及国情,沈祖荣、胡庆生等留学归来的图书馆学人逐渐认识到外国的图书馆学无法直接移植于我国的图书馆,而且出国留学所耗不菲。因此,当时的学界逐渐认识到要满足国内图书馆对于专业人员的需求,唯有创建属于我国自己的图书馆学校,建立完善的图书馆学教育系统。

1920年3月,韦棣华在武昌文华大学校长孟良佐、主教韦卓民的支持下,在武昌昙华林创办文华大学图书科,这是我国第一个图书馆学专门教育机构。文华大学图书科仿照美制,招收大学肄业两年以上的学生,学制两年,毕业后向学生颁发图书馆学专科毕业证书。1924年,文华大学并入华中大学,文华大学图书科也相应地改称"华中大学文华图书科"。1927年,华中大学停办,文华图书科随即单独办学。1929年,经南京国民政府教育部核准立案,文华图书科乃单独成校,学制两年。1930年12月1日,学校立案成功,正式独立,更名为私立武昌文华图书馆学专科学校。文华图书科在课程设置上包括了目录科目、学术科目、行政科目、其他科目、语言科目五大类,其中,图书馆史、目录学、编目学、分类学、书籍选读等课程均分为中国和西方两部分,采用了中西结合的授课体系。① 此外，文华图书科将文华公书林作为学生的实践场所，要求学生在实习时参与文华公书林的日常工作。

1913年，曾任美国普林斯顿大学图书馆参考部主任的克乃文赴南京金陵大学图书馆接任馆长，在主持馆务的同时，克乃文于金陵大学文科开设了图书馆学课程，并先后推荐李小缘、刘国钧等学生前往美国学习图书馆学。1927年，金陵大学在文学院设立图书馆学系，刘国钧、李小缘、万国鼎等图书馆学人先后前来任教。金陵大学图书馆学系为学分制，课程包括图书馆学大纲、中国重要书籍研究、参考书使用法、目录学、分类法、编目法、杂志报纸、政府公文、特种图书馆、民众图书馆、索引与序列、书史学、印刷术、图书馆问题之研究、图书选择之原理、图书馆史、图书馆行政等。

1925年，上海国民大学在教育科下设置图书馆学系，并聘请杜定友任系主任及图书馆馆长。该系规定在校学生凡学分修满160分者，便授予其毕业文凭和学士学位。该校图书馆学系共设14门必修课程，包括图书馆学概论、图书馆学原理、图书馆行政（一）、图书馆行政（二）、图书馆实习、图书选择法、图书分类法、图书编目法、图书参考法、研究法、目录学、古书校读法、国学概论、国学书目等。1926年，上海国民大学停办，图书馆学系也随之停招。

1929年，鉴于创办民众图书馆实为民众教育之必要事业，无锡江苏省立民众教育院及劳农学院，于秋季学期添设图书馆学一

---

① 参见韩永进主编《中国图书馆史·近代图书馆卷》，国家图书馆出版社，2017年，第112页。

课，由该院图书馆主任兼图书科实习指导员徐旭担任教授。[①] 1930年，两院合并，成立江苏省立教育学院，设民众教育学系，下分六组，图书馆组为其中之一。该学院除了四年制的民众教育学系，还设有两年制的民众教育专修科，均为民众提供图书馆学选修课程。[②] 1937年，江苏省立教育学院迁往桂林，1941年由于经费缺乏，该学院被迫停办。1945年，江苏省立教育学院在无锡重新开办，仍设社会教育学系，图书馆组和图书馆教育得以保留。

1941年8月，国立社会教育学院经教育部核准，创立于四川，设社会教育行政、社会事业行政、图书博物馆学、新闻学、电化教育以及社会艺术教育等六个学系，暨国语、电化教育、社会艺术教育三门专修科。图书博物馆学系的主旨，在于培植图博专业的高级行政及实施人员，并研究高深的图书博物馆学。该校还建有资料室、实习室、打字室等教学设施，用以辅助图博专业学生学习。该校课程侧重高深专精的研究以及实习，各学系共同必修课程共20门，包括中国通史、世界通史、三民主义、伦理学、自然科学（物理、化学、地理学、生物学）、哲学概论（也可选则学）、经济学、政治学、社会学、教育概论、普通心理、教育心理学、注音符号、讲演术、体育、普通音乐、国文、外国文、社会教育概论、普通教学法。此外，图书博物馆学系的专业课程又分为本系共同必修课、分组必修课以及选修课三种，其中，共同必修课包括图书馆学通论、图书编目法、分类学、博物馆学通论、检字法、各科名著介绍、图书馆学问题研究方法、档案管理法、毕业实习、毕业论文等；图书馆组分组必修课包括图书馆经营法、目录学、参考书及参

---

① 参见《无锡之图书馆学教学》，《中华图书馆协会会报》1929年第3期。
② 参见张衍等《苏州大学图书馆学专业发展源流探析》，《新世纪图书馆》2012年第8期。

考工作、图书馆史、图书选择、图书馆学专著研究、图书馆行政与设计、图书馆问题讨论、中国书史等；选修课程共23门，可自其中选择8至24学分的课程进行修习。①

1947年，经教育部核准，北京大学在文学院开设图书馆学专修科，王重民担任该科主任。"他院学生选修专科课程满三十二学分，成绩总平均七十分以上者，即给予任何一科毕业证书。"② 该科专业课设有图书馆学概论、中国目录学、西洋目录学、中国目录学实习、编目与分类、文献学与档案学、中国目录学史、西洋目录学史、版本学、校勘学、图书馆行政等。

此外，还有上海图书馆学校、四川图书馆专科学校等，均开设了与图书馆学相关的专业课程，为学生打下坚实的图书馆学理论基础，培养了诸多具备图书馆学专业知识与技能的人才，为图书馆事业的发展作出了重要贡献。

三、图书馆学短期学习班

1919年底，李大钊应邀前往国立北京高等师范学校图书馆发表演说，他认为图书馆与教育尤其是社会教育有着密切的关系，因此希望北京高等师范学校能够开设图书馆专业教育，即设置图书馆专科，如若条件不允许，也可设置简易的教学场所，从而使图书馆界专员得以学习精进的专业知识。在李大钊的提议下，1920年夏，北京高等师范学校开设暑期图书馆学讲习会，讲习的科目有图书馆事业、图书馆教育、图书分类法、图书编目法、图书馆组织法、图

---

① 参见国立社会教育学院编《国立社会教育学院概况》，国立社会教育学院，1948年。
② 《北大文学院增设两专科》，《中华图书馆协会会报》1948年第3—4期。

书馆管理法、图书馆实习等。参加此次讲习会的图书馆职员共有78人，开创了大规模讲习会之先河，也是首次举办的在职讲习班，在当时较有影响。

1922年3月，广东全省教育委员会在广州开办图书馆管理员养成所，杜定友"亲任所长，并发表了演讲。全省中等以上97所学校有44所派教员来学，加上其他进修人员，共有52名学员。教员除杜定友外，还有陈德芸、黄希声等"①。学员们在养成所内研习图书订购、分类、编目等20余种科目。

南京东南大学暑期图书馆讲习科始办于1923年，由洪有丰主持，授课时长一个月，参加该讲习班者达80余人；1924年，东南大学暑期班依照上年模式继续办学。1925年，中华图书馆协会、中华职业教育社、江苏省教育会在东南大学合办暑期学校，为期一个月。②暑期学校聘请杜定友、刘国钧、李小缘、袁同礼、洪有丰等国内图书馆学专家，拟开设图书馆学术史、图书馆学术辑要、图书馆行政、儿童图书馆、学校图书馆、分类法、编目法、目录学、参考部、图书选购法、图书流通法、图书馆建筑与设备、图书馆典藏法等课程，学员根据需求进行选修，由于其中多门课程选择人数较少，最终开设图书馆学术辑要、学校图书馆、儿童图书馆、分类法四门课程。③

1926年，华东各教会大学联合举办华东基督教暑期大学，为期一个月，选址于苏州东吴大学。该暑期大学设有初级图书馆科，

---

① 王子舟：《杜定友和中国图书馆学》，北京图书馆出版社，2002年，第212—213页。
② 参见来新夏等《中国近代图书事业史》，上海人民出版社，2000年，第271页。
③ 参见《中华图书馆协会图书馆学暑期学校之经过》，《中华图书馆协会会报》1925年第4期。

注重其时流行的图书馆实用方法，尤其适合儿童图书馆、学校图书馆以及大学图书馆。课程的安排为上午上课，下午进行参观或实习。经过一个月的学习，该讲习班总结出三条不足之处：暑期时间太短，不能详为练习；中文图书馆学书籍，尚无可用为课本者；中文关于图书馆方面的参考书过少。①

1928 年，商务印书馆开办暑期图书馆讲习班，时间为 7 月 9 日至 8 月 18 日，由王云五讲授检字法、编卷法、中外图书统一分类法、著者排列法、图书馆行政用具及图书选择法等，讲习结束后，学员被派遣至东方图书馆进行实习。这次讲习班由各机关、学校选派人员，共 146 人，代表大学 27 所、中学 36 所、公共机关 25 处。大学院、中央党部、上海地方法院等，皆派员前来研究。② 教员包括孙心磐、沈丹泥、陈伯逵、宋景祁、陈友松五人，分期演讲图书馆学及其他应用学术；要求学员为图书馆服务人员及大学二年级肄业生；课程为四角号码检字法及实用图书馆学。③

除此之外，还有 1924 年夏河南小学教员讲习会之图书馆学演讲、1939 年上海中华图书馆学函授学校、1941 年成都图书管理员讲习班等。

民国初年，留学归来的图书馆学人们纷纷仿照美国的图书馆学教育模式，培养图书馆学专门人才。1920 年至 1949 年，全国各地陆续举办各种图书馆学短期讲习班 30 余次，为全国图书馆培养人才 1000 余人。④

---

① 参见《华东基督教暑期大学图书馆科》，《图书馆学季刊》1926 年第 3 期。
② 参见《上海暑期图书馆讲习班纪略》，《教育杂志》1928 年第 11 期。
③ 参见《东方图书馆之暑期讲习班》，《中华图书馆协会会报》1928 年第 1 期。
④ 参见谢灼华主编《中国图书和图书馆史》（修订本），武汉大学出版社，2005 年，第 418 页。

四、图书馆学的内容体系

19世纪末20世纪初,我国关注图书馆事业的有识之士普遍选择取法日本,并翻译了诸多日本图书馆学专著。1908年,美国议会通过退还部分庚子赔款的决议,清政府用部分退款设立游美学务处及资助留美学生,这在客观上促进了美国图书馆学在中国的传播。1917年8月,戴志骞受该款项资助,赴美深造,并于1919年8月回国。1922年暑期,戴志骞在北京高等师范学校发表讲演,自此,图书馆学人逐渐由学习日本转向学习美国。

1923年,商务印书馆出版杨昭悊撰写的《图书馆学》,杨昭悊在序言中指出:国外图书馆学的著作论述一般理论者数量较少,多为描述分科者。这些著作即便译介至国内,其主要的服务对象也是图书馆专员,普通民众无法通过这些译著系统地学习研究基础理论。[①] 换言之,这些被翻译至国内的外国图书馆学著作,多为应用指导类型,较少涉及理论,因此,大多只能作为实际工作之参考指导。此外,大部分欧美图书馆学著述的主要内容均为表达作者观点或描述作者所在国家的实际状况,这些内容对我国仅有一定的借鉴作用。该书分为总论、图书馆和教育、图书馆经营法、图书馆组织法、图书馆管理法、图书分类、图书目录、促进图书馆教育的机关八篇,共五十章。同时,该书构建了图书馆学体系结构:按普通科学进行分类,结果有二,一种是纯正的,一种是应用的。纯正的图书馆学,专门用于阐释图书馆的基本原理,或已存在的客观事实;而应

---

① 参见杨昭悊编著《图书馆学》(上),商务印书馆,1923年,"序"第9页。

用的图书馆学,专门用以指导图书馆的实际工作。其中,纯正的图书馆学下分具体的和抽象的,应用的图书馆学下分特殊的和一般的。①

杜定友在《图书馆学的内容和方法》一文中指出:"凡是成为专门的学科,至少要有两个根本的条件:第一是原理,第二是应用;而应用是根据于原理而来的。"②而杨昭悊所提出的"纯正的"和"应用的"两大分支,"主要是从图书馆学所涵范围而提出的,出发点是揭示图书馆学学科体系,而不是考虑应设何种课程之科目。因此,尽管'应用的''特殊的'内容排列有些混杂,但并不影响揭示体系之间的关系。'纯正的'部分虽然理论色彩并不浓厚,然而此部分的设立,依然表现出了对图书馆学仅为技术之学观点的纠正与批判意识"③。

1925年,商务印书馆出版了杜定友的《图书馆通论》,该书将图书馆学分为专门的和辅助的两部分,其中,专门的图书馆学包含理论方面(图书馆学之种种原理、图书馆学及图书馆史)和实用方面(关于行政管理诸手续、关于处理书籍诸手续、关于指导阅书诸手续、关于教育联络诸手续),辅助的图书馆学包含专门科学(印刷术、装订法、统计学、新闻学、博物院管理法)和普通科学(文学、哲学、教育学、社会学、心理学、演讲术、广告术、论理学、外国语三四种)。④杜定友的图书馆学内容体系理论与实际并重,然而该理论体系将图书馆的关联学科纳入过多,辅助的图书馆学内容过于庞杂。1928年,杜定友发表《研究图书馆学之心得》一文,

---

① 参见杨昭悊编著《图书馆学》(上),商务印书馆,1923年,第12—14页。
② 杜定友:《图书馆学的内容和方法》,《教育杂志》1926年第9期。
③ 王子舟:《杜定友和中国图书馆学》,北京图书馆出版社,2002年,第51页。
④ 参见杜定友《图书馆通论》,商务印书馆,1925年,第42—44页。

在文中将图书馆学的内容分为三点，分别是书、行政以及管理。①

1928年，商务印书馆出版杜定友的《学校图书馆学》，该书将图书馆学研究的科目分为书目学、专门的科目、行政科目、历史的科目、辅助的科学5项。其中，书目学囊括了参考书目、普通书目、各科书目、各国书目、书肆书目、官印书目、校雠学、版目学8项科目；专门的科目包含图书选择法、购订法、登记法、校对法、分类法、编目法、陈列法、标目法、保护法、查点法、索引法、修订法、编辑法、统计法、笔记法、书写法、打字法、印刷术18项科目；行政科目分组织、规则表式、建筑设备、布置、用具、商业法、经费、法令、书纳法、交换法、互借法、阅览指导法、参考法、儿童事业、盲童事业、推广事业、广告术、参观法、集会法19项科目；历史的科目则包括图书馆史、印刷史、造纸史、图籍史、新闻5项科目；辅助的科学包括文学、史学、教育法、儿童学、社会学、经济学、普通科学、故事演讲、演说学、会议法10项科目。② 1932年，杜定友在他所撰写的《图书管理学》中，再次讨论了图书馆学的范围问题，他将图书馆学分成四个部分：一、专研究关于图籍之印刷出版等科目，包括书目学、版本学、校雠学、书史学、书评学、著述学、提要学、书业学、印刷术等22个科目；二、专研究关于图书馆管理方法之科目，包括选择法、购订法、登记法、分类法、编目法、典藏法、标目法等42个科目；三、专研究关于图书馆行政之科目，包括图书馆组织法、法规、推广事业、运动、协会组织法、馆员管理法等15个科目；四、其他必修科，

---

① 杜定友讲，梁春华述：《研究图书馆学之心得》，《国立中山大学图书馆周刊》1928年第1期。
② 参见杜定友《学校图书馆学》，商务印书馆，1928年，第21—23页。

包括文学概论、各国文学史、小说学、演说学、科学方法论、哲学概论、各国史地、教育学、心理学、社会学、经济学、政治学等18个科目。①杜定友提出图书馆学内容体系的范围在不断扩大，究其原因，在于杜定友认为图书馆学所涵盖的范围越来越广，学界学者和实际工作中所遇见的问题也会随之越来越多，因此，图书馆学是一个值得终身学习研究的学科，在图书馆行业，知识重在广博，并不要求精深。②

1934年，中华书局出版刘国钧编纂的《图书馆学要旨》一书，该书将图书馆学定义为"研究图书馆的组织法、管理法和使用法的学科"③。刘国钧将图书馆成立的要素拆分为四种，即图书、人员、设备、方法，分别对这四方面进行研究，就形成了图书馆学。对图书的研究可以分为图书的实质、图书的内容以及藏书的历史三个方面；对人员的研究包括人员养成的方法和图书馆人员资格标准；对设备的研究可分为器具和房屋两项；对图书馆管理法的研究则囊括行政、采访、整理、使用四个方面。④另外，刘国钧特别指出，上述四要素所组成的图书馆学为广义上的图书馆学，而狭义的图书馆学往往单指图书馆管理法。⑤刘国钧特别强调，图书馆学并不是孤立的学科，其所学内容不是单一的，教育学、心理学、儿童学、现代文学等看似毫无关联的学科，也往往被纳入图书馆学校课程，而图书馆专员必须了解这些和图书馆有密切关系的学科。⑥

---

① 参见杜定友编《图书管理学》，新国民图书社，1932年，第285—287页。
② 参见杜定友编《图书管理学》，新国民图书社，1932年，第287页。
③ 刘国钧编：《图书馆学要旨》，中华书局，1934年，第2页。
④ 参见刘国钧编《图书馆学要旨》，中华书局，1934年，第11—14页。
⑤ 参见刘国钧编《图书馆学要旨》，中华书局，1934年，第14页。
⑥ 参见刘国钧编《图书馆学要旨》，中华书局，1934年，第16页。

第三节 图书馆专业组织的成立

一、中华教育改进社

甲午战败,中国面临三千年未有之变局,教育先驱们开始觉醒。"1918年12月,由南京高等师范学校、江苏省教育会、北京大学、中华职业教育社、暨南学校等单位联合发起组织的'中华新教育社'宣告成立,次年1月改称'中华新教育共进社'。"[1] 1919年,约翰·杜威来华宣传学说,向当时的中国社会介绍新教育,自此,全国的教育思潮为之一变。

1921年12月23日,中华教育改进社成立,同时有40多个机关加入,推举孟禄、梁启超、严修、张仲仁、李石曾五人为名誉董事,蔡元培、黄炎培等九人为董事,聘请陶行知为总干事。[2] 中华教育改进社以"调查教育实况,研究教育学术,力谋教育进行"为宗旨,是当时中国教育界勠力同心共同创办的最大规模的永久性的教育机关,总事务所设于北京。中华教育改进社在1922到1926年

---

[1] 王悦芳、胡玉芩:《郭秉文与东南大学的学术文化交流》,《教育与教学研究》2014年第1期。

[2] 参见《中华教育改进社缘起及章程》,《新教育》1922年第3期。

间为发展中国的教育事业作出了重大贡献。《新教育》为中华教育改进社的机关刊物。

1925年中华图书馆协会成立之前,中华教育改进社每年召开一次年会,图书馆教育组成员踊跃提交提案,这对图书馆界的交流与发展有积极意义。此外,中华教育改进社内部以专组形式开会讨论并提交提案,获得通过的专组会议提案之后会成为大会议程的一部分。中华教育改进社第一届年会即设置分组22种,其中也包含图书馆教育组。历届年会中有关图书馆的提案大致有42件(下文表1,表2,表3,表4),其中大部分都是以当时图书馆在发展中所面临的现实问题为中心,具有较强的实用性和针对性。这些议案的提出从侧面反映了当时中国图书馆界面临的主要问题,而它们的通过对于其时图书馆事业的发展发挥了积极作用,也说明彼时的业界正式拥有了可以共同商议相关事宜、一定程度上进行统一调配的组织。

表1 第一届年会图书馆教育组提案[①]

提案名称	提案人员	是否通过
中学及师范应添设教导用图书方法课程案	洪有丰	是
中国师范学校及高等师范学校应增设图书馆管理科	戴志骞	是
通俗图书馆内应建设儿童图书部	戴志骞	否
组织图书馆管理学会	戴志骞	否
各学校应有图书馆讲演	戴志骞	并入洪有丰案

---

① 参见《分组会议记录:第十八 图书馆教育组》,《新教育》1922年第3期。

续表

提案名称	提案人员	是否通过
推广全国图书馆案	杜定友	是
统一图书馆管理法案	杜定友	否
拟呈请教育部通咨各省长转饬各教育厅长，除省会内必须建设省立图书馆外，凡所属之重要商埠（如上海、汉口等处）亦必有图书馆之建设	沈祖荣	是
拟呈请教育部通饬全国无论公私，凡已设之大学及与大学相当之学校（如高师及高商之类），其中若不附设图书馆备置中西两万册以上之书籍，不承认该校之成立	沈祖荣	否
拟呈请教育部会同财政部筹拨相当款项建设京师图书馆	沈祖荣	是
各市区小学校应就近联合于校内创设巡回儿童图书馆以补充教室内之教育	洪有丰	是
学校与图书馆有最密切之关系，故凡中学暨高等小学校皆宜有附设学校图书馆之规定	沈祖荣	否
凡著作家出版之书籍欲巩固版权须经部审查注册者，宜将其出版之书籍尽两部义务，一存教育部备案，一存国立图书馆以供众览	沈祖荣	是
凡学校未附设图书馆者不宜举办图书科或图书馆馆员训练所	沈祖荣	是
向各省教育厅建议设立活动图书馆（亦可名曰巡行图书馆），以便各校教员参考研究案	杨成章	否

表2　第二届年会图书馆教育组提案①

提案名称	提案人员	是否通过
图书馆事业办法及应用名辞等应有规定之标准案	查修	保留
书籍装订改良案	查修	保留
筹划图书馆经费案	查修	未讨论
拟在海关附加税项下酌拨数成建设商业图书馆案	朱家治	保留
省立图书馆应征集省县志书及善本书籍案	洪有丰、施廷镛	修正通过
图书馆善本书籍应行酌量开放以供参考案	洪有丰、冯陈祖怡、韦棣华	通过
组织各地方图书馆协会	戴志骞	修正通过
交换重本图书	戴志骞	保留
呈请中华教育改进社转请美国政府以其将要退还之庚子赔款三分之一作为扩充中国图书馆案	文华大学图书科全体	修正通过
请规定学校"图书馆年"并请本社图书馆教育研究委员会速制中等学校图书馆建筑图式及馆中设备计划案	程湘帆	保留
请本会图书馆组分期编制各种中小学校需用图书目录以便各校酌量采用案	许本震、何巽	移交中等及初等教育组
请中华教育改进社备函向国内各大图书公司接洽，凡各地学校公立及私立公开之图书馆购书应予以相当折扣案	裘开明	修正通过

---

① 参见《分组会议记录：第三十　图书馆教育组》，《新教育》1923年第2—3期。

续表

提案名称	提案人员	是否通过
呈请中华教育改进社转请各省教育厅增设留学图书馆学额培植师资案	冯陈祖怡、陆秀	保留
世界图书馆案	世界教育会议中国代表团	保留

表3 第三届年会图书馆教育组提案①

提案名称	提案人员	是否通过
请中华教育改进社转请部省，凡公立图书馆一律免除券资案	章箴	一致通过
刊行图书馆学季报案	裘开明	一致通过
各省公立图书馆得附设古物陈列所案	裘开明	一致通过
请中华教育改进社转请教育部及各省教育厅于留学学科内添图书馆教育科案	上届年会保留	修正通过
各县宜酌设农村图书馆案	相菊潭	修正通过
各省教育行政机关应设图书馆教育科案	裘开明	保留
世界图书馆案	上届年会保留	退还
世界图书馆事业案	国际教育组移交	退还
请政府设立自然科学研究院提高文化培植专门人才案	教育行政组移交	退还

---

① 参见《分组会议记录：第二十六 图书馆教育组》，《新教育》1924年第3期。

表4　第四届年会图书馆教育组提案①

提案名称	提案人员	是否通过
规定学校图书馆购书经费案	邹笑灵	通过
请公立图书馆及通俗教育图书馆增设儿童部案	黄竞白	通过
请教育部通令各省区严禁上级官厅荐人于图书馆案	章籛	保留
师范学校一律添授图书馆学案	师范教育组移交	撤销

第一届中华教育改进社年会图书馆教育组会议上，戴志骞提出，其时的师范学校应设置图书馆专业课程，尤其是管理方面的课程，以培养业界人才；此外，他还提出宜在各学校开办图书馆讲演，宣传该机构的重要作用，鼓励大众使用图书馆的同时，吸引更多的学生投身于图书馆事业。洪有丰提出，学校应该重视图书馆的作用，在课程设置上可适当增加关于图书馆使用方法的教导，尤其是参考书的使用方式。第二届中华教育改进社年会图书馆教育组会议上，冯陈祖怡、陆秀提出，教育部应当重视图书馆界师资力量的培养，其时学界虽然已有少部分专业教育的机构，但囿于业界专家数量整体较少，无力开展更广范围的教学。第四届中华教育改进社年会图书馆教育组会议上，章籛同意了戴志骞的提案，认为师范学校应该设置图书馆专业课程，以培养业界的专门人才，避免官厅向馆中派遣非业界专员，保证以及推进图书馆界的专业化程度。以上几个提案都涉及图书馆学教育的相关事宜，可以从中看出其时的图书馆学人对图书馆学教育的重视程度：一方面，他们建议在师范学校增设完整系统的图书馆管理科；另一方面，在无法设置系统课程

---

① 参见《分组会议议案汇录：图书馆教育组》，《新教育》1925年第2期。

的处所，图书馆学人希望可以添设教导使用图书馆的相关课程。中国图书馆学界的先行者们深刻认识到，唯有正式建立图书馆学专业教育机制，承认图书馆学的学科地位，开展图书馆从业人员的专业教育，才能使近现代图书馆学知识广泛传播，提高图书馆学的专业化程度，提升并巩固图书馆在社会上的地位。①

除此之外，由上述提案也可以看出，其时的图书馆学人对于建立图书馆学专业教育的呼声逐渐高涨。一方面，由于图书馆事业不断发展，图书馆界人员迫切希望图书馆学的学科地位得到承认；另一方面，因为随着图书馆数量逐年增加，施行的临时教育机制已经无法满足业界对于专业人才的渴求，而唯有专业人员从事图书馆日常管理工作，图书馆才能从根本上实现专业化，所以，对于专业的图书馆人员的需求量自然开始不断增长。

另外，图书馆教育组始终把统一协会的成立作为一个中心议题。第一届中华教育改进社年会图书馆教育组会议上，戴志骞提出了《组织图书馆管理学会案》，第二届年会上，戴志骞再次提出《组织各地方图书馆协会案》。此外，也有部分提案要求成立一个全国范围的组织，如杜定友在第一届年会上提出《推广全国图书馆案》和《统一图书馆管理法案》两个提案。在第二届年会上，程湘帆提出的有关学校"图书馆年"的确定，以及统一学校，尤其是中等学校的馆舍建筑和馆内的物品、设备、设施等内容的提案；许本震、何巽所提出的关于中小学图书馆图书采购的提案，认为应该发布统一目录，以便学校进行采买。1923年，沈祖荣撰写《提倡改良中国图书馆之管见》一文，认为图书馆必须与其他学科一样，设

---

① 参见李刚、叶继元《中国现代图书馆专业化的一个重要源头——中华教育改进社图书馆教育组的历史考察》，《中国图书馆学报》2011年第3期。

立一个专业机构,即图书馆责任委员会。文中指出,图书馆作为一项专门事业,已为所有国家所熟知,"譬如美国之图书馆事业,都归图书馆专家办理,他们更设立许多机关,以帮助图书馆事业之发达。其中之最关紧要者,即为各省图书馆责任委员会"①。沈祖荣对于委员会的职务也进行了详细描述:一、辅助已经设立的图书馆,促进其事业之发达,譬如补贴经费于图书馆以购置书籍,或对于办理不如法之图书馆派专员前往指导,或制备最新图书馆各种之图形,及其价值之梗概揭示该图书馆,以便为建筑或改良之借镜;二、在尚未设立图书馆的区域,备置巡回文库以便利阅读;三、向各地图书馆介绍一切最新的科学管理办法及法规等内容;四、培养专业人才;五、在各地图书馆之间起联络交流之用,相互交换心得及意见,并可由委员会统一提供选购书目的书单,以资参考;六、培养和提高图书馆员专业素养;七、鼓励馆际之间相互比较,交流管理方面的经验和知识。② 在该文发表后,中华教育改进社迎来第二届年会,在该届年会上,图书馆教育组认可建立统一协会的重要性,并通过了组织协会的相关提案。③

中华教育改进社随后发起成立北京图书馆协会。1924 年 3 月 30 日,北京图书馆协会在改进社总事务所召开成立大会,北京大学、清华学校等各高校图书馆代表,松坡图书馆、京师图书馆及分馆、京师通俗图书馆等各馆代表,以及个人会员共 30 余人参加。成立大会推举戴志骞为会长,冯陈祖怡为副会长,查修为书记,并

---

① 沈祖荣:《提倡改良中国图书馆之管见》,《新教育》1923 年第 4 期。
② 参见沈祖荣《提倡改良中国图书馆之管见》,《新教育》1923 年第 4 期。
③ 参见《分组会议记录:第三十 图书馆教育组》,《新教育》1923 年第 2—3 期。

讨论协会简章，议决每月开常会一次。① 在中华教育改进社的推动下，各地纷纷成立图书馆协会，最终，于1925年4月25日在上海成立了中华图书馆协会。由此看出，中华教育改进社当时在图书馆界的影响力较大，改进社附属的图书馆教育组囊括了当时图书馆学界的重要成员，他们对于其时图书馆事业所面临的困难非常清楚，也深切地意识到建立统一组织的必要性，并付诸实践。可以说，中华教育改进社在全国统一性质之协会组织的成立过程中有着推动之效。

随着新教育运动的发展，中国的教育事业迎来了一个新的发展高峰，许多学者迫切需要了解学界的研究热点和相应的研究成果，并及时与其他学者进行有效沟通，因此，作为研究成果发布平台的期刊也随之涌现。据不完全统计，1912至1916年间，新开办的教育报刊超过43种。② 图书馆是社会教育机构，学界专家在没有业界专门期刊的时候，也将图书馆专业的著述发表于教育类期刊上。据统计，除图书馆教育组会议记录外，"在《新教育》存在的6年52期中一共刊发了20篇图书馆学论文"③，包括杜定友、刘国钧、沈祖荣、戴志骞、朱家治等著名学人关于图书馆学的论著。这些论著有助于我国早期图书馆学的宣传与普及和图书馆学学术的发展。

"成立专业协会和办专业刊物有着密不可分的联系，一个健全的专业协会不可能没有自己的刊物。"④ 专业的协会社团与专门的出

---

① 参见《北京图书馆协会成立》，《通俗旬报》1924年第18期。
② 参见《教育大辞典》编纂委员会编《教育大辞典》（第10卷），上海教育出版社，1991年，第459—487页。
③ 李刚、叶继元：《中国现代图书馆专业化的一个重要源头——中华教育改进社图书馆教育组的历史考察》，《中国图书馆学报》2011年第3期。
④ 黄少明：《中华教育改进社年会有关图书馆议决案对中国图书馆事业的影响》，《国家图书馆学刊》2009年第3期。

版刊物之创办是相辅相成、紧密相连的，一个健全的协会之发展壮大，必然会推动自己刊物的创办成长。裘开明于1924年7月，在第三届年会上提出《刊行图书馆学季报案》，并列出四条必要理由：一、其时中国的图书馆教育研究者越来越多，成果颇丰，但囿于斯学没有专门期刊，故著述分散发表于各学科杂志上，学者们难以集中进行参考；二、图书馆教育组在第一届年会期间曾设图书馆教育研究委员会，该委员会决议将其研究成果付梓发行，如若创办图书馆学专门刊物，则既可以及时发布委员会相关言论和决议，亦可刊行学界专家的研究成果，鼓励学术研究，推进图书馆事业发展；三、刊物既可作为学术交流平台，也可以刊布学者信息，作为学者间联络交流之中介；四、任何一项新兴之事务，为了巩固发展，都要借助统一组织的力量，西方发达国家的图书馆事业日益发达，统一的图书馆协会和与之相匹配的专业期刊贡献良多，我国的图书馆界虽已成立了相关组织，但并没有相应的专刊，因此专门学刊的创办迫在眉睫。[①] 创办专门刊物的提案得到了与会人士的一致通过。一年后，具有全国性质的统一的图书馆组织中华图书馆协会成立，随之而来的是与协会相匹配的图书馆学专业刊物的相继创刊。可以说，中华教育改进社在推动中华图书馆协会的成立以及专业学术刊物的创办等方面功不可没。

二、中华图书馆协会

民国以来，近代西方先进的图书馆观念逐步进入民众的日常生

[①] 参见《分组会议记录：第二十六　图书馆教育组》，《新教育》1924年第3期。

活，促进了我国相关事业的近现代化进程。其时中国内有军阀割据混战，外有帝国主义侵略者虎视眈眈，处于一个内外交困、举步维艰的境地，国家积贫积弱，官方领导能力不足，在图书馆界表现为缺少一个能够进行信息交流、沟通协调、资源调配、指导指挥的机构。与此同时，首批留学美国的图书馆学人已然回国，在他们的推动下，图书馆学教育通过专业系统的长期学习、短期的暑期培训班等形式走入公众视野，为业界培养了诸多具有本国教育背景的专业精英。具有海外进修专业知识背景的学者学成归国，以及国内培养的本土专业人才生力军不断成长，为图书馆事业的发展输送了新鲜血液，保持了业界之活力。他们能够立足于多种文化背景，思考这门专门科学的发展路径及前景，从而推动中国图书馆事业向着更加合理、更符合现实的方向前进。

专业人才的出现与发展，必然伴随着学术研究的不断深入，图书馆学的学术研究也从译介东西洋先进思想，逐渐转向图书馆学人根据图书馆事业发展现状和实践工作进行研究和讨论。国人的图书馆学研究往往从当时社会的实际需求和情状出发，并且在各方面都取得了优秀的成果。应当说，彼时图书馆的发展尚处于起步阶段，不论是图书馆管理还是专业人才培养方面，依旧面临诸多困难，这些困难不是单一图书馆或学者能够解决的，但系统性的、有组织规划的学术研究平台尚未成形，因而一个能够联系整个图书馆界，并协调沟通、合理分配资源的全国性的统一组织的创立开始提上日程。

1921年，中华教育改进社成立，下设"图书馆教育委员会"，并举行年度研讨会，探讨实际问题的解决办法。比如，戴志骞曾于年会上数次提出关于成立能够管理地方乃至全国图书馆的统一学会等组织的提案。在诸多图书馆专家的共同努力下，图书馆教育组通过了相关提案，地方性的协会如雨后春笋，先后成立。1924年3月，在戴志骞的倡导下，北京图书馆协会在中华教育改进社总事务所召开成立会议，随后，各地方协会也在改进社的推动下陆续创立。同年5月，开封图书馆协会成立，举何日章为会长，李燕亭为书记；① 6月27日，杜定友、黄警顽等发起成立上海图书馆协会，会址设于上海总商会图书馆，选举委员21人，以杜定友为委员长；② 也是在该月，以洪有丰为会长的南京图书馆协会正式创立，选址于东南大学图书馆；与此同时，天津图书馆协会也宣告成立，举王文山为会长，李晴皋为书记，会址设于南开大学。③ 还有诞生于1925年的苏州图书馆协会、济南图书馆协会等。④ 作为联络各图书馆组织的机关，统一的图书馆协会由于经费困难等原因，一直未能正式成立，随着各地图书馆协会的相继成立，全国性协会组织的创立已迫在眉睫。

随着图书馆事业的不断发展，越来越多的实际问题也亟待解决，这就使得图书馆的学术研究及学术交流的需求日益迫切，因此，成立能够用专门学问管理、协调、联系全国图书馆界的组织已是当时图书馆学人的迫切要求。1923年，文华大学图书科在中华教育改进社图书馆教育组分组会议上提出提案，请改进社代为与美国政府沟通，希望他们将其应返还款项的三分之一用来推广图书馆和促进我国图书馆的发展，该提案经过会议讨论予以通过。⑤ 同年，

---

① 参见金敏甫编《中国现代图书馆概况》，广州图书馆协会，1929年，第22页。
② 参见《上海图书馆协会史略》，《上海法租界纳税华人会会报》1937年第9期。
③ 参见金敏甫编《中国现代图书馆概况》，广州图书馆协会，1929年，第21页。
④ 参见金敏甫编《中国现代图书馆概况》，广州图书馆协会，1929年，第22页。
⑤ 参见《分组会议记录：第三十 图书馆教育组》，《新教育》1923年第2—3期。

韦棣华回到美国，联合政要名流，试图劝说美国政府采纳这一提案。在韦棣华及中国图书馆界人士的共同努力下，美国国会通过决议，将部分庚子退款用于中国图书馆事业，以促进中国图书馆事业的长期可持续发展。① 1924年，韦棣华代表中华教育改进社邀请美国图书馆协会主席、著名图书馆学家鲍士伟来华考察中国图书馆事业，中方学者殷切期望能够从鲍士伟处得到对庚款用途的专业建议，尤其是建设图书馆的方式。1924年及1925年中华教育改进社连续召开年会，探讨业界所遇到的实际困难及可行的解决方案。

北京图书馆协会认为应当在鲍士伟到达中国之前，组织全国性的图书馆协会。1925年4月，正值鲍士伟来华前夕，各省区图书馆代表及教育界同人在北京、上海发起中华图书馆协会成立筹备会。1925年4月25日，中华图书馆协会在上海市北四川路横浜桥的广肇公学里隆重宣告成立，同年6月2日在北京举行成立仪式。

中华图书馆协会以"研究图书馆学术，发展图书馆事业，并谋图书馆之协助"②为宗旨，期望应用专学以管理图书馆馆务，对图书馆内如何置备周到的设备、如何设置恰当的组织、如何正确有效地利用图籍，以及全国图书馆如何分布设置、调剂经费等相关问题有精详的讨论，集图书馆界之群力，兴专学，良馆政，以期图书馆能承担起弘教育、敷文化、指导社会进步、促进民族繁盛之责任。③

中华图书馆协会于成立时设董事及执行两部。"第一任董事部部长为著名学者梁启超。董事中除袁同礼、沈祖荣、洪有丰为图书

---

① 参见金春梅《民国时期中华图书馆协会发展脉络梳理》，《晋图学刊》2017年第2期。
② 《中华图书馆协会组织大纲》，《中华图书馆协会会报》1925年第1期。
③ 参见《中华图书馆协会成立宣言》，《中华图书馆协会会报》1925年第1期。

馆界人士外，其余多为社会政要、名流学者，如王正廷、熊希龄、颜惠庆、胡适、蔡元培等。这也是因为协会成立之初，迫切需要得到上层社会承认，同时希望争得更多支持，以便有利于图书馆事业的发展。"①

中华图书馆协会成立后，通过出版著作、发行期刊、组织委员会等方式展开对图书馆学术问题的研究。在分类方面，彼时中文书籍分类尚无妥善之法，协会为了促进国内学界及业界的发展，成立分类学小组，即分类委员会，广征一切已创制的中文图书分类法，以供参考，并从学术角度探讨图书分类理论，以期编制完善的分类法。② 1929 年 1 月 28 日，中华图书馆协会召开第一次年会，并于 29 日举行分组会议。在分类编目组分会上，通过《由协会从速编制适合中国图书馆用之分类法案》《图书分类编目标准案》《拟定标准之图书馆分类编目法案》《统一本国图书分类法案》等议案，③ 以及规定分类原则四项：中西分类一致，以创造为原则，分类标记须易写、易记、易识、易明，须合中国图书情形。④ 会议"议决由本会（分类委员会）编制标准分类法一案，以期各馆制度划一"⑤。国民政府建都南京后，社会各方面都趋于稳定发展，图书馆学和图书馆事业也在迅速发展，随之而来的是诸如分类法编制等难题。中华图书馆协会将图书馆学界的精英会聚起来，在会议上进行切磋交

---

① 梁桂英：《略论中华图书馆协会组织沿革》，《图书情报工作网刊》2012 年第 6 期。
② 参见《中华图书馆协会分类委员会启事》，《图书馆学季刊》1929 年第 4 期。
③ 参见中华图书馆协会执行委员会编纂《中华图书馆协会第一次年会报告》，中华图书馆协会事务所，1929 年，第 54—55 页。
④ 参见《中华图书馆协会第一次年会纪事》，《中华图书馆协会会报》1929 年第 4 期。
⑤ 中华图书馆协会执行委员会编纂：《中华图书馆协会概况》，中华图书馆协会事务所，1933 年，第 24 页。

流,这显然对于中国图书分类法研究起到了推动作用。

在汉字排检问题方面,索引委员会初成立于1925年7月,以林语堂为主席。1929年中华图书馆协会第一次年会后,索引委员会改组,分为索引、检字两组委员会。委员会为促进相关事业发展,对索引和检字的重要性广事宣传,效果显著。燕京大学、国立北平图书馆等相继设立索引专组,研究编制工作。同时,委员会规定检字法三项标准:简易,包括简单、自然、普及;准确,包括一贯、有定序、无例外;便捷,包括便当、直接、迅速。[1] 中华图书馆协会积极鼓励和推动相关研究的进行,为行业的快速发展打下了良好的理论基础。

相关事业的发展,离不开一批熟练掌握图书馆学理论和技术的专门人才。梁启超直言,协会主要任务是"建设中国的图书馆学"与"养成管理图书馆人才"。[2] 中华图书馆协会成立以前,业界专门教育尚处于起步阶段,除了几个短期的图书馆讲习科或学习班外,正规的大学图书馆学教育在当时仅有文华大学图书科及上海国民大学图书馆学系。专业教育机构数量较少,正式的教育学制周期较长,因而与中国图书馆发展所需要的专业人员相比,这些机构所能提供的人才数量是非常有限的。

中华图书馆协会成立后,对于当时业界急缺专业人员的现状非常重视,协会利用成立图书馆教育委员会、通过关于专业教育事业发展以及专员培养的相关提案等方式,持续倡导学术界大力发展图书馆学专门教育,以输出专业精英人才。囿于当时财政困难、经济

---

① 参见中华图书馆协会执行委员会编纂《中华图书馆协会概况》,中华图书馆协会事务所,1933年,第26—28页。
② 梁启超:《中华图书馆协会成立会演说辞》,《中华图书馆协会会报》1925年第1期。

凋敝的社会现状，图书馆学专门教育难以落到实处。"在图书馆学专门人才严重缺乏，派赴海外留学攻读图书馆学，以及国内图书馆学专业教育等均无法满足图书馆事业发展对专业人才需求的情况下，受中华教育文化基金董事会资助和委托，中华图书馆协会与文华图书馆学专科学校合办图书馆学免费生，为我国图书馆事业培养了一大批人才，对推动我国图书馆事业的发展作出了积极的贡献。他们中的钱存训、毛坤、钱亚新、李钟履、周连宽、于震寰、吴光清、蓝乾章等一大批后来在海峡两岸以及大洋彼岸图书馆界颇著声誉的图书馆学家，均出自图书馆学免费生班，可为明证。"①

此外，中华图书馆协会在其所创办的期刊《中华图书馆协会会报》内专门设置"新书介绍"栏目，对国立北平图书馆、北京大学图书馆等图书馆近期纳入馆藏的国内外新近出版物进行必要的介绍。这不仅有利于该刊的读者掌握图书馆学界最新的研究动态和研究方向，也可以作为图书馆学人和部分民众图书馆进行书籍采访时的参考。据统计，《中华图书馆协会会报》"新书介绍"栏目24年间共介绍各类新书669种、新刊80种。②该栏目详细介绍了一些其时新出版的专业著作，甚至还附有一些精彩的评论。这对于图书馆学人之间的学术交流、图书馆学相关知识的传播以及提高业界专员的专业知识及业务能力都起到了一定的推动作用。

我国的图书馆事业是从学习和借鉴西方先进的思想和经验起步的，诸如沈祖荣、杜定友、李小缘等图书馆学家也都具有留学背景，在这个时期，许多学者都与欧美图书馆界保持着密切的联系和

---

① 李彭元：《论中华图书馆协会的主要历史贡献》，《图书馆论坛》2018年第12期。
② 参见张书美、周芝萍《论〈中华图书馆协会会报〉的刊文重心及特色》，《河南科技学院学报》2015年第3期。

沟通。因此，中华图书馆协会非常重视与世界各大机构的学术交流，特别是与美国学界。1927 年 9 月 30 日，英国图书馆协会成立 50 周年庆典于苏格兰爱丁堡举行。在这个庆祝大会上，美国、中国、英国、法国等 15 个国家的代表联合倡议并通过成立国际图书馆协会联合会决议的议案，正式宣布成立"国际图书馆协会联合会"（IFLA，简称"国际图联"）。韦棣华代表中华图书馆协会出席大会，中华图书馆协会也顺理成章成为国际图联的发起者之一。

中华图书馆协会是其时中国图书馆界首个现代化的、具有全国统一性质的组织机关，成为当时业界的领导机构。协会集合全国力量，共同推动相关事业的发展和学术的进步。在社会各界非营利性质之组织机构均较为少见之彼时，该协会的创办具有前瞻性与创见性，代表了历史的进步。协会的成立使图书馆界拥有了一个全国统一性的领导机构，能够统一标准、调配资源，集合全体图书馆学界精英之智慧研讨现实困境，从而追求共同之利益；使原本尚处于起步时期自主发展的图书馆事业，开始迈入一个拥有正确发展意识的新阶段。中华图书馆协会依据协会宗旨，对图书馆相关内容开展了大量行之有效的研究工作。

完整的图书馆学研究体系、作为学术交流平台的专业刊物以及学科专业教育培养出来的学人，三者是相辅相成、互相促进的，共同推动了我国图书馆事业的发展。

第四节　图书馆学专业期刊的创办

一、《中华图书馆协会会报》

中华图书馆协会创办的《中华图书馆协会会报》（以下简称《会报》）于 1925 年 6 月 30 日发行创刊号，创刊号上主要发表了一些组织细则和重要消息，还登载了文章《中华图书馆协会缘起》。该文指出其时我国图书馆界效仿西方发达国家的风气，本国的图书馆事业虽颇有进展，但囿于图书馆每每各自为政，馆际间交流较少，他馆优异的服务方式或精妙的馆藏，业界其他同人尚难以观摩学习，更无法进行磋商探讨。《会报》呼吁图书馆界全体同人能够群策群力，共襄图书馆事业之进步，从而在各馆之间搭建沟通协商之桥梁，防止业界"馆自为政，不相闻问"的弊端，[①] 以改变图书馆界现状，促进图书馆事业的发展，这正是成立协会及创办刊物的主要目的与重要动机。

在《会报》所刊载的内容里，往往可以看到中华图书馆协会的各类通告以及不同协会所举办的各类活动的相关报道，协会成员能够由此及时了解国内外图书馆界的情况。同时，《会报》还会对图

---

① 参见《中华图书馆协会缘起》，《中华图书馆协会会报》1925 年第 1 期。

书馆学界所发生的重大事件进行追踪报道，使图书馆学人可以便利地了解时下学界的各种信息和动态，还可以与其他学界同人于《会报》上进行交流，这对于学界学术交流研究与知识的传播发展具有积极的意义。

"《会报》创刊于1925年6月30日，停刊于1948年5月，该刊为双月刊，其间由于抗日战争爆发，许多图书馆毁于战火，协会的工作也受到严重影响，1937年7月至1938年6月停刊一年，1938年7月在昆明复刊。"[①] 从1925年至1948年，《会报》历时24年，共发行了21卷102期。民国时期战祸频仍，时局动荡，许多期刊囿于严苛的社会环境和财匮力绌，往往发行时间较短、发行周期很长。即使面对这样艰难的外部环境，《会报》仍然坚持规律地发行刊物，刊载内容也始终具有时效性。此外，《会报》的出版，不仅限于国内，同时兼顾海外，如在日本等地发行。这也从侧面说明中华图书馆协会努力与国际图书馆界保持着一定的学术文化交流。

《会报》的主要及常设栏目有启事、学术研究论文、目录、新书介绍和图书馆界。[②]《会报》上所刊载的，大多是简短、精练的学术论文，研究内容则涵盖了与图书馆相关的各个领域。"目录"栏目主要是对某一研究领域或某一学者的著述目录加以罗列。"新书介绍"栏目会发表对部分图书馆最新购入书籍的精要介绍和相关评论，作为研究和实践的参考，各图书馆也会把该专栏作为图书采购

---

① 马秀娟：《〈中华图书馆协会会报〉特点及其对中国图书馆事业的贡献》，《新世纪图书馆》2015年第3期。
② 王阿陶、姚乐野：《图学史卷 时代华章——〈中华图书馆协会会报〉研究》，《大学图书馆学报》2014年第3期。

的参考书目；同时，对来自全国各地的学者、出版者的最新出版物，进行精简的介绍。"图书馆界"专栏主要用以介绍中华图书馆协会与各地方图书馆协会之间的会务往来、协会与政府部门的函件以及政府对于协会的告示、各种政策法规的发布、协会会员的现状及所进行的相关活动、协会与其他社会组织的往来、国内外图书馆界的重大事件和各种消息，还有业界出版的最新著作、发布的期刊、宋椠元刊等珍本善本的各种信息，等等，"俾消息得以沟通，史实因而保存"①。该专栏将国内外图书馆界的所有动态都记录下来，充分起到了传达及扩散消息的作用，此外还邀请业界人士和读者踊跃投稿新闻材料。② 该栏目投稿者众多，内容丰富，如实记录的资料也为后来的研究提供了丰富的资源。

作为图书馆学期刊，学界专业著述自然是读者进行交流分享的重要内容。关于稿件的要求，1931年该期刊登载了投稿要求及凡例，作出了非常明确的规定，指出《会报》要求学界同人的投稿以简明扼要、鞭辟入里的论文或者目录为佳，长篇大论的专业文章则可以向《图书馆学季刊》投稿。③《会报》以此为主要特色，进而与其他期刊的主题、重点进行区分，并积极地编辑和发表简要、精辟且具有深刻内容的专业文章，以期能够引发学界讨论、推动学术研究的深入，进而使图书馆事业得以进一步发展。

《会报》出版周期相对于其时其他期刊来说，较为固定且间隔较短，同时该期刊刊载了不少对民国图书馆学界极具价值的文章，如杜定友《三十五年来中国科学书目编印细则》、刘纯《杂志索引

---

① 《中华图书馆协会会报凡例》，《中华图书馆协会会报》1931年第1期。
② 参见《中华图书馆协会会报凡例》，《中华图书馆协会会报》1931年第1期。
③ 参见《中华图书馆协会会报凡例》，《中华图书馆协会会报》1931年第1期。

之需要及编制大纲》等。这些文献不仅学术价值相当高，而且在理论上和实际上都对当时的业界具有重要的指导意义，在一定程度上缓解了彼时图书馆所面临的困境。除了在理论价值上有所建树以外，《会报》对其时图书馆界及其相关的事业，如书店等的实践活动与发展状况也颇为关注，并且多次进行实地调查，统计成文。这些统计数据为当时的读者和研究者勾勒出了民国社会和文化发展的大致面貌，也为后世子孙留下了珍贵的研究材料和宝贵的文化遗产。这些统计资料对于研究民国图书馆、出版发行和社会文化教育事业具有重要意义；还可以从这些资料中揣摩出时人的生活方式乃至价值取向，其具有巨大的史料价值。《会报》刊登最多的调查统计是有关图书馆的各种统计。该期刊将图书馆分为国内及国外两个部分，其中关于世界各地图书馆的统计资料为后人了解当时全球图书馆事业的发展概况提供了一个良好的窗口。《会报》对各地书店状况的记录也很重视，经常予以报道，其中尤以国内书店的调查报告居多，除去对其时重要书坊的翔实描述，对东西洋享有盛名的售书场所也颇为重视。《会报》所刊载的涵盖其时与书籍有关之行业的数据，为时人及后来者研究民国时期的出版行业描绘出了一个较为清晰的脉络，并提供了研究思路及相关线索。《会报》除了注重与书籍相关之行业的数据统计、实地调查等内容，还密切关注与之有关的一切内容的考察与整理，涵盖面广、资料翔实、准确度高，极具参考意义和史料价值。总之，大量的考察整理工作，不仅丰富了该期刊的内容，增加了其趣味性与可读性，而且为后来的有关研究提供了重要的参考依据。

《会报》作为协会喉舌，"会务纪要"专栏对协会的组织事宜、对外交流、会务纪要等各方面的信息，都有着十分详细的记载。

《会报》将图书馆界所有的信息、活动以及问题和待办事项等内容都向社会各界公开,这样不仅能够使业界的种种工作得到有效的监督,同时也能够向广大读者告知图书馆界的工作内容、研究状况等,提高社会对图书馆学的认识程度,在一定程度上可以起到推广图书馆、提升其社会地位的作用。《会报》中关于会务纪要的内容较多,全面涵盖了协会业务,较为深刻地展现了协会的运作模式。《会报》对于协会历次年会纪要、周年报告、会费收入、财务报告、协会编辑出版目录等内容也都进行了周密全面的报道。《会报》还会定期刊登中华图书馆协会的新成员名单,同时对原会员的相关信息进行核对并及时更新,这"一方面体现华图协逐渐发展壮大之势,增强会员的荣誉感和归属感;另一方面也为会员间共享经验得失、探讨学术问题架设起了沟通的渠道。除发布会员消息以外,《会报》还曾对影响图书馆事业发展的种种不良状况加以披露,以唤起图书馆及社会各界的普遍关注,进而对政府施加压力。……华图协借助《会报》本身所具有的媒体号召力,使华图协会员乃至全国图书馆人与牵系图书馆事业发展的各界人士由一盘散沙而凝聚为和众之力,成为中国图书馆事业发展的强大动力"①。此外,《会报》还刊载了许多攸关中国图书馆事业发展进程的社会活动。

《会报》是近代中国久负盛名的图书馆学期刊之一,其刊文始终聚焦于图书馆界的方方面面。作为民国时期三大图书馆学期刊之一,《会报》通过其刊载的全面而大量的信息,不但为时人的研究工作提供了丰富的文献资源以及多种相关的信息支撑,也为其时图书馆事业的发展提供了宣传的平台,还为图书馆学人搭建了交流的

---

① 王阿陶、姚乐野:《图学史卷 时代华章——〈中华图书馆协会会报〉研究》,《大学图书馆学报》2014年第3期。

平台，在推动图书馆学的学科建设、找寻并探究学界遇到的重难点问题、满足业界的现实工作需求、促进本国相关事业的发展以及与欧美图书馆学界的交流等方面都发挥了积极作用，作出了不可磨灭的突出贡献。

二、《图书馆学季刊》

1926年3月，《图书馆学季刊》（以下简称《季刊》）正式出版发行，1937年因"七七事变"停刊，20世纪40年代初又复刊，直至1949年中华人民共和国成立后停办。《季刊》一共出版11卷42期。

《季刊》在办刊宗旨中点出了刊物的定位，即一方面参考西方图书馆界已在使用的规则，另一方面考察我国传统图书馆学的可取之处，以期建构适合中国国情的图书馆学。此外，《季刊》的《发刊辞》对图书馆学未来的发展也提出了要求：其一，普及斯学，即引起公众对图书馆的兴趣，让大众能掌握现代图书馆学的最新知识及资讯，向民众大力推广宣传图书馆学；其二，学问为天下公器，原本不以国家为界，但各国国情不同，譬如中国以文字为自有特色，因而学界专家宜从图书馆学原理原则中斟酌出适合中国的方法，形成"中国图书馆学"系统。[①] 从办刊宗旨和《发刊辞》来看，《季刊》在学术研究上所持有的立场是包容的，对于欧美先进的图书馆学思想，该期刊既不会一味迎合，也不会采取抵触的态度；同时，对于传统，既不会全面摒弃，也不会顽固保守，而是将二者相互融合，力求找寻一条符合其时社会实际需要的新途径。这样严谨

---

① 参见《发刊辞》，《图书馆学季刊》1926年第1期。

而包容的学术研究理念正是学界所不可或缺的。"《季刊》共开设过20个栏目,分别是时论撮要、论著、通论、纪载、序跋、序跋汇录、专著、调查、调查及报告、讨论、书目、目录、杂俎、索引、文艺、附刊、附载、插图、补白、通讯。这些栏目曾在《季刊》中陆续出现,看似栏目繁多,但实质上只是名称的变化而已。"①

与《中华图书馆协会会报》注重图书馆界的数据统计及消息传播不同,《季刊》更侧重学术研究,具有更强的学术性质,并致力于将学界之研究运用到实践中以解决问题。《季刊》所刊载的论文,大致分为传统的文献学与目录学研究、西方近现代图书馆学思想的研究、图书馆应用研究等方面,同时,该刊物还对图书馆及其相关学科的研究成果保持密切关注。经过对《季刊》的载文进行系统的分析,载文量排在前几位的依次是文献学(56篇)、图书馆学相关学科(34篇)、文献标引与编目(32篇)、目录学(29篇)、各类型图书馆(29篇)。②"在《图书馆学季刊》所刊载的研究性论文中,文献学所占的比重位于各图书馆学分支学科的第一位,达24.70%。有关目录学的研究论文也达到12.78%。关于这两大领域的内容撑起了《图书馆学季刊》的半壁江山。"③足见《季刊》对于传统文献学和目录学的重视。其中不乏名家之作,如梁启超所著《佛家经录在中国目录学之位置》④,袁同礼对宋、明、清等私家藏书进行的大致介绍,等等。这些文章已不再局限于以中国传统的目录学内容为研究对象,而是以批判的方式汲取、传承我国传统的目录校雠学之内

---

① 王阿陶、姚乐野:《〈图书馆学季刊〉及其学术特点刍议》,《图书情报知识》2015年第5期。
② 参见刘宇、宋歌《〈图书馆学季刊〉载文计量研究》,《图书馆》2008年第3期。
③ 刘宇、宋歌:《〈图书馆学季刊〉载文计量研究》,《图书馆》2008年第3期。
④ 梁启超:《佛家经录在中国目录学之位置》,《图书馆学季刊》1926年第1期。

容。《季刊》"11卷共刊载翻译或编译作品44篇,占到整个非文摘报道性文章的10.30%"[①]。这一方面体现学界专家的国际性视野,另一方面也表明其时学人并非进行纯粹的翻译工作,而是选择性地汲取欧美先进思潮的精华,并渐渐孕育出符合中国社会实际需求的图书馆学理念。

《图书馆学季刊》是中国传统图书馆学与西方图书馆学理论有机融合的典范。该刊物以严谨而包容的治学态度刊载了不计其数的高质量学术论文,不仅处于其时学术领域的领军地位,也为实际工作提供了理论指导。

三、《文华图书馆学专科学校季刊》

1920年,韦棣华仿照美国纽约州立图书馆学校,在沈祖荣和胡庆生的帮助下,创办了文华大学图书科;1924年,文华大学并入华中大学;1927年,华中大学暂时停办,文华图书科单独办学;1929年1月,文华图书科创办刊物《文华图书科季刊》,不久后,经湖北省政府教育厅及国民政府教育部批准立案,沈祖荣将文华图书科独立出来,成立私立武昌文华图书馆学专科学校(以下简称"文华图专"),《文华图书科季刊》也随之更名为《文华图书馆学专科学校季刊》(以下简称《文华季刊》)。

1929年1月,文华大学图书科的耿靖民同学,于自己创办的刊物上发表文章,他在文章中指出,其时国内的图书馆事业一天一天地发展,对图书馆学的需要也随之急迫了,然而当时国内的图书馆

---

① 杨薇:《〈图书馆学季刊〉的创办及其影响》,《内蒙古科技与经济》2011年第13期。

学还不能完全满足图书馆界发展的要求。这主要因为以下两点：第一，彼时我国还没有建立起一套完整的图书馆学知识体系；第二，欧美图书馆学多为本国服务，许多内容无法适应中国实际，也不能直接运用于中文书籍。因此，为了满足图书馆界的需求，图书馆学人需要另辟蹊径，这个途径至少要满足两项工作：其一是讨论，有关图书馆学的种种问题，包括已经提出的和尚未提出并需要进行搜寻的，必定要经过详细的讨论，才能集结群体的智慧，确定解决方法。其二是要解决图书馆学面临的诸多困难，仅凭脱离实际的简单理论是无法成功的，必须拥有一定的经验以及知识的积累，并以这些积累为依据，对已提出的困难进行商榷，进而提出解决之方法；外国的方法，不符合其时国情者，可作为讨论的参考资料，而那些和我国书籍的性质相吻合者，可以完全采纳，至于那些含有普遍性质的，则可以将其介绍过来，从而充实我国的图书馆学内容。而出版界向这一方向努力的，只有一两种刊物，无法满足图书馆学人不断增加的需求。因此，对于图书馆学人而言，无论是为图书馆事业的前途，或是为自己将来服务图书馆界时的便利，都应当加入相关讨论，进而促成刊物的出版。《文华季刊》就此创办，这篇文章也成为《文华季刊》的《发刊词》[①]，另外，《发刊词》提到该期刊的创办还有一个原因，就是致力于宣传图书馆事业。"因为图书馆事业，虽然已渐渐的为社会所注意，但大多数的人们，还把他当作教育的附属品；却不知道他是和其他教育机关，立在一个对等的地位的。我们为促进图书馆事业的发展计，应当向社会解释，把图书馆事业的内容，和他的重要，都略略的展献于社会，使社会上的人

---

① 耿靖民：《发刊词》，《武昌文华图书科季刊》1929年第1期。

士，对于他由了解而发生信仰和希望，抛去已往忽视的心理；以免在这新建设的计划中，把他忽略了。"①

《文华季刊》第一卷的相关工作，几乎由文华图专的学生全权负责完成，自1930年的二卷一期后，刊物成立文华图书科季刊社，作为正式的编辑单位。

《文华季刊》在第二卷第一期的末页第一次明确发表《本刊宗旨》：1.本刊以提倡图书馆学，研究实际问题，解决应用方法为目的，将各种问题提出讨论。本刊亦登载翻译并介绍国内外图书馆学名著。2.本刊不仅引起图书馆界同志研究的兴趣，并使民众普及图书馆知识。3.本刊为促进图书馆之设立，改良图书馆之设备，提倡图书馆之应用。4.图书馆界同志有不明了处，若蒙函问，在可能范围内，本刊当勉力解答，以释疑难。5.本刊亦介绍各种书目与目录，及与图书馆学有关系之书籍。②

1930年12月1日，时任校长沈祖荣即席讲演学校历史，同时启用教育部颁发的学校的钤记。③ 这说明学校正式独立，更名为私立武昌文华图书馆学专科学校。同时，《文华季刊》1930年第二卷第三、四期合刊登载消息，文华图书科季刊社宣布更名为武昌私立文华图书科专科季刊社。同时季刊社发布《文华季刊》的宗旨："以发表与介绍中外圕（图书馆）界同人对于圕（图书馆）学术之研究及心得，以资促进我国圕（图书馆）事业为宗旨。"④ 这意味着《文华季刊》不再仅仅局限于面向学校学生，而是开始面向整个图书馆界。

---

① 耿靖民：《发刊词》，《武昌文华图书科季刊》1929年第1期。
② 《本刊宗旨》，《文华图书科季刊》1930年第1期。
③ 参见《本校消息：校章之启用》，《文华图书科季刊》1930年第3—4期。
④ 《本刊消息》，《文华图书科季刊》1930年第3—4期。

李小缘在《中国图书馆事业十年来之进步》一文中写到,其时,图书馆学专门期刊中能够向读者介绍图书馆技术的,首推《季刊》和《文华季刊》,这两种刊物非常注重对图书馆专业知识的引进和介绍,同时也兼顾其他图书馆事业附属学科。[①] 李小缘对于《文华季刊》注重实用性的办刊风格较为赞赏。相较于《会报》和《季刊》,《文华季刊》上所登载的论文往往致力于解决实际问题,这种实用主义色彩也是《文华季刊》发现问题、解决问题的办刊宗旨一以贯之的表现,并在专业训练中逐步成长。

《文华季刊》为文华图书科所创办的专业学术性期刊,其宗旨是为学界同人提供一个平台,供他们探讨问题,并向他们介绍东西洋相关内容之知识,同时扩大图书馆的影响力,并推动图书馆事业的发展,建立中国的图书馆学。该校作为彼时中国为数不多的专业教育机构,学科体系完善,兼顾中西;另外,该刊物主要的管理者为该校学生。这意味着该刊物不仅具有相当强的学术性质,还兼具翻译学界东西洋著作、对外交流之责;同时,活跃于该期刊的学生,精于其时国内外重要的图书馆学理论知识,能够为学界添砖加瓦,带去更多活力。

除此之外,《北平图书馆协会会刊》《金陵大学图书馆丛刊》《国立北平图书馆馆刊》《国立中山大学图书馆周刊》等刊物上也都刊登过不少关于图书馆学的论著。这些学术期刊是学术研究成果发表的重要平台,也是学术共同体之间进行学术交流的重要阵地,学者可借助期刊迅速公布研究成果,便捷地与其他学界同人进行交流,这极大地促进了图书馆学学术的发展。

[①] 参见李小缘《中国图书馆事业十年来之进步》,《图书馆学季刊》1936年第4期。

第五节　图书馆学研究专著的出现

清末民初以来,西方先进思想传入中国,其中也包含图书馆学思想。为了更好地建设中国的图书馆事业,当时的有识之士先后翻译了多部著述,王懋镕于1913年将日本文部省编纂的《图书馆管理法》译介至国内,此举不仅为当时的中国图书馆管理实践提供了宝贵的国际视野,也标志着我国图书馆学开始积极吸收国外先进理念;1917年,北京通俗教育研究会引进了日本图书馆协会编撰的《图书馆小识》,1918年,顾实重新译介与整理该书,并以《图书馆指南》之名再版发行,行文通俗易懂、所含内容丰富;朱元善于1917年编译《图书馆管理法》,该书融合了他对国外图书馆管理经验的深刻理解与本土实际需求的考量,为我国图书馆管理制度的构建提供了重要参考;1920年,杨昭悊译自日本学者田中敬的《图书馆学指南》,系统介绍了图书馆学的理论知识与实践方法。与此同时,郑韫三于这一时期编写了《图书馆管理法》,该书介绍日本图书馆所使用的分类方法,同时结合国内图书馆管理的实际情况,提出了许多具有创新性的见解与策略。这些书籍对于引进先进的图书馆学思想有着重要作用。20世纪20年代,海外留学的图书馆学人陆续归国,他们开始一边宣扬西方的图书馆学思想,一边着手出版理论著作,将留学所得与中国实际结合起来,以解决中国图书馆事业所面临的实际问题,随后,属于中国图书馆学的研究专著开始出现。

1923年,商务印书馆出版杨昭悊所著《图书馆学》。该书分为总论、图书馆和教育、图书馆经营法、图书馆组织法、图书馆管理法、图书分类、图书目录、促进图书馆教育的机关八篇,同时构建了图书馆学体系结构,将图书馆学分为纯正的和应用的两大类,"从根本上承认图书馆学作为一门学科的科学性"[①],是民国时期重要的图书馆学专著。该书被视为"我国近现代图书馆学诞生的重要标志之一"[②]。其时的图书馆学人对该书评价颇高,戴志骞为《图书馆学》作序,认为该书"有裨于中国图书馆之前途"[③]。另一篇序言的作者蔡元培认为《图书馆学》采取编译结合的方式,"不但办理图书馆的人,一定欢迎,就是想享用图书馆的人,也是不可不读的"[④]。《图书馆学》采取编译结合的方式,并未局限于介绍西洋的新式图书馆学,书中也提及本国的实际情况,并进行了一定评议,在模仿之上有部分自身的建树,开了"国人自著图书馆学的先河"[⑤]。

1925年,杜定友撰写的《图书馆通论》由商务印书馆出版。书中将图书馆事业发展的原因归纳为四个要素,分别是人才、书籍、财力、时势,并将图书馆学划分为图书馆学专门学识、图书馆

---

① 陈琳:《杨昭悊及其〈图书馆学〉》,《国家图书馆学刊》2009年第4期。
② 龚蛟腾:《中国图书馆学的起源与转型——从校雠学说到近现代图书馆学的演变》,国家图书馆出版社,2013年,第129页。
③ 杨昭悊编著:《图书馆学》(上),商务印书馆,1923年,"戴志骞先生序"第4页。
④ 杨昭悊编著:《图书馆学》(上),商务印书馆,1923年,"蔡孑民先生序"第2页。
⑤ 马宗荣:《中国图书馆事业的史的研究》(下),《学艺杂志》1930年第7期。

学辅助学识两个方面。①1927年，杜定友的另一专著《图书馆学概论》出版，该书共分四十章，对图书馆的意义、略史、种类、组织、经费、行政、教育、分类等方面都作出了概述。该著提出"图书馆的设立，有三大要素：（一）要能够积极的保存。（二）要有科学的方法，以处理之。（三）要能够活用图书馆，以增进人民的智识和修养"②。该书将图书馆的进化分为保守、被动、自动三个时期，并对每个时期图书馆的特征进行了总结。

洪有丰所著《图书馆组织与管理》，1926年由商务印书馆出版，并在1933年及1935年重印。刘国钧对该书评价颇高，认为它"不是西方图书馆学的翻版，而是从我国图书馆实际出发，结合近代图书馆要求而写出的一部方法指导书"③。洪有丰参酌西方图书馆学，从我国的现实需求出发，同时立足自身丰富的图书馆管理经验，在书中提出了许多务实可行的方法。其时的中国图书馆界已经逐渐将效法的对象由日本变更为美国，一方面美国确为当时世界图书馆学术最发达的国家，另一方面日本的图书馆学思想本身也多承自美国。而洪有丰的《图书馆组织与管理》一书，将立足点置于中国彼时所遭遇之困难，并探讨研究解决之道。金敏甫认为，《图书馆组织与管理》一书是洪有丰多年从事图书馆工作的经验总结以及教授心得，该书具有开创性质，是为中国图书馆学之创始。④

1927年9月，李小缘编纂出版《图书馆学》一书，在书中对图书馆的定义作出解释："图书馆者乃收藏，流通古今中外人类思想

---

① 参见杜定友《图书馆通论》，商务印书馆，1925年，第40—44页。
② 杜定友：《图书馆学概论》，商务印书馆，1927年，第2页。
③ 刘国钧：《敬悼洪范五先生》，《图书馆》1963年第1期。
④ 参见金敏甫编《中国现代图书馆概况》，广州图书馆协会，1929年，第31页。

经验之所在。集人类思想经验而为记载,将记载印刷装订之而成书;图书馆从而采购之,分类编目以组织之于一室,使之流通致用是为图书馆。"① 此外,李小缘还提出了公共图书馆的七大意义:一、辅佐学校教育之不及,二、图书馆即是教育,三、精神娱乐之最高俱乐部,四、传播消息及智识之总机关,五、社会经济,六、宣传文化之总机关,七、文献不足征也足则吾能征之矣。② 李小缘认为与古代藏书楼相比,现代公共图书馆更加自由开放,图书馆的书籍是动的,具有流通性和实用性,重在利用书籍以提高民众智识,满足民众的精神娱乐;且为了方便书籍的流通致用,图书馆多设在交通便利的地区。③ 李小缘同时也指出,彼时中国社会尚不稳定,经济支绌,不识字之民众占绝大部分,因此,图书馆需要聘用具有图书馆专业学识背景的人才,更新图书馆应用方法,为民众编制成人教育用书,向民众推广书籍阅读,以精神服务为广告,提高公众的公共道德,等等。④

杜定友所著《学校图书馆学》一书共十三章,分别为图书馆与教育、学校图书馆通论、图书馆学、儿童文学通论、图书选择法、图书馆的经管、购订与登记、分类法、编目法、藏书法、出纳法、参考法、阅读指导法。在"图书馆学"这一章节中,杜定友认为图书馆学的范围非常广泛,凡是关于书籍图画方面的内容都宜进行研究,并将研究的科目罗列于书中。这些科目分为五个

---

① 南京大学信息管理系编:《李小缘纪念文集》,2007年,第22页。
② 参见南京大学信息管理系编《李小缘纪念文集》,2007年,第4—16页。
③ 参见南京大学信息管理系编《李小缘纪念文集》,2007年,第3—4页。
④ 参见南京大学信息管理系编《李小缘纪念文集》,2007年,第42—44页。

大类，分别为书目学、专门的科目、行政科目、历史的科目、辅助的科学。①

1928年，世界书局发行沈学植所撰写的《图书馆学ABC》②。全书分为十章，主要内容包括：现在需要哪种图书馆、图书馆组织和职务、图书选择与购置、日报杂志公报小册、参考用书、分类编目、图书馆公开的办法、图书馆的用具、图书馆与教育、图书馆学与图书馆事业。该书认为图书馆不仅要为广大民众提供阅读的场所和书籍，还应承担起社会教育的相应职责。

刘国钧的《图书馆学要旨》一书，1934年由中华书局出版发行。全书分为八章：图书馆学的意义与范围、参考部与参考书、图书的阅览与推广、图书的分类、图书的编目、选购与登录、建筑与设备、图书馆行政。刘国钧在该书中分别就"图书馆学"和"图书馆"给出了明确的定义，认为图书馆学"便是研究图书馆的组织法、管理法和使用法的学科"③，"图书馆乃是以搜罗人类一切思想与活动之纪载为目的，用最科学最经济的方法保存它们，整理它们，以便利社会上一切人使用的机关"④。刘国钧在书中还介绍了以美国为代表的现代图书馆的特殊之处："（1）用地方或国家的经费设立；（2）自由阅览不限任何的资格，不纳任何的使费；（3）阅览人可以自由出入书库，或书库的一部；（4）附设儿童图书馆以培养儿童的用书习惯；（5）与各级学校合作，订立特别阅览办法，或供给学校所用之参考书；（6）设立成人教育部，指导年长失学的人读

---

① 参见杜定友《学校图书馆学》，商务印书馆，1928年，第21—23页。
② 沈学植：《图书馆学ABC》，ABC丛书社，1928年。
③ 刘国钧编：《图书馆学要旨》，中华书局，1934年，第2页。
④ 刘国钧编：《图书馆学要旨》，中华书局，1934年，第5页。

书程序，介绍相当的图书；(7) 设立参考部或问讯处，代阅览人搜集材料，以便解答疑难的问题；(8) 设立分馆，支部代办所，巡回文库等以推广图书馆的功用。"① 根据这些特殊之处，刘国钧总结了现代图书馆的特征：自动的而非被动的、使用的而非保存的、民众的而非贵族的、社会化的而非个人的。② 刘国钧还于该书中提出了图书馆学的四要素，即图书、人员、设备、方法。"图书是原料；人员是整理和保存这原料的；设备包括房屋在内，乃是储藏原料、人员、工作和使用图书的场所；而方法乃是图书所以能与人发生关系的媒介，是将图书、人员和设备打成一片的联络针。分别研究这四种要素便成为各种专门学问。"③ 在"要素说"的基础上，刘国钧提出了图书馆学的内容体系：一、图书的研究，包括图书的实质、内容、收藏三方面；二、人员的研究，包含图书馆人员养成法和人员资格标准的研究；三、设备的研究，即器具和房屋的研究；四、管理方法的研究，包含行政、采访、整理、使用四个方面。④《图书馆学要旨》一书详细阐述了刘国钧的图书馆学理论，是民国时期学界的重要代表著作之一。

1935 年，由程伯群编著的《比较图书馆学》出版。该书分为图书馆行政、图书馆技术、分类编目学、书志目录学四编，共二十五章，对所涉及内容的相关资料进行了翔实的收集，是我国最早直接以"比较图书馆学"命名的图书馆学著述。

1917 年，文华公书林出版《仿杜威书目十类法》。该书由沈祖

---

① 刘国钧编：《图书馆学要旨》，中华书局，1934 年，第 5—6 页。
② 刘国钧编：《图书馆学要旨》，中华书局，1934 年，第 6 页。
③ 刘国钧编：《图书馆学要旨》，中华书局，1934 年，第 11—12 页。
④ 参见刘国钧编《图书馆学要旨》，中华书局，1934 年，第 12—14 页。

荣、胡庆生二人参考杜威分类法，并结合中国实际编制而成，初版印制数量为 200 部，很快售罄。1922 年，沈祖荣与胡庆生对初版进行了研究修订，出版《仿杜威书目十类法》第二版。其大类排列为：〇〇〇经部及类书，一〇〇哲学宗教，二〇〇社会学及教育，三〇〇政法、经济，四〇〇医学，五〇〇科学，六〇〇工艺，七〇〇美术，八〇〇文学、语言学，九〇〇历史。《仿杜威书目十类法》突破了传统"四部"分类的束缚，将新旧制融为一体，对之后分类法的改进有一定的启示作用。

1922 年，广东全省教育委员会出版杜定友所著的《世界图书分类法》。该作主张用一种分类法对中西文图书统一进行分类，将所有图籍分为十大类：普通图书、哲理科学、教育科学、社会科学、自然科学、应用科学、美术、语言学、文学、历史地理。1925 年，杜定友对《世界图书分类法》进行修订，出版专著《图书分类法》，内容包括说明、分类表和索引三编。

1928 年，商务印书馆出版王云五编制的《中外图书统一分类法》，该分类法在《杜威十进分类法》的基础上，增加了"＋""卄""±"三个符号，用于原号码之前，以容纳中文图籍，从而达到中外统一的目的。

为了统一新旧图书分类的标准，刘国钧编制《中国图书分类法》一书，并于 1929 年正式出版。该书将中文图籍分为总部（丛书群经皆属于此部）、哲学部、宗教部、自然科学部、应用科学部、社会科学部、史地部、语文部、美术部九类。

杜定友在 1925 年编制出版《著者号码编制法》，该书包括著者号码编制法、著者号码编制规则、附则、著者姓氏检查表、西文著者号码编制法等内容。

李刚认为，现代图书馆学真正形成的标志为：一、图书馆学专门教育的兴起与发展；二、图书馆学专门研究群体初步形成；三、图书馆专业组织的成立；四、图书馆学专业期刊的创办；五、图书馆学研究专著的出现。[①] 在图书馆学专门教育方面，1920年，韦棣华及其学生沈祖荣、胡庆生创办了中国第一所图书馆学教育机构文华大学图书科；1925年，杜定友在上海国民大学开设图书馆学系；1927年，金陵大学图书馆学系成立。在图书馆学专门研究群体方面，20世纪20年代，沈祖荣、胡庆生、戴志骞、杜定友、洪有丰、李小缘等学人陆续回国，随之而来的宣传、研究活动如火如荼地开展，此时可视为图书馆学专门研究群体初步形成的时期。在图书馆专业组织方面，1925年，作为全国各地方图书馆协会领导机构的中华图书馆协会正式成立，促使学界勠力同心，共同致力于专业研究，推动行业发展。在图书馆学专业期刊方面，中华图书馆协会成立不久便先后于1925年和1926年创办了《中华图书馆协会会报》和《图书馆学季刊》，此外，《北平图书馆协会会刊》《文华图书馆学专科学校季刊》等期刊也在20世纪20年代相继创办，为图书馆学研究成果的发表及学术交流提供了很好的平台。在图书馆学研究专著方面，不似早期论著大多翻译自西方或日本，此时学界专业著述大批涌现，并付梓出版，极大地推动了其时该行业的发展进步。因此，20世纪20年代可视为中国现代图书馆学真正形成的时期。

20世纪20年代，中国的图书馆学教育事业刚刚起步，以私立武昌文华图书馆学专科学校为代表的寥寥数所专门的图书馆学教育

[①] 参见李刚等《制度与范式：中国图书馆学的历史考察（1909—2009）》，科学出版社，2013年，第202—203页。

机构、科系，为当时的图书馆界承担了培养人才的重要责任。由于韦棣华、克乃文等创始人均为美国人，因此当时的教育机构一般采用的是美国学校的人才培养模式。彼时在人才匮乏的图书馆界，这些专门的学校、科系以及短期培训班等机构为急需专业人员的中国图书馆事业源源不断地输送了大批生力军，其中不乏日后的领军人物，也为不久后图书馆学专业教育的迅速发展打下了坚实的基础。

随着图书馆事业的不断发展，图书馆学人越来越认识到建立统一组织的必要性，中华图书馆协会应运而生。以中华图书馆协会为首的各个协会组织，对内紧跟时事，发布与图书馆相关的一切消息，联络图书馆各界，进行统一的协调、沟通与指导；对外广泛宣传图书馆，与世界图书馆学界保持一定的交流往来，紧跟国际研究热点的同时，也向外界介绍中国的图书馆学。

专业教育和统一组织的建立发展使得图书馆事业突飞猛进、专业人才不断增加、学术研究空前活跃，图书馆学界对于学术交流平台的需求日益迫切，图书馆学专业期刊随之相继创刊。这些学术期刊是学术研究成果发表的重要平台，也是学术共同体之间进行学术交流的重要阵地，极大地促进了图书馆学学术的发展。

第三章

理论图书馆学的建树

第一节 梁启超的图书馆学思想

梁启超,字卓如,号任公,又号饮冰子、饮冰室主人、哀时客等,1873年2月23日出生于广东省新会县(今江门市新会区),是中国近代著名的思想家、政治家、教育家、史学家、文学家。梁启超自幼接受传统教育,"八岁学为文,九岁能缀千言"[①],1889年,梁启超中举人,翌年进京会试,并结识康有为,投其门下。1895

---

① 梁启超著,文明国编:《梁启超自述(1873—1929)》,人民日报出版社,2011年,第37页。

年,甲午战争中国战败,清政府签订了丧权辱国的《马关条约》,其内容包括割让辽东半岛、台湾全岛及附属各岛屿、澎湖列岛,赔款白银两亿两等。消息传到国内,群情激愤,康有为及梁启超联合众多公车一同上书光绪皇帝,请求变法。同年8月,梁启超协助康有为创办《万国公报》,并撰写多篇文章以宣传西学,鼓吹变法。不久后,康有为发起成立强学会,梁启超任书记员。

1896年,黄遵宪、汪康年等人在上海筹办《时务报》,梁启超应邀担任主笔,并接连发表《变法通议》《西学书目表》等文章。其中,《西学书目表》一文在倡导学习西学的同时,也表达了部分图书分类的思想,文章依照现代科学划分方法,将当时所翻译的西书归纳为学、政、教(宗教)和杂类,书目未收录宗教类,学、政、杂三类下分二十八个小类。[①]《西学书目表》是我国第一部以科学分类为基础的书目,首创科学书目分类体系。[②]

1898年,戊戌变法失败,梁启超逃亡至日本,同年在横滨创办《清议报》。1899年,梁启超在《清议报》上发表《论图书馆为开进文化一大机关》一文,认为图书馆有八种功能:对于正在接受学校教育的学生,图书馆可以为其提供参考书目、课外书籍等,辅助学生学习,提高效率、开阔眼界;对于无法接受学校教育的青年志士,图书馆可作为其学习知识的机构,为其提供丰富的书籍、场馆、指导专员等,使之获得知识的益处;对于学者,图书馆可为其提供宏富之馆藏,供其参考,便利研究;对于来馆阅读者,不论身份,均可以随意使用图书馆的公共书籍,进而改善风气,推进文化

---

① 参见翦伯赞等编《戊戌变法》(一),上海人民出版社,1957年,第448页。
② 参见李万健《梁启超对我国目录学的开创性贡献》,《中国图书馆学报》1993年第2期。

发展;图书馆提供各科书籍以及参考书等工具书,内容涵盖广博,便利读者查阅信息;图书馆所藏书籍,不论贵重与否,皆可为读者使用,因此读者可去往图书馆阅读自身无力购买的贵重书籍;其时图书馆所藏书籍已海纳百川,东西洋书籍所藏不在少数,读者可以通过阅读图书馆新收书籍,及时了解世界各国的近况;读者经常出入图书馆,可以渐渐养成读书之习惯,在读书过程中,获得知识,提高程度,于不知不觉中养成智识。[①] 此时,梁启超对于图书馆的认识表明图书馆学有了更加深入的发展。

一、美国的图书馆事业

1903年,梁启超应美洲保皇会邀请,赴新大陆参观访问。在这次近距离了解、考察美国社会后,梁启超撰写了《新大陆游记》,将所见所想记录下来。这篇游记内容丰富,其中数次提及所谓新大陆之发达的图书馆状况,极其生动地描绘了梁启超参观享誉盛名的新式图书馆后震惊及钦羡的心情。这次访问使梁启超对于新式图书馆有了全新的认知,同时他也意识到这种教育机构在推动社会进步及提高民众素养方面的重要作用,为其日后致力于本国该项事业的建设奠定了基础。参观波士顿市立图书馆后,梁启超惊叹不已,他说道,虽然日耳曼人在16世纪时即开始通过建立图书馆来保护古籍、传承文化,然而将图书馆视为一个社会教育机构,行教育之责,是从波士顿市立图书馆建立后开始的。该图书馆是由市长向议会提案,征收市民税建造而成的,由议会提供款项以发展当地图书

[①] 参见梁启超《论图书馆为开进文化一大机关》,《清议报》1899年第17期。

馆事业。这种方式后为英国所效仿，诸如1854年建立的曼彻斯特图书馆及利物浦图书馆，都是由此项资金支持建立的，这也是波士顿市立图书馆建立后第一波"继起者"。1896年，美国对其图书馆事业的概况进行了一次较为彻底的调查，其结果显示，美国全国图书馆藏书量在三千卷以上者，多达626所，而波士顿市立图书馆的藏书，大约在八万册。波士顿市立图书馆馆舍建筑所花费的金额，一共在265万美金左右。此外，波士顿市立图书馆还建设了多处分馆及借书处，据统计，大约有10所分馆、17所借书处分布于全市。① 参观波士顿市立图书馆后，梁启超初步了解了这所公共图书馆的概况，以及美国在20世纪前后图书馆保藏书籍的规模。

波士顿市立图书馆是美国首座公共图书馆。1847年，波士顿市长乾士氏向议会提交提案，建议征收市民税，用以建立市立图书馆。该项提案后为议会通过。"1848年马萨诸塞州通过的一项法令，责成波士顿市建立一所供市民使用的公共图书馆，制定必要的管理规则，并规定图书馆的经费由该市财政经费中开支，每年不超过五千美元。成立后的该馆由理事会掌握办馆方针……这种依法建立向所有居民开放、由地方行政税收保证经费来源的公共图书馆模式，产生了很大的社会影响，美国各州步其后尘，通过州图书馆法，公共图书馆事业迅速发展起来。"② 梁启超在波士顿市立图书馆参观时，深入、细致地了解了该馆的运营管理模式，其之后的图书馆思想在某种程度上也受到该馆影响。

梁启超于1903年6月9日抵达华盛顿，参观美国国会图书馆，

---

① 参见梁启超《新大陆游记》，商务印书馆，1916年，第83—84页。
② 朱天策：《梁启超1903年的美国之行及其近代图书馆思想》，《国家图书馆学刊》2000年第3期。

他盛赞该图书馆为其时"世界中第一美丽之图书馆也"。梁启超彼时所见,为美国国会图书馆于1897年仿照英国不列颠博物馆所建造的新馆舍,"藏书之富,今不具论,其衣墙覆瓦之美术,实合古今万国之菁英云,吾辈不解画趣,徒眩其金碧而已"①,是当时世界上最先进的图书馆之一。他还描述道,虽然该图书馆读者众多,阅览厅中,经常同时会集数百人乃至上千人,但阅览者往往醉心于书籍当中,看书时近乎悄然无声。"观书堂壁间以精石编刻古今万国文字,凡百余种。吾中国文亦有焉,所书者为'子夏曰,日知其所亡,月无忘其所能,可谓好学也已矣'二十一字,写颜体,笔法遒劲,尚不玷祖国名誉。"②

"所见各学校之图书馆,皆不设管理取书人,惟一任学生之自取而已。"③当时美国各学校图书馆已经采用了开架借阅的方法,梁启超对此颇感惊讶,他询问芝加哥大学图书馆馆长,图书馆是否会因为实行开架借阅而丢失书籍,得知虽然每年大约会损失200册书籍,但设专人监督所耗费资金远比书籍损失费用更多,还会造成学生借阅不便,降低学生学习阅读之热情,且书籍的遗失大多发生在试验期之前,主要为学生带走温习,试验结束后书籍大多都会返还给图书馆。④这也从侧面说明开架借阅的方式并不会造成过多的书籍损耗,反而可以节约经费,激发民众的阅读兴趣,从而达到教育民众、提高人民智识的目的。19世纪下半叶,美国经历了产业革命,工业化程度大幅提高。技术上的不断进步不仅能够促进经济的

---

① 梁启超:《新大陆游记》,商务印书馆,1916年,第88页。
② 梁启超:《新大陆游记》,商务印书馆,1916年,第89页。
③ 梁启超:《新大陆游记》,商务印书馆,1916年,第146页。
④ 参见梁启超《新大陆游记》,商务印书馆,1916年,第146—147页。

繁荣，同时还能带动各种科学的发展，随之，高速发展的社会经济对于人才的渴求也达到前所未有的程度。为了满足社会各界对于人才的迫切需求，美国教育事业突飞猛进，作为教育机构的图书馆也随之迅速发展，于20世纪初即已普遍采用了开架借阅的方式。梁启超在旅美期间，访问了数所图书馆，切身感受到了美国图书馆良好的服务水平和先进的馆务设施，并且这样的图书馆在美国数量众多。与其时中国封闭的图书馆相比，梁启超深刻意识到了中国图书馆事业与欧美发达国家的巨大差距。

此外，梁启超还记载了美国企业捐赠图书馆的事件，比如钢铁大王卡内基于美国、日本等国捐助图书馆，[①] 以帮助因家境贫寒而无法接受良好教育的民众获得各种知识。这些捐助为美国乃至世界的图书馆事业作出了卓越的贡献。

美国之行，使梁启超对图书馆学有了更深刻的认识，也对图书馆的工作方法、建筑设备等有了更全面的了解，为日后梁启超为本国之图书馆事业奔走呼号打下了坚实的思想基础。[②]

二、筹办松坡图书馆的经验

1918年，梁启超等人在上海购买了1909年由安徽商人建造、位于徐家汇姚主教路转角的"余村园"，并易名为"松社"。1920年3月，梁启超旅欧回国后，又以"北京旅美同学会"的名义在北京西单石虎胡同宗学旧址组织了"图书俱乐部"。俱乐部搜集了尚

---

① 参见梁启超《新大陆游记》，商务印书馆，1916年，第128—129页。
② 参见翟艳芳《中国近代图书馆事业的积极倡导者——梁启超》，《农业图书情报学刊》2007年第6期。

志学会、亚洲文学会等会的2000余册日文图书，以及6000多册外文图书，这些图书成为松坡图书馆日后重要的馆藏。1922年冬，政府先后将北海公园内的"快雪堂"和西单石虎胡同七号拨给松坡图书馆，同年12月，松社成员在北京正式成立"松坡图书馆干事会"，公推梁启超为馆长，总理馆中事务，并另选出周大烈、任可澄等32名干事。梁启超在《松坡图书馆记》一文中详细记载了该图书馆的办馆宗旨，是为纪念英年早逝的陆军上将蔡锷将军，因此在图书馆中专辟一间房屋，用以收藏蔡锷的相关物品。经过几年的筹措酝酿，1923年11月4日，松坡图书馆在北京正式成立。

松坡图书馆成立后，经费紧张，为此，梁启超在1925年4月2日起草了《松坡图书馆劝捐启》，说明松坡图书馆经过众多人士不懈努力而最终建成，虽在京师开设两个分馆，但实际根基不稳、人手匮乏，为图书馆所募集的资金尚不足以满足图书馆所需，故向邦人诸友募捐经费。梁启超为维持图书馆运营，还采取了向读者酌情收取阅览资费的办法。松坡图书馆采用阅览券的形式，临时入馆者可购买仅限当日所用的阅览券，一枚铜钱可购票2张，除此以外，还有两种长期阅览券，时效分别为半年和一年，半年阅览券每张售银6角，全年阅览券每张售银1元。松坡图书馆"除了为广大读者提供阅览和研究场所外，还先后编印了一些出版物，如蔡锷手辑的《曾胡治兵语录》（由商务印书馆出版，发行量颇大）；由梁启超亲自辑录并作序的《松坡军中遗墨》等"[①]。

松坡图书馆初创时藏书全部来自各界捐赠，"除梁启超个人大量捐赠之外，余下多是梁启超向各位学者朋友征集来的，约数十万

[①] 麦群忠：《梁启超和松坡图书馆》，《图书馆论坛》2001年第1期。

册,大多是难得的珍本或孤本古籍图书。另有欧美同学会赠送了外文图书六千余册,亚洲文明协会赠送了日文图书两千余册。松坡图书馆两馆合并后,还特藏了北洋政府花费七万大洋买下杨守敬全部家藏图书的一部分,约两万四千册之多,皆为中华传统文化的国宝古籍,极其稀有、难得"[①]。

1925年5月,松坡图书馆将该馆的《简章》正式呈请政府备案。《简章》共11条,规定图书馆设筹办处,由发起人公推筹办主任一人,主持一切事宜,并由该主任指推若干筹办员,分管其他事宜;图书馆筹办之经费,先购地建造,再购置图籍,余款可用于教养蔡锷遗孤;图书馆建筑请外国技师,采用最新图式,十分注意防火、通风、采光等,并留有扩充余地;馆藏分中文、外文书籍两部分,中文书籍尽力搜罗完备四库图书名家善本,外文书籍依国别分橱庋藏,并及时采购新书;书籍分类编目请专家进行,以便于查览;图书馆对于蔡锷所有遗物另设一室收藏;捐款由筹办主任签名并将捐赠人姓名及所捐数目登报;捐款开支将刊印于报纸和征信录,赠予捐款人,并对捐款人予以奖励,如回赠蔡锷遗著、纪念章等。[②]

"松坡图书馆是我国近代一座较早的私立图书馆。它的建立适应了时代的要求,开启了为纪念个人而兴建图书馆的先河。它所树立的风气和规范为后人效仿采纳。该馆除了保存大量东西方文献典籍、纪念英雄外,更大意义在于通过它可以向公众传播科学文化知

[①] 李效筠:《梁启超与北京松坡图书馆的创建》,《兰台世界》2014年第4期。
[②] 参见李希泌、张椒华编《中国古代藏书与近代图书馆史料(春秋至五四前后)》,中华书局,1982年,第379—381页。

识，起到了'启迪民智、开创新风、教化人民'的作用。"① 另外，该馆作为个人纪念图书馆之首创，也为后来者提供了很好的借鉴。

三、建设中国图书馆学的思考与倡议

随着图书馆事业的发展，北京、上海等地方图书馆协会纷纷成立，各地开始要求成立全国性的图书馆协会。1925年4月25日，中华图书馆协会在上海召开成立大会，同年6月2日又在北京举行成立仪式，通过了《中华图书馆协会组织大纲》。协会设董事部和执行部两部，并选举梁启超为董事部部长。

在中华图书馆协会成立大会的演说辞中，梁启超系统阐述了他对中国近代图书馆学发展方向的看法，提出"建设中国的图书馆学"。他说道："学问无国界，图书馆学怎么会有'中国的'呢？不错：图书馆学的原则是世界共通的，中国诚不能有所立异；但中国书籍的历史甚长，书籍的性质极复杂，和近世欧美书籍有许多不相同之点。我们应用现代图书馆学的原则去整理他，也要很费心裁，决不是一件容易的事。从事整理之人，须要对于中国的目录学（广义的）和现代的图书馆学都有充分智识，且能神明变化之，庶几有功。这种学问，非经许多专门家继续的研究不可，研究的结果，一定能在图书馆学里头成为一独立学科无疑，所以我们可以叫他做'中国的图书馆学'。"② 梁启超同时还指出，中华图书馆协会有两项最重要的任务，除了"建设中国的图书馆学"外，还需"养成管理图书馆人才"。

梁启超认为彼时中国其他事业或许落后于人，而文人雅士的好

---

① 郭英：《梁启超与松坡图书馆》，《河南图书馆学刊》2006年第2期。
② 梁启超：《中华图书馆协会成立会演说辞》，《中华图书馆协会会报》1925年第1期。

学之风日积月累，所以，藏书数量，比之过去，也是不可同日而语的。我国的藏书事业有悠久辉煌的历史。中国图书经历了数千年的发展，其类型和性质皆十分复杂，与欧美图书相比可以说截然不同，且汉字有其自身的特点，在学术发展的方向上也有其特殊性，因此，书籍文献的分类编目方法不能完全效法别国。

在历史上，刘向、刘歆、荀勖、王俭、阮孝绪、郑樵、章学诚等学者研究成果丰硕。此外，各国基于自身国情，都能够作出有别于他国的研究贡献，以丰富一门科学的分支学派之内容，"此则凡文化的国民所宜有事也"。虽然世界各国图书馆学的原理原则大同小异，但是"各国因其国情不同，有所特别研究贡献"，因此，中国也应该有自己的图书馆学。"中国的图书馆学"，应当是中国人自己通过学习外国图书馆学的根底，对传统文献进行深入汲取、研究乃至改造以往的学识而创建的，这样的学问是"外国学者无论学问如何渊博，决不能代庖"的，毫无疑问地能够在图书馆学里成为一门独立学科。①

梁启超认为，中国图书馆学应按照现代图书馆学的原则成为一门独立的学科，并形成一套有别于他国的"中国的图书馆学"体系。图书馆为学术之渊薮，梁启超认为"中国的图书馆学"的性质是管理天下学问之枢纽，"图书馆学成为一专门科学"，"斯学年龄虽稚"，但是是一门正在发展中的综合性科学。②

梁启超分别从"读者"和"读物"的视角，论述了其时中国图书馆事业的发展和中国图书馆学的建设。他认为我国的图书馆学不能全盘引进、照搬欧美，而是需要立足中国的实际情况，走中国的本土化道路。

---

① 参见梁启超《中华图书馆协会成立会演说辞》，《中华图书馆协会会报》1925 年第 1 期。
② 参见《发刊辞》，《图书馆学季刊》1926 年第 1 期。

从读者的角度看，当时中国的国民与欧美地区的国民相比不啻云泥之别，梁启超是这样形容美国读者的："美国几乎全国人都识字，而且都有点读书兴味，所以群众图书馆的读者满街皆是。因为群众既已有此需求，那些著作家自然会供给他们，所以群众图书馆的读物很丰富，而且日新月异，能引起读者兴味。美国的群众图书馆所以成效卓著，皆由于此。"① 美国作为先进的国家，社会稳定、经济繁荣、文化教育事业发达，民众接受教育的比例和水准远高于当时的中国，他们大多具备阅读能力并且有阅读意愿，能够和图书馆无障碍地进行良性互动，因此，美国的图书馆界更多地将目光聚焦于"设法令全国大多数人能够享受图书馆的利益，与及设法令国内多数图书馆对于贮书借书等项力求改良便利"② 等方面，梁启超将其称为"极力提倡群众图书馆——或称公共图书馆的事业及其管理方法等项"③。

反观当时的中国，社会动荡、民生凋敝，图书馆受众以中学及以上的学生为中流砥柱，而最为需要图书馆的读者，主要为大学教授和从事某些专业研究的学者。但不论学生或是专门做学问者，在整个社会中占比较小，至于其他人，"上而官吏及商家，下而贩夫走卒以至妇女儿童等"都不认为有去图书馆之必要，图书馆里即便有最好的藏书，也无法吸引他们来馆阅读。④ 一方面，其时的民众普遍受教育程度较低，具备阅读能力的人少之又少；另一方面，近现代意义上的图书馆在中国产生和发展的时间较短，图书馆的数量

---

① 梁启超：《中华图书馆协会成立会演说辞》，《中华图书馆协会会报》1925 年第 1 期。
② 梁启超：《中华图书馆协会成立会演说辞》，《中华图书馆协会会报》1925 年第 1 期。
③ 梁启超：《中华图书馆协会成立会演说辞》，《中华图书馆协会会报》1925 年第 1 期。
④ 参见梁启超《中华图书馆协会成立会演说辞》，《中华图书馆协会会报》1925 年第 1 期。

也远落后于西方国家，不少民众对图书馆毫无了解，甚至有所抵触，更有许多民众所处之地根本无力负担图书馆的建设。正是由于中美两国在读者方面存在如此巨大的差异，两国图书馆事业的发展道路必然不尽相同。中国当时的发展模式，更适合为那些对学术研究有意向的人提供服务，虽然这种模式为人所诟病，但对于其时尚处于过渡时期的图书馆界来说较为适宜。① 梁启超认为，"美国式的群众图书馆，我们虽不妨悬为将来目的，但在今日若专向这条路发展，我敢说：他的成绩，只是和前清末年各地方所办的'阅书报社'一样，白费钱，白费力，于社会文化无丝毫影响"②。

从阅读材料的视角来看，美国等西方国家的公共图书馆拥有丰富的、适合大众阅读的公共文化资源。反之，梁启超认为当时中国各个图书馆中储藏的往往是民众毫无兴趣的书籍，比如一些极少有人会看的国外文献，或是晦涩难懂的传统古籍，普通民众更愿意阅读的，往往是浅显易懂而又具有趣味性的书籍和杂志。③ 这些难以引起民众兴趣的图籍陈列于图书馆的阅览室内，显然与西方图书馆面向公众的理念有出入，中国能够识字且愿意读书的公众数量稀少，可以想见能够生产书籍的人则更加稀少，这就导致能够进行阅读的民众所能选择的图籍种类数量远少于美国等国家。因此，在阅读内容上，梁启超认为，"当然是收罗外国文的专门名著和中国古籍。明知很少人能读，更少人喜读，但我们希望因此能产生出多数人能读喜读的适宜读物出来"④。

---

① 参见梁启超《中华图书馆协会成立会演说辞》，《中华图书馆协会会报》1925年第1期。
② 梁启超：《中华图书馆协会成立会演说辞》，《中华图书馆协会会报》1925年第1期。
③ 参见梁启超《中华图书馆协会成立会演说辞》，《中华图书馆协会会报》1925年第1期。
④ 梁启超：《中华图书馆协会成立会演说辞》，《中华图书馆协会会报》1925年第1期。

在图书馆的建设方面，为适应当时的社会状况，梁启超建议图书馆应首先满足学者的研究需求，馆藏以搜罗古今中外的专门名著为主。囿于其时经费支绌、民众阅读意愿较低，美国式的完全开放、服务免费的群众图书馆并不适宜于中国社会。因此，宜先设立研究性图书馆，再建设学校图书馆，以此带动民众的阅读热情，进而使民众得以利用图书馆提升自我，充分发挥该机构的教育功能，最终促进社会发展进步。

梁启超认为建设中国的图书馆学，首先，一定要依靠中国自己的学者，而不能由外国学者代庖；其次，由于中国关于图书馆的学问渊源发达，学者可以尝试对目录学进行深入研究，乃至重新改造，进而建设出中国特色的图书馆学；再次，图书馆的分类及编目工作，包含诸多互相冲突的问题，唯有通过实地试验、苦下功夫，才有解决的可能。梁启超为此为中华图书馆协会拟定了五项具体事宜：其一，组织分类、编目两项工作的专组，集中意见切磋探讨，以编制有效、便利且适合于国内外图书馆及中文书籍的目录；其二，在合适的地点，建造一所规模宏大的图书馆，作为全国图书馆的中心及模板，同时为广大学者提供研究资料与场所；其三，在全国的中心模范图书馆内，附设图书馆学专门教育学校，教授学生图书馆普遍原理，同时强调建设中国的图书馆学；其四，这所中心图书馆完全按照当时最为先进的办馆模式运营，完全开放，并提供免费服务，图书馆学者可将中心图书馆作为试点，斟酌测试相关的图书馆运营方法；其五，筹备经费，用以编纂新式类书，以便于读者找寻书籍，提高图书馆的使用效率。梁启超特别强调，这些事无法靠个人完成，因此需要协会举全国图书馆之力，勠力同心，建设中国的图书馆学。

梁启超认为中国的图书馆学在世界中占有重要的地位，并且能够提供独特的价值。中国的书籍、文字历史悠久，学者对于它们的研究古已有之，其时的图书馆学者也要对中国传统学术进行研究和改进，使之与当时的社会以及国际接轨，不论是改造过程中所总结的经验教训，还是最终的研究成果，对世界图书馆界都大有裨益。因此，作为世界图书馆学一部分的中国图书馆学，必将为图书馆界作出令人瞩目的贡献。①

《中华图书馆协会成立会演说辞》是我国探索图书馆学本土化的开端，它的发表在图书馆学界引起了广泛讨论，其中提出分类和编目两个方面是建立中国图书馆学的关键。梁启超"中国的图书馆学"的提法既是对鲍士伟访华的明确回应，也是中国图书馆学人在西方图书馆学思想输入背景下的反思，为发展适合中国国情的图书馆学指明了出路。

第二节　图书馆学的重要理论突破

一、图书馆观念的更新

近代以来，中华民族饱受磨难，有识之士逐渐认识到社会教育

---

① 参见梁启超《中华图书馆协会成立会演说辞》，《中华图书馆协会会报》1925年第1期。

的必要,而图书馆作为开启民智的社会教育机构,被次第设立于各地。民国以来,中国兴起赴美留学之风,留学归来的图书馆学人们面临传统藏书楼与新式图书馆交替之局面。彼时教育改革思潮席卷社会,社会教育思想逐步为时人接受,图书馆进入各界人士视野,建设发展新式图书馆的呼声日渐高涨。然而陈腐的旧观念依旧占据主导地位,影响了民众对图书馆本身的看法。针对当时的社会状况,摈弃腐朽封闭的旧式观念,宣传图书馆的公共观念,鼓励民众来馆阅读,成为图书馆学人们当时活动的重心之一。[①]

刘国钧在1921年即撰写《近代图书馆之性质及功用》一文,他认为中国古代藏书之事渊源至古,但究其藏书之特性,则仅可用"藏"来概括。他认为:"收藏之目的,则大约不外三种:(1)供一己或少数友朋之研究;(2)志在保存古籍;(3)搜集古书以为珍玩。故其注重之点不外纸张、版本与夫所谓古书而已,甚或但务求稀有之书,而不问其内容之价值,故古代藏书之特性可一言以蔽之,曰藏。"[②]刘国钧在文章中将近代图书馆的特征总结为八个方面:"(一)公立;(二)自由阅览;(三)自由出入书库;(四)儿童阅览部之特设;(五)与学校协作;(六)支部与巡回图书馆之设立;(七)科学的管理;(八)推广之运动。"[③]而近代图书馆的性质则可概括为自动、社会化、平民化三点。

同年,杜定友在《图书馆与市民教育》中指出,图书馆虽是一种新的术语,却是脱胎于藏书楼,事实上它在中国已经拥有了数千年之历史。由于藏书目的和经营方式的不同,因此藏书的人虽很

---

① 参见刘雯《刘国钧与杜定友图书馆学思想比较》,《图书馆》2011年第4期。
② 刘衡如:《近代图书馆之性质及功用》,《浙江公立图书馆年报》1923年第8期。
③ 刘衡如:《近代图书馆之性质及功用》,《浙江公立图书馆年报》1923年第8期。

多，但大部分都是私人收藏，很少有愿意公开于民众者，而近现代图书馆则是一个公共机构，是一个属于公民的产品。文化知识乃天下公器，理应为大众所用，为公众之利益服务，这就是新旧图书馆的区别。① 杜定友着重指出近代图书馆与古代藏书楼的"公共"与"私有"、"开放"与"封闭"的本质区别，比刘国钧"藏用"说更进了一步。②

李小缘于1926年8月9日在苏州发表关于藏书楼与图书馆的讲演，将中国的传统藏书楼与美国的公共图书馆进行了全方位的比较，从而得出二者各自的特点，即动的图书馆和静的藏书楼，并产生了著名的"动静说"。李小缘认为，中国传统藏书楼是"静的、贵族式贵保存、设在山林、官府办的、注重学术著作、文化结晶的机关"；而美国公共图书馆是"动的，是要流通的；不是藏着落灰摆空架子的，书是可以借出图书馆回家用的"。③ 1928年，李小缘撰写《全国图书馆计划书》，他在文中进一步补充，传统的藏书楼更为注重书籍的保存，而近现代图书馆则着眼于推动书籍的流通使用，秉承公开公平的原则，从而能够惠及公众，最终得以推动社会发展、提高民众生活质量，即"启民智、伸民权、利民生"。④

在《图书馆学概论》一书中，杜定友从进化论的角度出发，梳理图书馆的发展历程，认为"图书馆的进化，约略可以分三个时期。（一）保守时期；（二）被动时期；（三）自动时期"⑤。各时期

---

① 参见杜定友《图书馆与市民教育（市民大学第一期讲义录）》，广州市民大学出版部，1921年，第3—4页。
② 刘雯：《刘国钧与杜定友图书馆学思想比较》，《图书馆》2011年第4期。
③ 李小缘：《藏书楼与公共图书馆》，《图书馆学季刊》1926年第3期。
④ 参见李小缘《全国图书馆计划书》，《图书馆学季刊》1928年第2期。
⑤ 杜定友：《图书馆学概论》，商务印书馆，1927年，第5页。

的图书馆均有着各自鲜明的特征。保守时期,即所谓的"古代图书馆"时期,是随文字之兴起而产生保存思想文献的观念。此时期图书的管理方法都以"保守"为归宿,学者入内观览书籍也是少有之事,故而无法活用书籍。在社会迅速发展、民众所需不断转变的背景下,图书馆进入被动时期,人们逐渐认识到仅仅将知识妥善保存是无法满足其时社会需求的,故而各地图书馆开始重视其文化教育之功能,提倡书籍的流通与使用,书籍的管理方法也逐步转向解决问题以适应读者之需要。被动时期的图书馆,以公开、流通两件事为目标。进入自动时期后,"图书馆的书籍设备,非但要公开流通,使阅者便于阅览,而且要积极地去教育他们,指导他们。凡是不会看书的,教他们看书。不知道选择好书的,代他们选择"[1]。杜定友认为,图书馆应该主动为读者提供各项服务,这样才能真正成为提高国民文化素养的具有独立性质的机构。自动时期的图书馆强调的是主动服务的精神和理念。杜定友还特别指出,"各国的图书馆,进化不同",他认为"大约东方的图书馆,还在第一第二时期之间。欧洲的图书馆,还在第二时期。美国的图书馆,在第二第三时期之间"[2]。

1922年,蔡莹编《图书馆简说》一书,认为近代刊印技术的不断发展,使书籍得以汗牛充栋,进而不同语言的书籍之间能够互补不足,从而使学术研究日益繁盛。因个人之财富精力有限,势必难以遍购群籍、遍读群书,所以需要图书馆来行使这项职能。蔡莹认为,图书馆是搜罗书籍,并对其进行整理排列,使群书有系统、有组织,以供学者搜寻研讨之用的场所。而这正是图书馆与古人藏书所不同的地方,古人藏书或求古书精本这类难得之物,或以性好

---

[1] 杜定友:《图书馆学概论》,商务印书馆,1927年,第8页。
[2] 杜定友:《图书馆学概论》,商务印书馆,1927年,第5页。

搜集图书,并力求保存之;而图书馆的唯一目的,在于供公众进行研究,即"不徒以庋藏为能事,而以应用为急务者也"①。

民国初年留美之风兴起,这些学成归来的图书馆学人,积极宣传西方的公共图书馆思想,进一步促进了国人思想理念的转变,使开放、平等、公开的新式图书馆观念越来越深入人心,近现代图书馆理念逐渐形成。

二、探讨图书馆的定义

清末民初,我国先进知识分子认识到新式图书馆对于社会的突出贡献,"这时对图书馆的认识仅仅停留在常规服务形式和社会教育功能上,即集中在对图书馆最表层的描述和根据社会现实对图书馆某一功能的理想化推测上"②。20世纪初,图书馆在中国陆续建立,相关的实践活动逐步加深了人们对于图书馆的认识。

1921年,杜定友从菲律宾大学毕业,获得图书馆学学士学位。回国后,杜定友首先来到广州,并于8月16日在广州市民大学,从图书馆利益、市民图书馆组织、图书馆管理法三个层面进行了题为《图书馆与市民教育》的讲演。在这次讲演中,杜定友详细描述了新旧图书馆的区别。他认为"图书馆乃一新名词也,为藏书楼书院之脱胎,其实现于中国者,已数千年矣。但以其用意之不同,管理之各异,遂有新旧之分。……我国素以文称,书籍之多,亦为世界各国之冠。故藏书之家,颇不乏人,但多个人私藏,传子代孙,

---

① 蔡莹编:《图书馆简说》,中华书局,1922年,第2页。
② 范并思等编著:《20世纪西方与中国的图书馆学——基于德尔斐法测评的理论史纲》,北京图书馆出版社,2004年,第228页。

或宫中秘本,作为珍玩,少有为公用者。今之图书馆,则为公共之机关,为市民之产物,盖书籍,天下之公器也,自当公诸同好,为社会公众求利益,此则图书馆新旧之不同也"①。杜定友在讲演中一语道破图书馆之性质:"盖图书馆,乃一教育化及社会化之机关。"②他认为:"图书馆在今日,已成为教育事业之一,其在社会之地位,与公立学校并驾齐驱,盖此非独与教育有关系,且为公民修养及游乐之中心点,实为市民之大学,社会之宝藏,供给社会以书籍,以备研究及消遣。养成读书习惯,以辅助教育,图书馆之建筑,雄立于城市之中,实为该社会文化进步之征象。"③ 此外,杜定友特别说明了市民图书馆的含义:"市民图书馆,英文为 Free Public Library,或称公共图书馆,或称通俗图书馆,公共与市民同意,盖该图书馆为公共之产物,非个人所有故也。而通俗二字,则因其内容藏书,多为通俗文字故名,但在公共或市民图书馆内,其书籍不必尽为通俗。市民图书馆,既为公共之产物,故当由市民负维持之责,而共同保护之……每因一图书馆设立于一城市,则其居民用之最多,故往往维持之经费,亦由该处人民担负之。"④ 关于设立市民图书馆之手续,杜定友认为,除金钱外,人才、书籍、房屋三者最为重要。在这三者中,人才乃重中之重,图书馆是重要的教育机构,开办图书馆是一种专门的学问,需要科学的管理方法,因大学图书馆专科

---

① 杜定友著,广东省立中山图书馆、中山大学图书馆编:《杜定友文集》(第一册),广东教育出版社,2012年,第4—5页。
② 杜定友著,广东省立中山图书馆、中山大学图书馆编:《杜定友文集》(第一册),广东教育出版社,2012年,第5页。
③ 杜定友著,广东省立中山图书馆、中山大学图书馆编:《杜定友文集》(第一册),广东教育出版社,2012年,第6页。
④ 杜定友著,广东省立中山图书馆、中山大学图书馆编:《杜定友文集》(第一册),广东教育出版社,2012年,第16页。

毕业生数量极少，故求其次，拥有数年经验且熟悉最新的管理法者才可承担图书馆的管理之责；至于馆内所备书籍，则当以社会需求为宗旨；而图书馆房屋，则在雇佣人才、选购书籍后，根据所剩经费多寡而定。①

1925年，杜定友所著《图书馆通论》由商务印书馆出版。在该书中，杜定友将图书馆定义为："述其要道盖有二焉：能保全图籍，用一定之科学方法，以处理之，一也；能运用图籍，使之流通，任何人士，皆有享阅之利益，二也。故图书馆之范围无大小，卷帙无多寡，凡具此二端者，皆得谓之图书馆也。"② 同时，他还提出图书馆事业发展的四个要素，即人才、书籍、财力和时势。③ 关于图书馆学的范围，杜定友也在书中进行了阐释，他将图书馆学分为专门的和辅助的两部分，其中，专门的图书馆学包含理论方面和实用方面，辅助的图书馆学包含专门科学和普通科学。1927年，杜定友在《图书馆学概论》一书中进一步介绍了图书馆的定义，他认为："图书馆是一个文化机关，利用书籍以发扬文化，是现代新进事业之一。……把一切图书馆的原理和方法，组织起来，便成为图书馆专门科学。"④ 杜定友提出，"图书馆的设立，有三大要素：（一）要能够积极的保存。（二）要有科学的方法，以处理之。（三）要能够活用图书馆，以增进人民的智识和修养。图书馆能够办到这三件事，方能称为完善"⑤。1928年，杜定友在《研究图书馆学之心得》

---

① 参见杜定友著，广东省立中山图书馆、中山大学图书馆编《杜定友文集》（第一册），广东教育出版社，2012年，第17—23页。
② 杜定友：《图书馆通论》，商务印书馆，1925年，第39页。
③ 参见杜定友《图书馆通论》，商务印书馆，1925年，第40—42页。
④ 杜定友：《图书馆学概论》，商务印书馆，1927年，第1页。
⑤ 杜定友：《图书馆学概论》，商务印书馆，1927年，第2页。

一文中对图书馆和图书馆学的性质进行了阐释,认为图书馆学是富于秩序性和科学化的,而图书馆是注重机械化、商业化、专业化,具有服务性、需要忍耐性的,图书馆是一门永久的学业。[①] 杜定友将目光聚焦于图书馆的性质与本质上,强调从业人员要对图书馆拥有信仰,并最终推动社会上人人皆信仰图书馆。

1923年,商务印书馆出版杨昭悊所著《图书馆学》。在该书中,杨昭悊列出德国休叶对图书馆所下的定义:"图书馆是搜集有益的图书,随着大家的知识欲望,用最经济的时间,自由使用的地方。"[②] 根据该定义,杨昭悊认为图书馆包含两个含义:其一是尽可能汇集保存有益的书籍,其二是要把这些书籍按照公众需求提供给他们自由阅览。

刘国钧在《图书馆学要旨》一书中认为:"图书馆乃是以搜罗人类一切思想与活动之记载为目的,用最科学最经济的方法保存它们,整理它们,以便利社会上一切人使用的机关。"[③] 他还提出现代图书馆的性质是自动的、使用的、民众的、社会化的,是用种种方法以谋使用图书之便利。而图书馆学则是研究图书馆的组织法、管理法和使用法的学科。[④] 刘国钧非常注重图书馆对于社会的价值,他在书中从教育、修养、社会三个方面阐述了图书馆的功用,认为图书馆能够增加智识、帮助研究、提高修养、发展社会,是教育的利器、社会的动力。刘国钧非常重视图书馆的教育功能,他认为图

---

① 参见杜定友讲、梁春华述《研究图书馆学之心得》,《国立中山大学图书馆周刊》1928年第1期。
② 杨昭悊编著:《图书馆学》(上),商务印书馆,1923年,第3页。
③ 刘国钧编:《图书馆学要旨》,中华书局,1934年,第5页。
④ 参见刘国钧《美国公共图书馆之精神》,载史永元、张树华编《刘国钧图书馆学论文选集》,书目文献出版社,1983年,第11—13页。

书馆不仅仅是学术研究的必需品,更是实施社会教育的利器。公共图书馆是公共教育制度中的一环,其社会教育职能与学校教育相辅相成,图书馆的教育既无年龄限制,也可以涉及一切人类之知识,因此,善用图书馆教育对于社会的影响将更甚于学校。总之,近现代图书馆的目的是藏书的流通致用,因此,图书馆专员宜采取一切可能的手段,引导民众来到图书馆进行阅读活动,进而使读者养成使用图书馆以及阅读书籍的良好习惯,于不知不觉中提高智识程度、文化素养,最终推动社会文化的整体发展。"所谓公共图书馆者,即近代图书馆运动最著之产物也。"[1]

李小缘在《图书馆学》一书中将图书馆定义为收藏古往今来所有人类思想、经验,并使之得以流通致用的地方。他认为,将人类的思想经验汇集起来并形成记录是为"记载",将"记载"印刷装订成册即为"书籍",而图书馆的工作就是通过各种可行方式对这些书籍进行采访收集,汇于一馆,然后使用科学的手段,如分类、编目等,整理这些书籍,将它们有组织、有系统地置放于屋内,进而采取办法吸引读者来馆阅读、借出这些图书,使之得以流通致用。而对该定义中各部分进行研究,是为图书馆学。在这个定义中,李小缘并没有纳入图书馆建筑,他认为徒有建筑不能称为图书馆,还要搜罗书籍、科学整理并使之流通致用,李小缘特别强调图书的使用是图书馆所有工作的前提,图书馆是以书籍服务社会的机关。[2] 书籍是记载一切思想的载体,而图书馆的职责是保存这些思

---

[1] 刘国钧:《美国公共图书馆之精神》,载史永元、张树华编《刘国钧图书馆学论文选集》,书目文献出版社,1983年,第12—13页。

[2] 参见李小缘《图书馆学》,载南京大学信息管理系编《李小缘纪念文集》,2007年,第22—23页。

想,并提供给公众使用,从而推动社会进步。李小缘对现代图书馆之特色进行了总结,分别为自由开放、金钱能力、图书馆广告术、公共舆论之扶助、巡回文库、成人教育运动。① 至于图书馆最重要的特点,李小缘认为是"自由开放","图书之自由开放,使读者能与远而古圣先贤,近而革命精神,皆能有思想上之接触。读者经此番往来,发生若干智识心得,使学问可以由无生有,由有生多,而文化进步以至于不可止之境,故图书馆自由开放,所以推广文化。而近代图书馆必以自由开放为图书馆之原则,之主要政策"②。通过总结特色,李小缘制定了现代图书馆积极努力的基本方针:有保障之自由开放、提高公共道德、以精神服务为广告、基金稳固、编制成人教育用书、鼓吹与促进成人教育运动及公民读书运动、图书馆新方法、任用有图书馆专门学识之人。③

这一时期,图书馆学人对于图书馆的定义大致都包含以下几点:能够主动保存书籍;能够使用科学的方法整理馆藏书籍;对公众开放,书籍能够供公众使用以提高人们的智识程度和身心修养。

三、要素说

民国时期,图书馆学人们笔耕不辍,发表了许多重要的研究成果,其中,要素说的提出引起了较大的关注。

---

① 参见李小缘《图书馆学》,载南京大学信息管理系编《李小缘纪念文集》,2007年,第28—41页。
② 李小缘:《图书馆学》,载南京大学信息管理系编《李小缘纪念文集》,2007年,第32页。
③ 参见李小缘《图书馆学》,载南京大学信息管理系编《李小缘纪念文集》,2007年,第42—44页。

戴志骞在《论美国图书馆》一文里探讨了建立图书馆的六点事项："（一）切不可设在偏僻交通不便之处。（二）虽不必有极华丽之屋宇，然终要整齐清洁、干燥、空气流通、光线充足之所。（三）若限于款项，所购书籍，不必出重价购善本希珍之书籍，应先购有实用而多参考资料之书籍。（四）所购之书籍，应详细分类编目，以便检查，以省阅者宝贵之时光，以免书籍陈列架上，终无与阅览者。（五）开门借书时刻，应日夜星期假日皆不闭馆，为利便人民起见，惟此项于人民极有益，而于图书馆款项上，稍有妨碍，因须加增馆员人数，并值星期及假日馆员之薪金，应稍优，以示鼓励。然于人民有益，此层终须力行。（六）馆长之对于书籍，切不可有守财奴对于金钱之观念，应想各种方法，使人民多用书籍杂志，而少窖藏书籍；须具商铺掌柜之资格，望每日夜皆有主顾，愈多愈善，切不可具局长之威严，有'图书馆为重地，闲人莫入'之牌示。"[①]这些事项囊括了选址、建筑、分类编目、经费、采访、人员、行政等方面的内容，可视为戴志骞对于图书馆管理要素的总结。

1922年，刘国钧发表文章《儿童图书馆和儿童文学》，在文章中，他认为"一个完善的儿童图书馆必定要有三种要素：合法的设备、适宜的管理员，和正当的书籍。三样之中尤其是书籍要紧"[②]。刘国钧认为，在设备方面要力求符合儿童心理，同时兼具美感；至于管理员，首先应性情平和，其次要熟悉图书馆内所有书籍，最后是具备一定的心理知识，尤其是儿童心理学；至于书籍，儿童所读的书籍能够影响儿童的品格，因此，最重要的就是选择正常的书

---

① 戴志骞：《论美国图书馆》，《留美学生季报》1918年第4期。
② 刘衡如：《儿童图书馆和儿童文学》，《中华教育界》1922年第6期。

籍。① 1934年，在中华书局出版的《图书馆学要旨》一书中，刘国钧分析了图书馆成立的四种要素：图书、人员、设备、方法，即"四要素说"，他认为"图书是原料；人员是整理和保存这原料的；设备包括房屋在内，乃是储藏原料、人员、工作和使用图书的场所；而方法乃是图书所以能与人发生关系的媒介，是将图书、人员和设备打成一片的联络针。分别研究这四种要素便成为各种专门学问"②。

1921年，杜定友从菲律宾大学毕业，回国后奔赴广州，并于广州市民大学发表演讲《图书馆与市民教育》。在该次演讲中，杜定友认为，"设立市民图书馆之手续，除金钱外，以人才、书籍、房屋三者为最重要。而三者之中，犹以人才为最重"③。在这次演讲中，杜定友描述了建设图书馆所需的三要素。1927年，杜定友出版专著《图书馆学概论》，认为完备的图书馆之设立须包含三个要素："（一）要能够积极的保存。（二）要有科学的方法，以处理之。（三）要能够活用图书馆，以增进人民的智识和修养。"④ 1932年，在《图书馆管理法上之新观点》一文中，杜定友提出了"三位一体"的理论依据，他认为这是整个中国图书馆事业的理论基础。"三位者，一为'书'，包括图与书等一切文化记载；次为'人'，即阅览者；三为'法'，图书馆之一切设备及管理方法管理人才是也。"⑤ 这三种要素结合在一起，即形成一个完整的图书馆。杜定友"不仅提出了完整的理论体系，而且还就此解决了图书馆事业发展

---

① 参见刘衡如《儿童图书馆和儿童文学》，《中华教育界》1922年第6期。
② 刘国钧编：《图书馆学要旨》，中华书局，1934年，第11—12页。
③ 杜定友著，广东省立中山图书馆、中山大学图书馆编：《杜定友文集》（第一册），广东教育出版社，2012年，第17页。
④ 杜定友：《图书馆学概论》，商务印书馆，1927年，第2页。
⑤ 杜定友：《图书馆管理法上之新观点》，《浙江省立图书馆月刊》1932年第9期。

的动力问题"①。

梁启超的图书馆"要素说"见于1925年6月2日发表的《中华图书馆协会成立会演说辞》一文中。他认为图书馆包含两个要素：读者和读物。②将"读者"归入图书馆建设中的要素，开创了将图书馆要素开放至社会的学术历程。③陶述先于1929年发表的《图书馆广告学》一文中提出："现代所谓新式图书馆，其要素有三：书籍，馆员，与读者是也。"④在三要素中，陶述先肯定了读者的重要地位，认为不论何种图书馆，都必须有来馆阅览者，才能被称为图书馆，因此招揽读者是图书馆至关重要的事务。

"要素说""在本质上是一种哲学方法论在图书馆学理论研究中的运用，因而也是一种图书馆哲学思想"⑤，其提出的根本目的在于"解释图书馆学内容，将感性认识提升为理性的图书馆学理论的认识"⑥。它的实质是"通过剖析图书馆的各个组成部分来认识图书馆"⑦。正如周文骏所说的："虽然要素说并没有从本质上说明什么是图书馆事业，但它却提供了一种分析图书馆事业的方法，一种组织图书馆学科体系的依据。"⑧

作为颇具特色的理论成果，"'要素说'对事物从要素着手加以

---

① 吴稌年：《论"要素说"的形成与历史语境》，《山东图书馆学刊》2020年第3期。
② 参见梁启超《中华图书馆协会成立会演说辞》，载中国图书馆学会主编、《建筑创作》杂志社编《百年文萃——空谷余音》，中国城市出版社，2005年，第43页。
③ 参见吴稌年《论"要素说"的形成与历史语境》，《山东图书馆学刊》2020年第3期。
④ 陶述先：《图书馆广告学》，《武昌文华图书科季刊》1929年第3期。
⑤ 朱建亮：《早期图书馆学理论流派"要素说"今评》，《图书馆》2002年第4期。
⑥ 吴稌年：《论"要素说"的哲学来源》，《图书馆理论与实践》2006年第5期。
⑦ 范并思等编著：《20世纪西方与中国的图书馆学——基于德尔斐法测评的理论史纲》，北京图书馆出版社，2004年，第230页。
⑧ 转引自朱建亮《早期图书馆学理论流派"要素说"今评》，《图书馆》2002年第4期。

分别认识,最终构建出事物整体,富含哲理,已成为人们研究事物的一种方法论"①。"要素说"为中国近现代图书馆学理论的发展打下了坚实的基础,推动其理论研究水平跻身国际行列。

四、比较图书馆学

"比较图书馆学源于不同地域和民族之间的文化交流。……中外相互比较,发现差异,取长补短。"② 图书馆作为保存固有国粹、增进世界知识的教育机构,民国时期已普遍设立于欧洲各国、美国、日本等发达国家。作为与文明进步相辅相成的图书馆,在当时的中国尚阒然无声,为介绍、鼓吹图书馆事业,知识分子引进东、西洋先进图书馆学思想,在此过程中,不可避免地会将中国传统藏书楼、目录学的内容与近现代图书馆学进行比较,因而其时不少研究中已经运用到了比较研究的方法。

"中国图书馆界应用比较研究方法进行研究,可以说在19世纪已开始。"③ 当时的有识之士译介诸多西学,其中包括近代图书馆的介绍。其时,学者在介绍西式先进思想的同时,也会与传统藏书楼进行对比,一方面展示西学的先进性,另一方面也于对比中分析藏书楼存在的缺陷,这对于敦促我国图书馆事业的进步有一定的积极意义。

孙毓修《图书馆》一书整理了包括中国在内的多国参考资

---

① 李建良:《图书馆"要素说"的研究》,《内蒙古科技与经济》2015年第2期。
② 黄梦琪:《中国比较图书馆学发展探究》,《新世纪图书馆》2015年第7期。
③ 吴稌年:《中国近代图书馆界的比较研究源流》,《图书馆理论与实践》2010年第12期。

料，书中对欧美国家的图书馆事业作了较为详尽的描述，同时还比较了中国当时的实际状况，认为"图书馆之意，主于保旧而启新，固不当专收旧籍，亦不当屏弃外国文，示人以不广"①。《图书馆》一书在一定程度上采用了比较法进行研究，但主要是初步地介绍图书馆的性质。1917年，沈祖荣在《在报界俱乐部演说图书馆事业》一文中对欧美发达国家的图书馆状况进行了比较全面的介绍，同时阐述了自己的见解，指出了当时国内外图书馆事业在思想、学术、实体、读者、读物、政策、馆员等方面的不同，对本国落后之原因进行比较分析。戴志骞于1922年在北京高等师范学校发表暑期讲演，在这次讲演中，戴志骞从图书馆管理、分类等方面对本国与欧美发达国家图书馆进行了详细的介绍对比，他列举介绍了布朗氏分类法、美国国会图书馆分类法、克特氏展开分类法、杜威十进分类法、中国的清华学校图书馆分类法等，逐一进行比较，并予以评断，以此作为中国图书馆发展的参考和指导。②刘国钧对于这次讲演的评价是，在分类法方面，列举国际上为众多国家所熟知并采用的较为成熟的知名分类法，与我国清华学校图书馆分类法进行对比分析，从而比较其长短。③刘国钧在《近代图书馆之性质及功用》一文中，认为近代图书馆之兴起是以美国为先河，因而通过只注重收藏珍稀图籍的古代藏书楼和美国近代公共图书馆之对比，总结了近代图书馆的特征、性质及价值等内容。

---

① 孙毓修：《图书馆》，载中国图书馆学会主编、《建筑创作》杂志社编《百年文萃——空谷余音》，中国城市出版社，2005年，第14页。
② 参见戴志骞《图书馆学术讲稿》，《教育丛刊》1923年第6期。
③ 参见刘国钧《现时中文图书馆学书籍评》，《图书馆学季刊》1926年第2期。

1927年，李小缘所著《图书馆学》出版，全书分为图书馆之意义、现代图书馆之特色、现代图书馆之种类、图书馆之组织等十二章，每章都对中美两国图书馆进行了全方位的比对研究。在"图书馆之意义"一章中，李小缘将中国的传统藏书楼与美国的图书馆进行了全方位的比较，从而得出二者各自的特点。李小缘认为，中国传统藏书楼中的藏书是静止的，并不外借，往往是官府为保存书籍而设在山林间，受众为贵族，非常注重学术著作，最大功用在于保存中国文化之结晶；美国图书馆中的藏书必须流通，是动态的，为便于书籍借阅流通，图书馆一般创办于交通便利的城市中，受众也包括平民，读者可以通过借阅得到精神上的娱乐，图书馆的目的是宣传文化。在此基础上，李小缘总结了美国公共图书馆的七个意义：一、辅佐学校教育之不及，二、图书馆即教育，三、精神娱乐之最高俱乐部，四、传播消息及智识之总机关，五、社会经济，六、宣传文化之总机关，七、文献不足征也足则吾能征之矣。[①] 强调现代图书馆的教育价值与文化宣传作用，同时还不忘提醒读者注重图书馆的书籍文化保藏功能。

从20世纪20年代至1935年，数篇图书馆学论文都采用了比较的方法进行研究，这些论文一方面用比较的方法对我国及国际的相关事业进行研究，以改进我国事业之不足；另一方面对国外事业进行对比，从而找寻更为适合我国实际的理论进行学习，以发展我国图书馆事业。1935年，张鸿书发表《比较图书馆》一文，该文由引言、目录和图书的流通三部分构成。在引言中，张鸿书指出"比较图书馆"一词在当时尚无人使用；在目录方面，文章比较了

---

① 参见李小缘《图书馆学》，载南京大学信息管理系编《李小缘纪念文集》，2007年，第4—16页。

欧洲各国图书馆惯用的著者目录、流行于美国的字典式目录以及在苏联盛行的标题目录各自之不同的特点；在流通方面，则分别介绍了开架式、闭架式、折中式三种图书流通方式。①

程伯群于1935年出版的《比较图书馆学》一书，成为最早直接以"比较图书馆学"命名的专著。该书分为图书馆行政、图书馆技术、分类编目学、书志目录学等四编，共二十五章。程伯群在书中论述了比较图书馆学的含义："中西各有所长……取名比较图书馆学，所以示其纲领而作综合之比较，以为研究图书馆学之门径。"②《比较图书馆学》一书"对中西图书馆学事业进行了详细的对比，但该书只是倡导比较研究，并没有对比较图书馆学作系统的理论探讨和研究，也没有将'比较图书馆'作为一个术语提出来"③。当时的"比较图书馆学"在中国提出以后，主要局限于应用研究。④

第三节　图书馆学术史的分期研究

"学术分期是学术史研究的基础，也是研究学术的一种方法。"⑤吴稌年认为图书馆学术史的分期研究即通过分析学科发展进程，从

---

① 参见张鸿书《比较图书馆》，《文华图书馆学专科学校季刊》1935年第1期。
② 程伯群编著：《比较图书馆学》，世界书局，1935年，"自序"第3页。
③ 黄梦琪：《中国比较图书馆学发展探究》，《新世纪图书馆》2015年第7期。
④ 参见黄学军《十年来我国比较图书馆学研究述评》，《图书馆》1991年第6期。
⑤ 吴稌年：《近代图书馆学人对学术史的研究》，《山东图书馆学刊》2014年第2期。

而找出客观规律和本质特征，对图书馆学的发展历程进行不同阶段的划分，厘清图书馆学史的发展脉络和发展规律。[①] 民国时期的图书馆学人们已经意识到图书馆学术史分期研究的重要性，不少学者也都有相关的研究成果。

刘国钧在《现时中文图书馆学书籍评》一文中对民国以来六部具有代表性的图书馆学系统性著作进行了点评。这六本系统性著作包括：1918年出版的《图书馆指南》，著者为顾实；1923年出版的《图书馆学术讲稿》，戴志骞为讲演者；杨昭悊于1923年出版的《图书馆学》上下册；蔡莹所著《图书馆简说》，1922年初版，1924年三版；高尔松、高尔柏于1925年合编的《阅览室概论》；杜定友于1925年所著的《图书分类法》。刘国钧在评价这些学术著作的同时，凝练地概括了中国图书馆学的发展分期，他认为中国近代图书馆学术的发展存在两个阶段，第一阶段是学习日本阶段。当时的朝章制度多步武东洋，图书馆事业也不例外。彼时国人对图书馆理解尚浅，没有所谓图书馆学一说，少数注意到图书馆的知识分子，大半都胎息于日本。在步武东洋之阶段，"顾氏之《图书馆指南》实可谓为此时期思想之代表也"[②]，该书所载方法及理论对当时的图书馆界具有一定的指导作用。第二阶段是学习美国阶段。1921年，戴志骞在北京高等师范学校发表讲演，宣扬美国图书馆学思想，此时也正是新图书馆运动开展时期。对此，刘国钧指出，"日本之近代图书馆知识实由美国而来，推本穷源，则图书馆界之渐转其眼光于美国亦固其所。戴君志骞，在北京高师之讲演，实此潮流

---

① 参见吴稌年《图书馆分期三问题》，《图书与情报》2004年第2期。
② 刘国钧：《现时中文图书馆学书籍评》，《图书馆学季刊》1926年第2期。

之滥觞"①。当时,留学美国的业界学者纷纷归国,并将他们的所学所想通过巡回讲演、短期课程、著书立说等方式进行宣扬传播,西洋图书馆学的理论逐渐为国人所重视,中国图书馆界开始兴起学习美国的潮流。刘国钧关于中国图书馆学经历了学习日本阶段与学习美国阶段的分期观点后被金敏甫所采纳。

杜定友在1927年出版的《图书馆学概论》中,将图书馆史划分为三个不同阶段:保守时期、被动时期、自动时期。②

杜定友认为,保守图书是一件自然的事情,文字契约的产生也就意味着保存观念的产生,古代中国一直在进行这种保存思想和学术的活动,如汉之兰台石室、唐之集贤院、宋之崇文院、清乾隆集四库建七阁等。这时期的图书馆只是保存,不能活用,甚至学者也少有能入内参观者。这时期没有所谓图书管理法,至于图书分类及目录,无非备检查点核之用,但对于保存书籍的方法颇为讲究。该书提出,保守时期图书馆的特点即"存",藏书楼所采取的措施都是以保藏图籍为目的。被动时期的人们已经认识到藏而不用的书籍是没用的,为了使书籍得到利用,此时期的图书馆开始提倡流通。其时的图书馆为了流通的便利,开始研究讨论分类、编目、参考等问题,而这些研究讨论也逐渐发展为一种专门学术。此时图书馆的种种行为多以满足读者需求为目标,因此是被动的。杜定友认为被动时期的图书馆是"以公开、流通两件事为目标"。在当时,美国发现图书馆是一个自动的教育机构。图书馆不但要开放流通其藏书,更应采取一切可能的手段,想方设法吸引民众主动来馆读书,进而使读者养成使用图书馆以及阅读书籍的良好习惯;并教授民众

---

① 刘国钧:《现时中文图书馆学书籍评》,《图书馆学季刊》1926年第2期。
② 杜定友:《图书馆学概论》,商务印书馆,1927年,第5页。

正确的阅读方法，使读者能够阅读最为适宜的图书，于不知不觉中提高智识程度、文化素养。图书馆的这种主动教育行为，可以使失学者在图书馆继续接受教育。图书馆的社会地位因此得到提高，与学校教育、社会教育并驾齐驱。图书馆发展的三个历史时期各自都具有鲜明的特征：保守时期的图书馆以"存"为中心，只重视图籍的保藏；被动时期的图书馆以使书籍能够公开和流通为目标，往往是被动地满足读者的需求；自动时期的图书馆则已能够主动服务读者，强调主动服务的精神和理念。

杜定友还特别指出，"各国的图书馆，进化不同"。他认为彼时我国各馆，尚处于保守和被动之间；欧洲诸馆，已展现被动阶段之特征；而美国图书馆，则已经达到被动和主动之间的状态。

金敏甫在图书馆学术史的分期研究方面贡献颇丰。1928 年，他在《国立中山大学图书馆周刊》上先后发表了《中国现代图书馆事业概况》《中国图书馆学术史》《中国现代图书馆教育述略》《图书馆事业之发展》等学术论文，并于 1929 年出版了《中国现代图书馆概况》一书。金敏甫在刘国钧等学人研究的基础上，从学术史角度出发，认为民国以来中国之图书馆学术可以分为东西洋图书馆学流入时期和中国图书馆学发轫时期。

东西洋图书馆学流入时期。金敏甫在《中国图书馆学术史》一文中列举此时期的代表性译著，并予以评价，他着重提及 1917 年北京通俗教育研究会翻译自日本图书馆协会的《图书馆小识》，认为其"是为中国图书馆学术书籍之滥觞"[①]。《图书馆小识》影响较大，顾实、沈祖荣等学者先后进行了翻译。顾实所译版本，虽译法

---

① 金敏甫：《中国图书馆学术史》，《国立中山大学图书馆周刊》1928 年第 2 期。

略有不同，但内容类似，另外，顾实在译书首尾增添了两章自撰内容，且每章末尾也附有欧美图书馆的介绍。金敏甫认为顾实与通俗教育研究会所译二书为东洋图书馆学流入时期的代表作。而沈祖荣所译内容与1917年版本差距不大，影响甚微。

1921到1922年，杜定友在上海、广东各地进行关于图书馆和汉字排字法的讲演，金敏甫认为这些讲演，及杜定友在广州印行的《图书馆与市民教育》《广东图书馆计划》等相关书籍分送至各馆及教育机构，是为"图书馆学术传布国内之始"[①]。戴志骞于1922年在北京高等师范学校进行讲演，讲演稿的内容大多翻译自欧美图书馆学思想，尤其着重于分类、编目的论述。这次讲演被金敏甫认为是我国图书馆界由步武东洋向仿效西方转变的开端。[②] 自该讲演之后，以美国为首的西洋学术思想逐步在国内传播，并逐渐为国人所接受，最终取代日本之地位，成为我国斯学的研究重点和效法对象。同时金敏甫还指出出现该现象的原因是东洋学问也源自西方。

1923年，杨昭悊编著《图书馆学》一书，该书为我国第一部以"图书馆学"命名的专著。在这本书中，杨昭悊指出外籍人士的作品均以他国为出发点，无法完全适应中国国情，故编纂一本完全从中国本土角度出发的，属于中国人自己的图书馆学专著是必要的。金敏甫认为该书"为中国图书馆学自撰书籍之最完备者"[③]。但同时，他也指出，杨昭悊所著之书，"惟考其内容，尚属介绍东西洋图书馆学术之性质，未具创造规模，如其论选购，竟未及中国书籍之鉴别与购求；其论分类，则仅列举中外各种方法，虽或论其长

---

① 金敏甫：《中国图书馆学术史》，《国立中山大学图书馆周刊》1928年第2期。
② 参见金敏甫《中国图书馆学术史》，《国立中山大学图书馆周刊》1928年第2期。
③ 金敏甫编：《中国现代图书馆概况》，广州图书馆协会，1929年，第30页。

短，但绝未述及最适用于中国者为何法，徒使阅者盲然无所适从；其他各章，亦多介绍而无断定，惟其所介绍者，则混东西之法，兼而有之"①。故该书并非全然原创的本国斯学理论，"亦只能称为东西洋图书馆学流入时期之一种作品耳"②。但《图书馆学》一书混合东西之法，介绍外国图书馆学术之性质，依旧对我国图书馆学产生了较大的影响。

金敏甫认为中国图书馆学发轫时期始于梁启超于中华图书馆协会成立会上的发言，他指出，中国图书馆学即"适合乎中国图书馆应用之图书馆学也"③。同时总结了学术发轫时期中国图书馆学所取得的可观成就，包括中国图书馆学之发源、上海图书馆协会编辑丛书、图书馆馆报与杂志及论文之散见、中国图书馆分类法之改造、中文编目法之创造、排字法之革新六个方面。

金敏甫认为中国图书馆学的发源主要表现为本土的图书馆学教材及学术专著之出现。他在《中国现代图书馆概况》一书中指出，沈祖荣、胡庆生、杜定友、洪有丰等图书馆学者在授课时，皆自撰中国图书馆学相关的讲义，其中已出版的有杜定友的《图书分类法》等内容。书中特别提及洪有丰根据中国的现实情况，综合多年办馆经验及教学心得，于1926年出版《图书馆组织与管理》一书，"此为中国图书馆学之创始"④。金敏甫跳脱出单纯讨论书籍内容的框架，从学术发展的角度进行评价，这对图书馆学术发展有重要意义。

金敏甫还于书中列举了上海图书馆协会发行的图书馆学丛书、

---

① 金敏甫编：《中国现代图书馆概况》，广州图书馆协会，1929年，第30页。
② 金敏甫编：《中国现代图书馆概况》，广州图书馆协会，1929年，第30页。
③ 金敏甫：《中国图书馆学术史》，《国立中山大学图书馆周刊》1928年第2期。
④ 金敏甫编：《中国现代图书馆概况》，广州图书馆协会，1929年，第31页。

自民国以来刊载的图书馆学学术论文、民国初年中国各图书馆所采用的图书分类法及学者根据外法所改造编制的分类法等,这些都是本国斯学发轫时期所取得的瞩目成果,推动了我国图书馆事业之发展。

吴稌年认为,"金敏甫对中国近代图书馆学术分期的贡献,在于克服了杜定友的从古到今对图书馆史分期的思路,又突破了刘国钧对书籍评价的局限,首次完全从学术角度对中国近代图书馆学术进行分期"①。

《浙江省立图书馆月刊》于 1932 年刊登了陈训慈的《最近中国图书馆事业之进展》一文,文中写道:"中国公家藏书事业,虽溯源渊远,而近代图书馆事业,则其历史殆不逮四十年。"② 陈训慈认为,自光绪年间起,图书馆事业的推演可分为三期:萌芽时期、继进时期和实用时期。萌芽时期自初设藏书楼以迄清末,大致为 1896 年至 1911 年。中日甲午战争以后,时论提倡新政。1896 年,刑部侍郎李端棻上疏《请推广学校折》,除设立学堂外,并请设允许进入观览的藏书楼,此后,各省藏书楼先后设立,是为日后图书馆之雏形。虽然此时期各省所建设的藏书楼数量有所增加并部分改名"图书馆",然而乡县很少有建设图书馆者。继进时期为民国初年至 1919 年前后。民国缔造后,教育部特设社会教育司管理图书馆。由于其时对社会教育颇为注重,图书馆也与其他的社会教育设施一起进入大众视野,渐受重视。虽然此时期社会教育和平民教育快速发展,昌盛一时,但全国图书馆数量和质量并没有显著的增加和改进。实用时期的主要表现有:1920 年,文华图专初创,倡导风气,

---

① 吴稌年:《金敏甫对图书馆学术研究的贡献》,《大学图书馆学报》2011 年第 1 期。
② 陈训慈:《最近中国图书馆事业之进展》,《浙江省立图书馆月刊》1932 年第 9 期。

培养人才；1925年4月，中华图书馆协会成立。此时期图书馆数量渐增，且其质量也逐渐有所进步。国民革命军底定全国后，民众教育得到大力发展，逐渐由江苏扩展至全国，民众教育馆与图书馆数量增多。图书馆的地位与功用亦逐渐被教育当局和知识分子认同，图书馆在这段时间趋于普及。

分期问题是研究图书馆学术史最先应该解决的关键性问题。[①]民国时期的学者从图书馆、图书馆学著作等角度着手，分析了图书馆学术史的不同发展阶段及每一阶段所具有的本质特征，为后来者进行斯学学术史研究奠定了坚实的基础。

民国初年，图书馆学人对于图书馆学理论的讨论，往往是建立在引进、介绍、借鉴欧美先进图书馆学思想的基础上的。1925年，梁启超在《中华图书馆协会成立会演说辞》中指出，分类和编目两个方面是建立中国图书馆学的关键，这是我国探索图书馆学本土化的开端。该文的发表在图书馆学界引起了广泛讨论，是中国图书馆学人在西方图书馆学思想输入背景下的反思，为发展适合中国国情的图书馆学指明了出路。图书馆学人在图书馆学理论方面也提出了独到见解，诸如要素说、比较图书馆学等，为中国图书馆学乃至世界图书馆学界作出了自身的贡献。此外，其时的图书馆学人们也一直在审慎地观察着他们所走过的道路，对过去的图书馆学术史进行分期并总结其发展规律和特征，从而得出经验教训，以更好地服务于将来的研究。

---

① 参见吴稌年《近代图书馆学人对学术史的研究》，《山东图书馆学刊》2014年第2期。

第四章

应用图书馆学的建树

第一节 分类法的原理及编制

一、传统文献分类理论

中国是世界上唯一一个文明未曾中断的国家,文字与文化一脉相承,流传至今,这在很大程度上得益于文献的保藏、流通、利用与传承。"我国藏书事业的历史,可以追溯到文字及书籍已有一定发展的夏商周时期。"① 关于夏代文献,目前学界尚存在争议,有学者认为,夏王室不仅已有保存文献的观念,而且具备了收藏图书的专门处所,即宗庙;夏代设有左史、右史以记言书事,其文献则由史官保管。② 殷商时期,随着经济的逐步发展、国家机构的日益完善以及文字体系的逐渐成熟,早期的藏书事业也逐步成形。20世纪初,河南省安阳市殷墟遗址为世人所发现,并先后出土甲骨约15万片。"殷商甲骨有固定的收藏处所,不仅十分集中,而且是有意识有目的地进行收藏,这种藏于宫殿宗庙里的甲骨文献标志着我国中央官府藏书的开端。"③《尚书·多士》记载:"惟殷先人,有册有典"④,而"商王室藏书统由大史所率之史官掌管"⑤。至西周时期,王室已拥有前代无法比拟的丰富文献典籍,章学诚就曾赞叹曰:"周官之籍富矣。"⑥ 为此,周朝建立了专门的藏书处所以收藏和利用这些文献典籍,这些藏书机构的名称则散见于文献记载中,如宗庙、天府、盟府、策府、龟室、图室、太史府等。⑦ 除周王室外,诸侯国也设有宗庙、太史府等藏书处所,同时还建立盟府以专门收藏盟约。⑧ 此时的典籍分类已经进入萌芽阶段。春秋战国,作为中国历史上特殊的动荡变革时期,王室衰微,诸侯并起,原本"学在官府"的局面被打破,逐渐导致"天子失官,官学在四夷"⑨。王室

---

① 韩永进主编:《中国图书馆史·古代藏书卷》,国家图书馆出版社,2017年,第13页。
② 参见徐凌志主编《中国历代藏书史》,江西人民出版社,2004年,第17页。
③ 韩永进主编:《中国图书馆史·古代藏书卷》,国家图书馆出版社,2017年,第33页。
④ 马融、郑玄注:《古文尚书》(卷八),中华书局,1991年,第211页。
⑤ 徐凌志主编:《中国历代藏书史》,江西人民出版社,2004年,第20页。
⑥ 章学诚:《章学诚遗书》,文物出版社,1985年,第556页。
⑦ 参见肖东发主编《中国官府藏书》,贵州人民出版社,2009年,第7—8页。
⑧ 参见徐凌志主编《中国历代藏书史》,江西人民出版社,2004年,第33页。
⑨ 杨伯峻编著:《春秋左传注》(修订本),中华书局,1990年,第1389页。

与诸侯无法垄断教育,新兴的"士"阶层逐渐形成,着手兴办教育,老子、孔子、墨子等诸子蜂起,私人藏书初见端倪。据《史记·孔子世家》所载:

> 孔子之时,周室微而礼乐废,《诗》《书》缺。追迹三代之礼,序《书传》,上纪唐虞之际,下至秦缪,编次其事。曰:"夏礼吾能言之,杞不足征也。殷礼吾能言之,宋不足征也。足,则吾能征之矣。"观殷夏所损益,曰:"后虽百世可知也,以一文一质。周监二代,郁郁乎文哉。吾从周。"故《书传》《礼记》自孔氏。
>
> 孔子语鲁大师:"乐其可知也。始作翕如,纵之纯如,皦如,绎如也,以成。""吾自卫反鲁,然后乐正,《雅》《颂》各得其所。"
>
> 古者《诗》三千余篇,及至孔子,去其重,取可施于礼义,上采契后稷,中述殷周之盛,至幽厉之缺,始于衽席,故曰"《关雎》之乱以为《风》始,《鹿鸣》为《小雅》始,《文王》为《大雅》始,《清庙》为《颂》始"。三百五篇孔子皆弦歌之,以求合《韶》《武》《雅》《颂》之音。礼乐自此可得而述,以备王道,成六艺。
>
> 孔子晚而喜《易》,序《彖》《系》《象》《说卦》《文言》。读《易》,韦编三绝。曰:"假我数年,若是,我于《易》则彬彬矣。"
>
> 孔子以诗书礼乐教,弟子盖三千焉,身通六艺者七十有二人。如颜浊邹之徒,颇受业者甚众。①

孔子从古书中整理编辑"六艺"授予弟子。虽然"六艺"之分的本意并不是给其时的古籍进行分类,中国传统的书籍也远非这六门所能涵盖,但孔子依照学术性质整理古书,并以此分科教授学

---

① 司马迁:《史记》(卷四十七),中华书局,1959年,第1935—1938页。

生，可以视为我国图书分类之始。①

汉代自刘邦开始便十分重视藏书建设，他令萧何于未央宫内建造了石渠、天禄、麒麟三阁以放置皇家藏书。至汉成帝，西汉官府藏书规模盛极一时，成帝令刘向、刘歆父子整理藏书。刘向尚未校勘完成，便开始撰写叙录，不仅记录校勘过程，还对作者及内容进行介绍和评价，后汇编成《别录》。刘歆在此基础上，撮其旨要，撰成《七略》。《七略》分为辑略、六艺略、诸子略、诗赋略、兵书略、术数略以及方技略，总计三十八小类。辑略总集诸书之要，故实为六略。其中，六艺略著录儒家经典及相关文章，列于六略之首。《七略》的诞生，"形成了我国第一个综合性的图书分类目录体系"②。

魏晋南北朝时期，文学和史学迅速发展，作品数量远超前代。魏明帝命郑默为秘书郎，郑默在任期间，整理藏书，并著有《中经簿》一书，后世称其为《魏中经簿》。西晋初年，秘书监荀勖与中书令张华受命整理官府典籍，他们依据《魏中经簿》编成《中经新簿》，按甲、乙、丙、丁四部分类，"一曰甲部，纪六艺及小学等书；二曰乙部，有古诸子家、近世子家、兵书、兵家、术数；三曰丙部，有史记、旧事、皇览簿、杂事；四曰丁部，有诗赋、图赞、《汲冢书》"③。在《中经新簿》书后，还附有两卷佛经目录。《中经新簿》书成五六十年后，东晋李充据该书编制《晋元帝四部书目》，重分四部，以五经为甲部，史书为乙部，诸子为丙部，诗赋为丁部，"经、史、子、集四部的顺序自此固定"④。

---

① 参见姚名达撰、严佐之导读《中国目录学史》，上海古籍出版社，2002年，第53页。
② 吴稌年：《中国近代文献分类体系探源》，《晋图学刊》2005年第2期。
③ 魏徵、令狐德棻：《隋书》（卷三十二），中华书局，1973年，第906页。
④ 韩永进主编：《中国图书馆史·古代藏书卷》，国家图书馆出版社，2017年，第136页。

唐贞观年间，官修目录《隋书·经籍志》，由魏徵等人编订，按经、史、子、集四部分类，其中，经部分易、书、诗、礼、乐、春秋、孝经、论语、谶纬、小学十大类，史部分正史、古史、杂史、霸史、起居注、旧事、职官、仪注、刑法、杂传、地理、谱系、簿录十三类，子部有儒家、道家、法家、名家、墨家、纵横家、杂家、农家、小说家、兵家、天文、历数、五行、医方十四类，集部含楚辞、别集、总集三类，四部共计四十大类。此外，书后还附有道佛二家，道经为经戒、饵服、房中、符箓四类，佛经为大乘经、小乘经、杂经、杂疑经、大乘律、小乘律、杂律、大乘论、小乘论、杂论、记十一类。"《隋书·经籍志》在我国图书目录分类史上具有里程碑式的意义……最终确定了四部分类法在我国书目分类史上的统治地位。"①

自《隋书·经籍志》问世以来，"经、史、子、集"四部分类独步一时，居于主导地位。至明清时期，四分法的运用已达到登峰造极的状态，清代乾隆时编制《四库全书》及《四库全书总目提要》皆已运用。《四库全书总目提要》为清代纪昀总纂，该书以经、史、子、集四部为总纲，部下分类，共有四部、四十四类、六十六属，囊括了乾隆以前哲学、史学、文学以及科学等各方面的文献书籍。然而，随着清朝末年西学书籍的大量传入，传统的四部分类体系逐渐难以适用于所有书籍。姚名达曾指出，中国古代的目录学起源于刘歆的《七略》，发展于魏晋南北朝时期，没落于清朝，而又在民国时期复兴，但是，它在形式上仍然不能脱离《四库全书》的范畴。可以说，刘歆创《七略》之后，郑樵、章学诚等人虽然对其

---

① 韩永进主编：《中国图书馆史·古代藏书卷》，国家图书馆出版社，2017年，第200页。

进行了细致的探讨，但并没有本质上的进步；也就是说，从西汉到民国，虽然已经有两千多年的历史，但这一领域始终处于一种封闭的状态，没有任何进展。①蒋元卿也提及，中国过去诸如《七略》、四部之类的传统分类法，在科学相对发达的民国已不适用，然而新的合乎科学的分类法尚未编制成功，因此，在这样的过渡时期，部分图书馆采用西式分类法来取代传统的分类体系。②关于分类与图书的关系，姚名达认为书籍为二者中之主位，一旦书籍所涵盖的内容增加、种类扩展，分类就需要根据书籍内容的变化进行调整。也正因如此，在学术门类日益增多的民国时期，因循守旧、墨守成规难免左支右绌，传统分类法已经无法适应其时阅读材料数量及种类的快速增长。同时，我国书籍固有的传统与特质，与西式分类法无法兼容，为避免削足适履，唯有兼顾中西书籍性质，并综合二者的分类方式，以期能够创制出同时合理容纳东西方书籍之方法。③换言之，四分法已经无法满足时人的需求，图书馆学人逐渐将目光聚焦于找寻新的书目分类法。

二、西方图书分类法的引进

1545年，瑞士人吉士纳编撰《万象图书分类法》，这是欧洲第一部正式的图书分类法著作，该书中的分类法将书籍分为四大部二十一大类。之后，图书分类法的研究趋于缓慢，直至19世纪，随着经济的飞跃式增长，图书分类法才有了重大发展。1810年，法

---

① 参见姚名达《目录学》，商务印书馆，1933年，第236页。
② 参见蒋元卿编《中国图书分类之沿革》，中华书局，1937年，第189页。
③ 参见蒋元卿编《中国图书分类之沿革》，中华书局，1937年，第204—205页。

国布鲁奈编制《法国分类表》，分神学、法学、科学与技术、文学、历史五大部类。该分类法于 1859 年被英国人爱德华扩充，增加商业和丛刊两部。1826 年和 1834 年，俄国莫斯科大学图书馆馆长赖斯和喀山大学图书馆馆长佛特也分别发布分类法。

19 世纪下半叶，全球图书馆学研究的中心由欧洲向美国转移，1870 年，美国圣路易斯公共学校图书馆馆长哈利斯将书籍分为科学、美术、历史三大类。受该分类法的影响，1876 年，美国图书馆学家杜威发布了著名的《杜威十进分类法》（*Dewey Decimal Classification*，简称 DC 或 DDC），这部分类法方便实用，自问世以来经多次修订以及完善，被多个图书馆采纳使用，成为最具影响力的图书分类法之一。此后，各国研究图书分类法的人士渐多。1891 年，美国人 C. A. 克特编制《展开制图书分类法》（*Expansive Classification*，简称 EC）。1901 年，美国国会图书馆参考克特的《展开制图书分类法》编制了《美国国会图书馆图书分类法》（*Library of Congress Classification*，简称 LCC）。1905 年，比利时人保罗·奥特勒和亨利·拉封丹经杜威允许，在十进分类法的基础上，通过学科专家的帮助，发布了《国际十进分类法》（*Universal Decimal Classification*，简称 UDC）。1906 年，英国图书馆学家 J. D. 布朗编制了《主题图书分类法》（*Subject Classification*，简称 SC），即按主题分类，把从不同角度论述某一主题的图书集中在一起。在《主题图书分类法》的基础上，印度著名图书馆学家 S. R. 阮冈纳赞于 1933 年创制了一部综合性分面组配式分类法，即《冒号制图书分类法》（*Colon Classification*，简称 CC）。1935 年，美国图书馆学家 H. E. 布利斯发布《书目用图书分类法》（*Bibliographic Classification*，简称 BC）。

这些分类法中，关于《杜威十进分类法》《展开制图书分类法》《美国国会图书馆图书分类法》《主题图书分类法》等分类法的研究较多，尤以《杜威十进分类法》对我国民国时期的图书馆界影响最为重大。

沈祖荣认为，古今书籍之多，出则汗牛，入则充栋，他采纳张之洞的说法，在传统四库分类法的基础上增加丛书，合为五部。然而沈祖荣的五部分类法仅能适用于中国书籍，西方自然科学等新学书籍，五部分类无法尽皆概括。哪怕是以美洲而论，图书馆采用《杜威十进分类法》，尚无法毫发无遗。① 鉴于书籍类别日新月异，卷帙浩繁，而传统的分类法显然已难以囊括中西学的全部类目，因此，新分类法的商榷提上日程。当时的图书馆学人开始将目光转向欧美图书馆已经较为完善的图书分类法，以之作为参考借鉴，其中又以《杜威十进分类法》的影响为大。据统计，自1910年孙毓修引进《杜威十进分类法》至1949年，我国研究《杜威十进分类法》的论著与相关文献有30余篇（部）。②

三、民国时期的图书分类理论

（一）沈祖荣的图书分类理论

1917年，沈祖荣学成归国，就职于文华公书林。其时书籍数量急剧增长，种类也早已超出四部范畴，而分类法正处于新旧杂糅的交

---

① 参见沈祖荣、胡庆生编《仿杜威书目十类法》，文华公书林，1922年，"新序"第3页。
② 参见俞君立主编《中国文献分类法百年发展与展望》，武汉大学出版社，2002年，第7页。

替时期，尚无可以囊括中外书籍的完善的分类体系。为满足中国图书馆事业发展之需要，沈祖荣协同胡庆生，参考《杜威十进分类法》，编制《仿杜威书目十类法》，并于1917年由文华公书林发行。这一版本仅付印200本，或赠或售，很快告罄。由于该书对于我国图书馆事业裨益良多，前来索求的从业人员络绎不绝。于是，沈祖荣、胡庆生二人交流磋商后，又与文华图书科诸生共同研究，同时结合这几年的经验，对初版分类法中的遗漏之处进行修订增益，"虑其歧出也，则归并之；嫌其支离也，则浑括之。总期统系联属，阅者了然"①，并于1922年出版第二版分类法，以期臻于完善。②

这部分类法将古今中外的书籍分为十总类。沈祖荣于序言中指出，这部新方法尽可能避免遗漏，以求将古今中外的书籍尽皆囊括在内，且为了便于书籍的归类与查检，对十进分类法的目录采取了变更、增删等调节措施。该分类法"分图书总目为十类以一千号，数为次序，如零数至九数，分总目为十类，每类分十部，每部分十项。……如某项书多，十数不能容纳，则于十数之后，以小数志点之法代之，以济其穷"③。书籍所分的十总类分别为：〇、经部及类书；一、哲学及宗教；二、社会学及教育学；三、政法及经济；四、医学；五、科学；六、工艺；七、美术；八、文学；九、历史。

《仿杜威书目十类法》详细罗列了分类凡例：将古今中外书籍分为十总类；经部作为四库之首，由于其与类书的本质相近，所以经解注疏、字典丛书以及百科全书等全部编入"经部及类书"大类；哲学虽为新名词，但性质类似子学、理学，故将这类书籍合并

---

① 沈祖荣、胡庆生编：《仿杜威书目十类法》，文华公书林，1922年，"新序"第3页。
② 参见沈祖荣、胡庆生编《仿杜威书目十类法》，文华公书林，1922年，"新序"第3页。
③ 沈祖荣、胡庆生编：《仿杜威书目十类法》，文华公书林，1922年，"原序"第1页。

为东西哲学，诸子百家、宋明理学属于东方哲学中国哲学类，论理学、伦理学、心理学则为西洋哲学，另外宗教也并入哲学类；社会学与政法关系紧密，部分政法属于社会学，故分为两类，凡是政法与社会学之书籍，各自依照其所属类别编入（教育学附于社会学内）；由于经济为政法的一部分，因而政法和经济被划入同一类别；医学作为一门专门学术，日益发展，书籍愈富，应单为一类（附卫生学）；声、光、电、化等科学发明之书籍，数量众多，划分为一类；工艺工程类著作层见叠出，也单独分出一类；美术为专门学术，宜分单类，字画为其从属；各国均有文学与语言，故此类书籍共同分作一类；历史、地理互相联系，可以归入一类，传记、游记、省府县志等尽皆属于此类。

1922年，《仿杜威书目十类法》修订版由文华公书林发行。修订版本中书籍所分的十大总类分别为：〇〇〇经部及类书（经解类、图书科、百科全书、丛书、类书、杂志、抄本善本、目录、统计学）；一〇〇哲学、宗教（哲学总论、东方哲学、泰西哲学、哲学类别、哲学派别、宗教总论、孔教、基督教、佛教、其他宗教）；二〇〇社会学及教育学（社会学、庭家、风俗及礼教、教育、教育行政、教授法管理法教员、学校教育、校外教育、课程及教科书、学校卫生建筑）；三〇〇政法、经济（政治学、立法、司法、行政、法律、军政、经济、财政、商业学、交通）；四〇〇医学（医学总论、中国医学、组织学胎生学、生理学、病理学、外科、妇科产科小儿科、卫生学、药类制药学、兽医学）；五〇〇科学（科学总论、数学、天文学、物理学、化学、地质学、博物学、农林学、牧畜、水产）；六〇〇工艺（工艺、机械工程、电学工程、采矿工程冶金学、陆海军建筑工程、卫生工程、化学工艺、制造手工、空中工学轮车制造、土木工程);七〇〇美术(美术、书画、磁器、雕刻篆刻印玺、布置、油漆画、图案印刷、照相幻灯、音乐、游戏运动);八〇〇文学、语言学(文学、文派及文体、诗文、词赋戏曲、诏令及会议、小说、公文尺牍、幼年文学及读本、语言学、外国语);九〇〇历史(历史、泰西史、东洋史、中国史、年表年谱姓氏、传记、地理游记、省府县志、地图、考古学)。每个类目多分为四级,并于总表末尾进行了补遗。类目表之后为类目名称的检字目录,按类名首字第一笔画分门别类,从而便于检阅、节省时间。

与首版分类法相比,修订版本的分类构架及类目名称更加清楚合理,一目了然,同时"欲寻细目当用简单方法,因采取检字目录法,付诸篇末,较为便捷"[①]。另外,"通过比较可看出,《仿杜威书目十类法》只采用了《杜威法》十进制及数字记号的形式,其大部类名称和次序已大不相同,它结合中国学术发展和四部法之长处,创造性地构建了中国式十进分类法,特别是将经部归入总类的做法影响了后来者"[②]。

《仿杜威书目十类法》付梓出版后,在其时的图书馆界广为传阅,引发颇多讨论,时人对该分类法评价颇高。金敏甫认为,沈祖荣作为文华大学图书馆专员,开创性地编制了中西合璧的《仿杜威书目十类法》,汲取中外分类系统的长处,为中国的图书分类找寻到一条新的道路,推动了分类体系的发展完善,之后修订再版,在门类上更具有科学性,而两位作者依旧在不断修正误漏。[③] 因当时的图书馆界处于新旧杂糅的过渡时期,各馆所用类目,或与科学方

---

① 沈祖荣、胡庆生编:《仿杜威书目十类法》,文华公书林,1922年,"新序"第4页。
② 刘应芳:《民国时期图书分类法本土化之研究》,《图书情报工作》2012年第1期。
③ 参见金敏甫编《中国现代图书馆概况》,广州图书馆协会,1929年,第38页。

法尚有一段距离，或同时使用新旧两种分类法，这在一定程度上造成了管理不便。而沈祖荣、胡庆生二人的《仿杜威书目十类法》，在类目上较为科学，在管理上便捷有序，可规避上述缺陷，对当时的图书馆界贡献良多。然而，该分类法亦有其缺陷，如虽是为中文书籍所创制，但其时汉语书籍种类并不能完全适用，其法似有仍将西文分类法生搬硬套于中文书籍之嫌，且书中所列类名的科学性亦有提高的空间，所分类目也需再仔细斟酌，以求分类体系更加平衡完善。①但总的来说，上述这些缺陷并不能掩盖《仿杜威书目十类法》对中国图书馆界所产生的深远影响。

不少图书馆学人认为《仿杜威书目十类法》具有开创性的价值，如蒋复璁提到，沈祖荣和胡庆生共同撰写的《仿杜威书目十类法》，"继之者甚多，于图书馆界发生重大之影响，首事改革，厥功甚伟"②。蒋元卿认为，这部分类法为开山之作，虽相比其时他人所著同类书籍，内容较为简略，但该书所设置的类目名称，多为后来者所效法，对刘国钧、杜定友、裘开明、陈子彝等学者都有一定影响，对于我国图书馆分类事业的改进，也有深远意义。③

（二）杜定友的图书分类理论

杜定友认为中国古代并没有形成完善的图书分类法，"分类之法，首重原理，原理不明，是无分类法也"，"类例门目，必以学术为经，以书籍为纬，书可佚而学不可或亡，故类例之法，必离书而独立"，"部次详明，有标记、有组织、能伸缩、便增减，而与典藏

---

① 参见蒋元卿编《中国图书分类之沿革》，中华书局，1937年，第207页。
② 蒋复璁：《中国图书分类问题之商榷》，《图书馆学季刊》1929年第1—2期。
③ 参见蒋元卿编《中国图书分类之沿革》，中华书局，1937年，第207页。

出纳为表里者，不可得也"，比如"记号之编列，贵有伸缩，故十可进为百，百可进为千，千可进为万，以至于无穷，此近代分类法之认为至要，而我国数千年来，无人道之者也。……去分类之旨远矣"。①因此，编制一部合乎实际、便利使用的图书分类法便成为其时图书馆学者的重要任务之一。

杜定友所著的分类书籍《图书分类法》由上海图书馆协会于1925年付梓发行，为"上海图书馆协会丛书"之一。该书所编制的分类法也仿照《杜威十进分类法》，内容包括上编（说明）、中编（分类表）、下编（索引）三部分。上编按照实际应用将图书馆分类原理详述无遗；中编为分类表，条分缕析，系统厘然；下编则起便利查阅之用。杜定友认为分类能使杂乱无章的事物变得井然有序，而自古以来之图籍卷帙浩繁、凌乱无序，因此应对书籍进行分类，以使之便于检阅致用，这是图书馆从业人员所必须研究的内容。杜定友将图书分类定义为："同类之书，归于一隅。异类之书，繁于一统。有一定之次序与范围，以应读者之用。"②他认为分类法要以科学为标准，注重理论合宜且便于实操，能将各种同类书籍聚集于一个类目，每一类目下都有详细的分目，且能同时将各种类之图书排列成一个系统，各类书籍都有各自的位置，从而便于阅览者进行检索。关于分类原则，杜定友从论理和图书馆两个方面进行了阐述。论理的分类原则有事物之间的根本差别、标准贯彻始终、一物不入二类、同类置于一处、分类应完整且有扩充余地。图书馆分类的原则包括合乎论理原则、以地理为旁倚、对于历史等学科以年代为标

---

① 杜定友：《校雠新义》（卷一），载《民国丛书》编委会编《民国丛书》（第三编）（第42册），上海书店，1991年，第12—13页、第10页。
② 杜定友：《图书分类法》，上海图书馆协会，1925年，第2页。

准、注重文字的差别、采用合适的标记、便于检阅庋藏和出纳。

《图书分类法》将世界各种学科之书籍，分为九大类，其余普通书籍尽皆归于一类，而成十类，每类都用三位数字来表示，分别为：000 总记，100 哲理科学，200 教育科学，300 社会科学，400 艺术，500 自然科学，600 应用科学，700 语言学，800 文学，900 历史地理。该分类法每一类目下，又可继续分为十部，数字标记以 000—090、100—190 为格式依次往下。总类分十部，其下分十科，进而又分十门，而后下分十项，即分为部、科、门、项四级，每级均以符号代表，一目了然，便于记忆。此外，杜定友在书中还增添"助记法"一章，以帮助使用者记忆烦琐的类例，这也从侧面反映出杜定友的细心程度及创见性。分类总表末尾附有索引，该索引将总表内的所有名目，按照笔画次序排列，其中凡是名目相同或相通的，全部排列于一处，从而便于读者检索参考。按笔画排序比之《仿杜威书目十类法》依照首字第一笔分类而言，在分类法中是首次应用，具有一定的创见性。杜定友通过《图书分类法》一书，比较系统周到且清晰明了地构建了分类法之理论。

杜定友提出，其时我国所藏书籍大多分中、西文两部分，所行分类法多仅适用于中文图籍，尚无合二者于一部之良法，因此应现代图书馆的需求，提倡世界图书分类法。将中、西文书籍依种类而分，符合图书分类以内容为标准的做法，将同类归于一处，也符合标准一以贯之的原则；且当时中西合璧的书籍渐增，难以归于单一的中、西文两部；彼时译书风盛行，统一中、西文书籍进行分类更为便利；可同时参考中、西文书籍；一部分类法更经济实用、便于管理；欧美的分类法也仅以学科为标准而不以语言为标准；合并中、西文书籍的分类法更符合世界大同的精神和科学标准。杜定友认为，将中外书籍合并分类的方法，可以贯彻世界主义，以科学为标准，打破传统四库分类的桎梏。同时，世界图书分类法能够连接中西思想，将世界图籍合于一炉，会通古今中外的文化精粹，合并庋藏于统一分类，这对于学术研究、读者教化等均有所裨益，更能推动世界文明之进步。① 杜定友将中、西文书籍进行了统一分类，这对我国图书分类法的发展影响重大。

《图书分类法》引起了其时图书馆学界的重视。刘国钧认为，杜定友的《图书分类法》是当时最能体现图书馆学者研讨利用新图书馆的原理来解决中国社会特有的实际问题之趋势的著作。该书虽仿照杜威法的原理，但是在一定程度上变更了杜威法的门类，比如去除了杜威原表中的"宗教"大类，代之以"教育科学"类，并将宗教分入"哲学"类目下，等等，从而使图书分类法不仅适用于中文图籍，还可涵盖一切文字之著述。② 杜定友这种努力改进西方分类法以适应我国情形的精神，也为时人所效仿。杜定友首次创制了中外统一的图书分类方法，③ 有创造之功，且其编制的分类法内容简练而实用，于图书馆实际工作和分类法的进一步完善都大有助益。

1935年，中国图书馆服务社出版杜定友的《杜氏图书分类法》一书，亦为改进《杜威十进分类法》而成。该书将中外书籍分为十大总类，分别为：000 总类，100 哲理科学，200 教育科学，300 社会科学，400 艺术，500 自然科学，600 应用科学，700 语文学，800 文学，900 史地学。该书是一部使用广泛、影响深远的图书分类法著作，杜定友虽"是以杜威十进法为蓝本，但他并未全面照搬，而

---

① 参见杜定友《图书分类法》，上海图书馆协会，1925年，第45—50页。
② 参见刘国钧《现时中文图书馆学书籍评》，《图书馆学季刊》1926年第2期。
③ 参见蒋元卿编《中国图书分类之沿革》，中华书局，1937年，第236页。

是根据中文文献实际,吸取了四库分类法的优点,作了一些必要的调整和增删,打破了杜威原有的学术体系,取消了'宗教'一大类,代之以'教育'"①。此种划分为当时首创,后来的学人也对此有所借鉴。

1948年,国立中山大学图书馆出版杜定友所编《三民主义中心图书分类法》一书。该书认为图书分类的编次必有所据,并对编制原则及实施手续进行详细说明,略微调整已有的分类理论。该书为顺应时势所编制,故杜定友在书中多次强调以三民主义为中心,并提出各门类的排列次序宜尽量体现三民主义体系等。

(三)刘国钧的图书分类理论

1925年,刘国钧深感金陵大学图书馆所藏中文书籍缺乏适当且便于使用的图书分类法。他认为四库分类法已无法适应当下情形;新旧并行制尚无界定标准,难免进退失据;中西学术在范围、方法等方面均有不同,故无法一一借鉴。鉴于此种状况,刘国钧决定以新旧统一为原则,尝试编制新法。他认为,"所谓图书分类,就是将图书根据某种特征或标准而排列之,并且表明各类间之系统的关系"②。同时,刘国钧总结了完善的图书分类法所应具备的特点:"(1)分类必须合于论理;(2)所用标准,在每类的每一阶段中,必须简明和前后一致;(3)分类系统必须详细,而每类名的意义尤其要清晰,不可含混;(4)须有随时扩充的可能,否则不能随学术的发展而进步;(5)须有简易明了的符号;(6)须有适当的索引。"③

---

① 黄增章、杨恒平:《中国图书馆事业开拓者:杜定友》,广东人民出版社,2009年,第57—58页。
② 刘国钧编:《图书馆学要旨》,中华书局,1934年,第75页。
③ 刘国钧编:《图书馆学要旨》,中华书局,1934年,第80页。

1929年，《中国图书分类法》由金陵大学图书馆正式出版。《中国图书分类法》将图书分为九大总类，即总部、哲学部、宗教部、自然科学部、应用科学部、社会科学部、史地部（下分中国和世界两部）、语文部、美术部，并按照000—900的顺序进行编号，其中丛书群经都被归入总部。刘国钧在编制该表时，参考书籍颇多，关于中国传统类目，他参考了班固所撰《汉书·艺文志》、南宋郑樵所撰《通志·艺文略》、元马端临的《文献通考·经籍考》、明焦竑所撰《国史经籍志》、清末张之洞的《书目答问》、清永瑢和纪昀主编的《四库全书总目》等。关于新近学科，刘国钧主要参考了《美国国会图书馆图书分类法》，其次为《杜威十进分类法》，此外还有《展开制图书分类法》《主题图书分类法》；国人著作中，洪有丰《孟芳图书馆书目》、杜定友《图书分类法》等也都有不小的助力。

刘国钧根据实践经验，总结了图书分类的原则：其一，图书馆所用分类法有别于其他类型分类法，应对于将来图书渐多之状况，留有扩充的可能，即分类表的编制要便利伸缩；其二，图书分类原本是为学术研究之便利而编制，因此要以学科分类（论理的分类）为准；其三，图书馆分类改革要将学科的变化作为标准；其四，分类法宜尽量详细；其五，图书分类与图书馆其他事务息息相关，因此须求理论上之圆满与事实上之便利。[①]

刘国钧在《中国图书分类法》的自序中提到，该分类法的编制以祛除当时图书馆界盛行的新旧书籍之分为目的，主要为中国之图书而作。至于当时部分图书馆学者提出的中外书籍合用一部分类法

---

① 参见刘国钧编《中国图书分类法》，金陵大学图书馆，1929年，"导言"第1—2页。

之主张,刘国钧认为,编纂囊括中西书籍之分类法的提议具有重要意义。然而考虑到彼时学界编制分类法遇到的种种困难,欲制成一部统一分类法,尚待系统严谨的研究并付诸实践进行检验。刘国钧的《中国图书分类法》虽未追求将中外书籍融于一法,但西方科学在该分类中已全部有其所属的位置。刘国钧认为,"中等学校图书馆及通俗图书馆中,外国文书籍不居绝对重要地位者,应用本分类法以统御之,亦似无若何之困难"①。《中国图书分类法》是为促进图书的流通致用而编制的,具有实用性质。刘国钧提出,完整的分类法必须具有系统表、理论基础、索引、分类条例四部分。这四者中,系统表至关重要,因为它是分类法详细的分类、排列,也是其主要使用的部分;理论部分是对分类法的阐释介绍;索引是分类法的关键所在,有了索引,分类法才能真正使用。《中国图书分类法》在编纂时参酌杜威法,同样采用十总类,以数字为编号。但是该法与杜威法也有显著的差异。杜威采用的是十进制,刘国钧认为杜威法每一类目均下分十类,有用书籍类目迁就数字编号之嫌,颇为机械。而刘国钧的分类法是采用层累原则,不必每项尽皆十分。刘国钧"编著的分类法是针对中国图书的现状而创作的,尤其是要突破各地图书馆将新旧图书分开处理的不当做法"②。

(四)洪有丰的图书分类理论

洪有丰认为,图书分类法是图书馆对于图书的处理之方法,而"分类之意义,即于各种图书中,辨其性质,分其异而类其同也。

---

① 刘国钧编:《中国图书分类法》,金陵大学图书馆,1929年,"自序"。
② 曾凡菊:《民国时期图书馆学学术转型研究》,科学出版社,2020年,第126页。

图书之分类，对于读者与管理者，双方咸有甚大之利益"①。对于读者来说，可以根据著者的学术或书籍之指归，确定其所属类目并便捷有效地找到该书；因书籍按类别置放，故读者可以在找寻图书时一并阅览其同类图籍，得到所未及之知识；读者可在任一学科类目下选择书籍，便于参考研究。对于管理者来说，合适的分类方法可使图书有系统可循，便于整理，同时还可降低图书散失之风险；图书类别明晰，更有记号之法，可节省出纳时间；管理者必须熟悉类别的纲要，从而能够大致了解图书梗概，进而指导读者，同时也能够增进本人学识。

1923年，东南大学孟芳图书馆正式落成，并开始完善图书馆相关工作，时任图书馆主任的洪有丰鉴于其时科学书籍日益增加，于1924年主持编纂了《国立东南大学孟芳图书馆图书目录》。洪有丰指出，编制书目是图书馆事业重要的组成部分，当时图书馆界对于新旧书籍尚有聚讼，莫衷一是。旧有分类法无法涵盖西式科学书籍，而直接改弦更张、摹袭西制，则未免削足适履。他认为沈祖荣、胡庆生的《仿杜威书目十类法》和杜定友的《图书分类法》，对于当时的分类事业有一定的改革建设之效果，但以上两种分类法之编制并不是完全依托实验而成，含有部分主观意见，因此无法尽臻完善。因而，洪有丰致力于寻求适应新旧一切书籍，且避免私意创造的分类法。于是他以四库总目分类为主，同时辅以杜威法，将新旧图籍分为000丛、100经、200史地、300哲学及宗教、400文学、500社会科学、600自然科学、700应用科学、800艺术九大类。②

洪有丰提出，在该分类法的设置中，"丛类与杜威氏总类相似，

---

① 洪有丰：《图书馆组织与管理》，商务印书馆，1926年，第109页。
② 参见洪有丰《图书馆组织与管理》，商务印书馆，1926年，第145—151页。

凡目录及类书、丛书、杂志、报章等均编入之；经类与四库全书分类法大体相同，惟四库之五经总义，今改分为群经合刻、群经总义及石经三目，而冠诸各目之首；乐类系艺术性质，今改编入艺术类；史地之书、四库全书以体裁分，今仿杜威氏以国籍及朝代分之，似较便利；政书职官等，并入政治类；诏令即法令，入法制类；奏议入文学类；金石与艺术相近，故入艺术类；四库全书子部类目最杂，今各以类相从；儒墨名各家性与哲学相近，故特提出，而哲学名之，分为东方与西方哲学二目；宗教与哲学关系密切，亦并入之；术数则仍四库全书之旧，附于宗教之后；法家与纵横家，多论政法，入于社会科学类；间有杂说，与小说相近，故附入小说类；文学类，即仿四库全书集部，而增小说戏剧等目；楚辞、四库另为一目，今并入别集；周代文学社会科学以下各类，均参酌杜威氏分类法"[1]。该分类法主要参酌《杜威十进分类法》所设类目，但在细目部分有所调整，略有增删或改易，从而更适用于中文书籍，同时也可供图书馆学界参考，以进行更深入的学术研究。

19世纪二三十年代，清华大学每年增置图书，中西文书籍愈加浩繁。尤其在中文书籍渐多的情况下，原本采用的由杜威法扩充而成的分类法之类目及号码已无法完全适用，随着丰华堂藏书的购入，现有分类法已彻底无法满足图书馆实际需求。因此，在洪有丰的支持协助下，施廷镛着手编制新式书目，而不仅仅是对四库分类法或杜威十进法进行修正改造。[2] 新式分类法一共排列了八个大类及八千小类，其大纲为：总类、哲学宗教、自然科学、应用科学、

---

[1] 洪有丰：《图书馆组织与管理》，商务印书馆，1926年，第144页。
[2] 参见洪范五《国立清华大学图书馆中文书目序》，载《图书馆学论文集》，台北华联出版社，1968年，第346—347页。

社会科学、史地、语文、艺术。①在该分类法编制完成后，清华大学将所有新书均依照该分类法进行分类，不久后，旧有图书也全部运用该方法进行分类排序。在这套分类体系中，洪有丰袪除了以往多为传统书籍所设的经类等类目，这与当时新书比例剧增的社会现实有直接关系。该分类法进一步加快了图书馆学界制定完备的统一分类法的步伐。

1935年，国立清华大学图书馆合刻群编，嘉惠来学。秉承图书馆贵在致用的原则，洪有丰与张子高、朱自清商讨编纂《国立清华大学图书馆丛书子目索引》，在论及编纂之法时，"列举下述数种：（一）仍如旧丛书目，但举丛书之名，而附子目于后。（二）丛书子目，按书名首字排比。（三）依子目著者姓氏排比之。（四）子目之分类目录。是于应用，均有其重要之点。然第一种旧目已足供参考，而不便检寻。至著者目录，则中国图书习惯之实用，不若书名之便。分类目录，非谙于类别者，检查仍不易。于是决先编子目书名索引，藉备查阅"②。该书目最后由施廷镛纂辑，共收录清华大学所藏丛书1164种，主要供该校自检所用。③同时也方便他人查阅了解该校的藏书状况。

（五）杨昭悊等学人的图书分类理论

杨昭悊引用美国查尔斯·安米·克特之言，认为"图书分类是

---

① 参见洪有丰《图书馆述略》，《清华周刊》1931年第11—12期。
② 洪有丰：《国立清华大学图书馆丛书子目索引序》，《国立中央大学教育丛刊》1935年第1期。
③ 参见洪有丰《国立清华大学图书馆丛书子目索引序》，《国立中央大学教育丛刊》1935年第1期。

集合各种图书,选择他们性质相同的放在一处"①,并分别从"各种图书""性质相同""放在一处"三点对图书分类的定义进行解读。杨昭悊通过对比《杜威十进分类法》《展开制图书分类法》《主题图书分类法》《美国国会图书馆图书分类法》等西方盛行的分类法之优缺点,指出虽然理论上四种分类法各有千秋,但事实上使用杜威法的图书馆更多。他认为这主要是由于杜威法以数字记号,采用十进位的方式,易识、易记,便于通行。杨昭悊在《图书馆学》一书中提到,当时世界上通行的分类法中,日本太田为三郎编制的分类法最为适合中国,但因为汉字笔画烦琐,该分类法除第一类用类名记号外,后面还是采用十进位编号。通过比对西方各分类法,杨昭悊认为新法应结合我国传统四库分类法与西方新式分类法,并依照其时习惯灵活变通,进而编制适合我国实际情况的图书分类法。

关于图书分类的定义,戴志骞引用图书馆管理家克特的说法:"分类时集各种之书籍择其性之所同者,置于一处,是谓分类。"②戴志骞将分类大纲分为自然的或论理的、人为的两部分,前者指根据性质将类似者置于一处,后者指将形式相仿者排列在一起,图书馆应考虑到实际工作,二者兼顾。图书分类法的记号种类颇多,如字母、数字、代名字等,总体而言,记号法应具备五个特点,即易读、易写、易记、易识、易增减。戴志骞对布朗、克特、杜威的分类法,以及《美国国会图书馆图书分类法》进行了对比评析,对《杜威十进分类法》颇为赞同。他引用分类学家卞士克等人的观点,认为杜威分类法的奥妙在于不以分类者的主观臆断进行分类,因此杜威法有实用价值。正因其极强的实用性,当时逾七成的图书馆均

---

① 杨昭悊编著:《图书馆学》(下),商务印书馆,1923年,第353页。
② 戴志骞:《图书馆学术讲稿》,《教育丛刊》1923年第6期。

采用杜威法。戴志骞通过分析西式分类法，总结出理想分类法的必要内容，即论理的、地理的、依年代的、字母的、方言的。① 戴志骞对于杜威分类法简洁明了的记号及便于使用的体例极其赞赏，同时，他非常清楚西式方法不可生搬硬套于中文书籍。因此，戴志骞于1922年聘请查修主持清华学校图书馆中文图书的编目工作，最终成书《杜威书目十类法补编》。

桂质柏从文华图书馆学专科学校毕业后，于1923年就任于齐鲁大学。他认为，"分类法，或以语言之区别，或以书籍性质之异同，或以地理上之地位，或以著者之姓氏，或以书籍之大小，或以出版之年限，或以收藏日期之先后，或以装订之精致等等。但其目的，不外分别书籍，依一定之次序排列"②。而分类别排列图书，正是图书分类法的目的所在。鉴于其时传统分类法已不适应日新月异的书籍的发展趋势，桂质柏认为应从现实角度出发，编制一部完备的、详细的、经济节省且能够随书籍发展而进行扩充的新分类法。当时颇为盛行的《杜威十进分类法》，虽极为适合欧美各国，但若用于中文书籍，其编号不免过长，而号码越长，越容易滋生谬误。且彼时中国图书馆，多分中、西文书籍，同时采用两种分类法，工作中有诸多不便。考虑到上述缺憾，桂质柏结合中外书籍的情况，扩充杜威法，编纂《杜威书目十类法》。该法将中外图籍分为十大类：000普通图书，100哲学，200宗教，300社会，400语言学，500自然科学，600应用科学，700美术，800文学，900历史。该书附有索引，便利查找。

《杜威书目十类法》考虑到记号须便识易记，方便伸缩扩展，

---

① 参见戴志骞《图书馆学术讲稿》，《教育丛刊》1923年第6期。
② 桂质柏编：《杜威书目十类法》，齐鲁大学图书馆，1925年，"序"第1页。

故全部采用阿拉伯数字。该分类法将古今中外图籍划分为十大类，每一大类下又分十部，而后每部下分十项，项之下再分十小项，其下还可进一步分类，即总共类、部、项、小项、再划分五级。该法强调，如果书籍可归入多种类，则依据其最重要的性质划分，或以最普通者定之；若书籍有两类无关联性质，亦以更能多用的性质拟定其种类。桂质柏非常重视归类的准确性，强调不可浮泛，务必找寻精准特点确定其归类，比如中国近代史，不能直接编入"900历史"大类，这样太过宽泛，也不宜直接纳入"950亚洲历史"，因其包含亚洲各国历史，故分入其下中国史类目中，再按照年代顺序编入"951.8近世史"。《杜威书目十类法》虽是桂质柏对于杜威法的修改增补，但为适应中国书籍，他将"四部"图书拆分并归入新分类法细目之中。该法将省府县志均归入"915.1中国地理与旅行"小项；我国古今历史可全部从"951中国历史"类目中找寻；凡是中国文学中的种类，全部分于"895.1中国文学"；哲学类书籍则见于"181中国哲学"之项。

19世纪20年代的中国图书馆，积极搜罗中西文书籍，而相对较为简陋的传统四部法已无法适应这样一个庞大的知识库，难以兼收中外图籍。因此，新分类法的编制提上日程，王云五认为，"编目的时候，要想中外统一，很感困难：第一在书目的分类，第二在著者的排列"[①]。其时中国图书馆大多都对《杜威十进分类法》进行增删改动，加以运用，但《杜威十进分类法》并不全然适用于中文书籍，许多旧籍在该法中根本无容身之处，且杜威将中文书籍置于极轻的地位，以致该分类法中外图籍轻重失衡。王云五经过比对分

---

① 王云五：《中外图书统一分类法》，商务印书馆，1928年，"序"。

析，认为相较于其他西式分类法，《杜威十进分类法》确实更适用于我国实际。究其原因，在于杜威采用数目十进法，更易于记忆，且可自由伸缩，适合小规模图书馆，再者彼时中国图书馆多采用杜威法，因而改用该法更为便捷。同时，他指出，对于杜威法的扩充应新制类号，不可占据原有的类号，否则整部分类法都将受到影响。而后王云五经过系统研究，根据图书馆专家克特对于图书分类的定义，总结出图书分类的两个原则：按性质相同进行分类；依据图书种类进行陈列，同类书籍置于一处。于是，在该原则的指导下，依据杜威法，王云五编制了《中外图书统一分类法》，并于1928年由商务印书馆出版。

王云五认为，统一分类法需要在完全容纳中文书籍、尽量减少《杜威十进分类法》原有类号变动的同时，以内容性质为标准进行排列。为满足上述要求，王云五在杜威法原有号码之前，增添"+""#""±"3个符号。[①]"+"代表中国书籍特增的类号，与原有的号码并行，他特别强调，带"+"的号码必须排列于不带"+"的同数号码之前，以示尊重祖国之心；"#"则意味着要于该符号后连续穿插整数号码的中文图籍分类，以保持分类法的系统性和整洁美观，可排在十位相同的任何号码之前；"±"则不论小数大小，一律排在整数相同的号码之前。[②]通过这些符号的运用，统一分类法可以充分按照内容性质相近排列之原则，在涵盖中文图籍的同时，将原文著作与翻译版本或文字不同但类型相同的中西文译本、同类的中西文书籍全部置于邻近位置。对于地名的分类，王云五也进行了改革，他不问各地的政治地位，而是依照四角号码检字法，

---

① 参见王云五《中外图书统一分类法》，商务印书馆，1928年，第12页。
② 参见王云五《中外图书统一分类法》，商务印书馆，1928年，第12—15页。

于每字取第一角号码,组成两位数,依次排列。若省名数字相同,则取第二字第二角数字标于号码第二位上作为指数。所有县均在其前加省名,组成四位号码,单字县名则取该字第二角号码补齐数字。此外,王云五为活用类名,在类名之间增加":"作为连接,用一种类名说明别种类名。王云五首创该符号,作为类名与类名之间活用的符号,"表示类目之间的关系,为新学科增加新的类号,这实际上是最早的组配思想。这种思想比印度图书馆学者阮冈纳赞《冒号分类法》的问世还要早5年"①。

《中外图书统一分类法》一经出版,便在图书馆界引起极大反响。该分类法在类号的运用上极具灵活性和包容性,将古今中外的书籍系统而富有逻辑地纳入一个统一的分类体系。"从历史的层面来看,王云五的《中外图书统一分类法》产生于我国图书馆现代分类思想的初创时期,作为非图书馆专业出身的王云五在创制分类法时难免会有种种缺漏,但其大胆创新,立足于现代科学价值观,尊重知识传统,融合中西知识的分类思想却是值得后辈学人仿效的。"②

1926年,皮高品着手编制《中国十进制分类法及索引》,历时8年,于1934年正式出版。皮高品深入研究其时施行的各种分类法,认为《杜威十进分类法》应用便利,为其中最著称者,但该法专为西书所制,并未兼筹中文图籍。而"我国之学术,自有其特性,不容偏废苟简"③。中国十进制分类法将书籍分为十大类:000总类,100哲学,200宗教,300社会科学,400语言文字学,500

---

① 全根先:《王云五的图书分类实践与创新》,《新世纪图书馆》2007年第2期。
② 许欢:《王云五先生图书馆学贡献述评》,《图书馆》2015年第11期。
③ 皮高品:《中国十进制分类法及索引》,载皮高品著、周荣等整理《皮高品集》,武汉大学出版社,2017年,第8页。

自然科学，600实业、工艺，700美术，800文学，900历史。该分类法类目总数约13000，10个总类下分诸多细目，最多者可展开7—8级，具体类目的编制非常重视突出中文图籍特征。皮高品在该分类法中突出了中文图籍的地位，同时，大大增加了细类条目，更便于容纳和整理中文图籍。

《中国十进制分类法及索引》在其时图书馆学界所编制的分类法中，对于杜威法的增改较少，但该分类法的细目极为详尽，多逾万条，对于普通图书馆员极具参考价值。[①] 时人对于中国十进制分类法也颇多赞赏。沈祖荣认为中国十进制分类法的编制对缺乏应用工具书籍的图书馆贡献巨大，对于推动事业发展有积极作用，该书的出版可以"看出图书馆在中国之进步"[②]。刘国钧在《中国图书分类法的发展》一文中评价民国时期的分类法，认为其中杜定友、刘国钧、皮高品三人所编制之法，都具有一定的影响力，直到中华人民共和国成立，仍有一些图书馆在使用这些分类法。[③] 可见该书在中国图书分类法中占有重要地位。

四、著者号码表

我国传统藏书楼虽大多都有翔实的目录，但并未孕育出著者号码的编制方法。民国以来，书籍数量逐年递增，当时的部分成法或记号烦琐难以记忆，或无法统一标准难以普及，或号码易重略显杂

[①] 参见姚名达《中国目录学史》，吉林人民出版社，2014年，第120页。
[②] 沈祖荣：《沈祖荣文集》，武汉大学出版社，2013年，第267页。
[③] 参见刘国钧《中国图书分类法的发展》，载史永元、张树华编《刘国钧图书馆学论文选集》，书目文献出版社，1983年，第399页。

乱，编制合宜的著者号码呼声渐高。杜定友、钱亚新等学者先后出版专著，研究探讨著者号码的理论和实践等问题，为后来者编制完善的著者号码提供了典范，奠定了基础。

1925年，上海图书馆协会出版杜定友所著《著者号码编制法》一书，其内容包括著者号码的意义、编制原则以及详细的编制方法等。杜定友认为著者号码意义重大，可用以决定同类书籍在书架上的排列次序，从而便于读者及图书馆专员检查；而同类型、同著者的书籍因编码相同或相近，故可聚于一处，便利研究。杜定友强调，编制著者号码要遵循两个原则：其一为次序原则，即同类书籍宜根据著者之姓氏，按照次序排列，便于检查的同时可助力学术研究；其二为固定原则，即著者号码应有固定性，以防日后排序错乱。① 该书作为杜定友对于著者号码编制的初步探索，详细阐述了具体规则和方法，对之后的研究具有重要参考价值。

钱亚新自1926年进入华中大学文华图书科攻读图书馆学后，便一直从事图书馆相关工作。1928年，钱亚新于该校毕业后，就职于广州中山大学图书馆。同年，他撰写的《拼音著者号码编制法》由文华公书林出版。该书从著者号码的定义、功用、编制原则、成法的参考与商榷、拼音著者号码表等方面进行论述。钱亚新将著者号码定义为"将许多可以作为著者的字聚集一起，照一定的方法，排列它们的次第，每个字再给以相当的号码，这种号码，就是著者号码。简单的说，著者号码，就是一种制定的数码，代表著者姓氏的符号"②。钱亚新对于著者号码意义的看法与杜定友相同，即便于查找、有助研究。此外，他总结了编制中国著者号码的四大

---

① 参见杜定友《著者号码编制法》，上海图书馆协会，1925年，第5—6页。
② 钱亚新：《拼音著者号码编制法》，武昌文华公书林，1928年，第1页。

原则："A. 著者号码表中，须能包括一切中国姓氏及其他可作为著者的字；B. 选入表中诸字的排列，必须有条不紊，便于检查；C. 首字相异的著者，他们的号码，绝对的不应相同；D. 首字相同的著者，他们的号码，相对的可以差异。"① 著者首字异同原则，主要目的是在同类书籍的排列时用以区分不同的著者，从而使读者取书之时不至于混淆，这在当时有一定的创新性及参考价值。《拼音著者号码编制法》一书是钱亚新对于著者号码理论的初步探索，构建了基本的理论框架，为之后研究的精进奠定了基础。

钱亚新在该书中详细评述了部首笔画法、笔画笔法法、汉字母笔排列法、四角号码检字法、瞿氏号码检字法、形数检字法、拼音首字笔画法、克特氏著者号码等方法，他认为我国成法尚不完备，有改弦更张之必要，而因欧美姓氏音节较多，我国姓氏多为单音，也不能直接仿照克特氏著者号码。钱亚新决定根据著者号码表之功用、原则，同时结合已有成法的长处，创制一个较为完善且便利的方法。该法采用音韵笔画法，同时使用音韵、笔画、号码，并运用号码来表示音韵和笔画。音韵笔画法使容字率大为提高，但为了去除剩余一小部分异字同码的弊病，以及防止同姓异名造成混淆，钱亚新与文华图书科师生共同探讨，决定将注音符号改为罗马拼音，同时，"含两个号码以上的著者字，须依著者姓名第二字拼音分段，编制号码"②。拼音著者号码编制法的优点在于：能够囊括所有姓氏及可作为著者的字；使排列井然有序，为读者和工作人员的查阅都提供了便利；不会产生异字同码的弊端；一字可以有数种号码；号码能够随著者字符的增减而伸缩延展，包容灵活；标识简单明了，

---

① 钱亚新：《拼音著者号码编制法》，武昌文华公书林，1928年，第2—5页。
② 钱亚新：《我是怎样研究拼音著者号码编制法的》，《山东图书馆季刊》1987年第4期。

易识易记；适用于所有人群、图书馆。

拼音著者号码编制法问世后，应用渐广，尤其多为文华图书科学生采用。该法比较系统地为著者号码表构建了基础的理论体系。相较于同时期的其他方法，该法更为完备详尽，"不特适用于汉字书，而且适用于和文书"①。此法亦并非尽善尽美，尤其对于图书馆工作人员来说，该法审音不易，音近字在编制目录时要及时核查号码表；定号太难，钱亚新为避免异字同码，采取了诸多措施，但也导致部分汉字号码过多，难免烦琐；打字不便，该法中部分字符，当时的打字机无法打印。②但对于读者来说，并没有这些问题。当时的图书馆学者对该书评价颇高，杜定友认为，该书编制，煞费心血，详细罗列烦琐的原理，成法优良，对于当时尚为幼稚的著者号码法之编制，有共策进行之作用，贡献良多。③

第二节　图书编目

整理文献的科学方法自古有之，因此，传统的文献编目有许多实践成果。但相较于丰富的实践成果，系统的理论一直较为缺乏，直至宋代，文献整理开始向理论化的方向发展，清代更是大规模进

---

① 钱亚新：《拼音著者号码编制法》，武昌文华公书林，1928年，"沈序"第3页。
② 参见钱亚新《拼音著者号码编制法》，武昌文华公书林，1928年，"沈序"第3—4页。
③ 参见钱亚新《拼音著者号码编制法》，武昌文华公书林，1928年，"杜序"第1页。

行传统文献的整理与总结，目录学开始走向独立。其中，以郑樵、章学诚等学者为代表，他们在目录学理论研究上均取得了一定的突破，形成了重视通过分类、提要、小序等著录图书内容，以"辨章学术，考镜源流"为目的的目录学思想。姚名达总结道："我国古代目录学之最大特色为重分类而轻编目，有解题而无引得。……编目之法，仍依类别为序；同类之中，多以时代为次。活页编次之道，检字引得之术，编号插架之方，皆素不讲究，殊不便于寻检。非熟于目录学者莫能求得其所欲见之书。……其优于西洋目录者，仅恃解题一宗。"①

近代以来，随着西方图书馆学思想的引入，西方重视款目、索引，以方便检索、易于获取为目的的图书编目方式也进入图书馆学人的视野。同时，图书数量的不断增加和图书类目的进一步扩展，都使得图书馆考虑采用新式的文献编目方法，这种编目方式既要便于找取图书，还需与图书馆所采用的分类法进行有效衔接。

一、关于图书编目定义的研究

民国以来，图书馆学人开始引进、介绍并且探索图书馆编目思想，诸如朱家治发表于《新教育》杂志的《欧美各国目录学举要》、杜定友撰写的《西洋图书馆目录史略》、沈祖荣翻译出版的《简明图书馆编目法》等。这些著作的发表及出版对民国时期图书编目工作的指导思想产生了较为深远的影响，在一定程度上指导了当时图书馆界编目工作的理论探索和实践。

---

① 姚名达：《中国目录学史》，载《民国丛书》编委会编《民国丛书》（第一编）（第47册），上海书店，1989年，第427页。

杨昭悊认为，图书馆唯一的任务就是能够灵活运用图书，而能够完成该任务的重要工具，就是预备图书目录，因此，图书目录在图书馆中占据着重要地位，是"活用图书的中枢"①。目录需要展示图书馆的一切藏书、图书馆所收藏的某位著者的图书、图书馆所收藏的关于某事项的图书以及图书馆所收藏的关于某事件的图书，如果说图书馆是知识的宝库，那么目录则是打开宝库的锁钥。②

1926年，商务印书馆出版杜定友所著《图书目录学》一书。该书"详论图书学原理，及对于中国图书馆之管理及设施方法，以求适于实用"③。该书分为四章，分别对图书目录学的相关概念、中国图书目录的发展概况、编目规则、目录用法进行了较为详细的阐述。杜定友认为："目录者，图书馆之锁钥也，为阅者与书籍之联络机关。盖图书馆之图籍，为数至伙，阅者苟欲检查一书，则势不能在各书架上逐一翻寻，故必恃乎目录为引导，而后可以一索即得。"④ 同时，他还提到目录的用途，在于解决以下诸问题："1.馆内有某人所著之书否？2.馆内有某书否？3.馆内有某种类之某书否？4.馆内有某种书否？5.馆内有对于某问题之参考书否？6.某书在何处？7.某书之内容大概如何？"⑤ 杜定友梳理总结了历代图书目录的特点，认为与其时所需目录侧重点不同，传统目录偏重校雠辩证，专注于讨论内容及版本；详于书名而略于著者；将分类与编目混为一谈，只有分类目录而无其他；各类书籍无固定排列方法；目录无页码，无从知晓藏书具体位置；无卡片制度且目录格式不一

---

① 杨昭悊编著：《图书馆学》（下），商务印书馆，1923年，第384页。
② 参见杨昭悊编著《图书馆学》（下），商务印书馆，1923年，第383—384页。
③ 杜定友：《图书目录学》，商务印书馆，1926年，"总序"第1页。
④ 杜定友：《图书目录学》，商务印书馆，1926年，第1页。
⑤ 杜定友：《图书目录学》，商务印书馆，1926年，第1—2页。

致；编目者只注重分类而不研究目录的编制；编目之宗旨在于珍藏而不在于利用。① 因此，我国之图书目录向有"不合实用，且因分类法之不完备，类名之不切实，而弊端更多，此编目法之所以亟宜研究与改良者也"②。《图书目录学》是"我国第一本编目法专书"③，构建了一个较为完整的图书编目体系。金敏甫曾评价该书："广东杜定友氏，亦著中文编目法，发行于广东，此为中文书籍编目法之萌芽……"④

金敏甫编著的《图书编目学》于1946年由正中书局出版，这是国内第一本以"编目学"命名的著作。⑤《图书编目学》全书分为上、下两篇，上篇为"理论与经营"，共计十一章；下篇为"编目条例"，共计三十六章。该书尽可能涵盖编目学之一切问题，将理论与实践有机结合。在该书中，金敏甫认为编目法是一种技术而不是一门科学，它的内容是对书籍目录的编制方法进行指导；而编目学的内容，则是对编制书籍目录的整个工作流程进行成体系的论述。对于书籍目录，编目学不仅要系统考察它的编制方法，还必须深入探究其所以然，因此，编目学之定义为"研究编目事业之学也"⑥。此外，金敏甫将编目学的研究对象概括为五个方面：编目行政、编目设置、目录本身、编目方法、目录体裁，将这些未曾过多引起前人注意的研究对象条分缕析、一一罗列。可以说，《图书编

---

① 参见杜定友《图书目录学》，商务印书馆，1926年，第18—19页。
② 杜定友：《图书目录学》，商务印书馆，1926年，第2页。
③ 范凡：《民国时期图书馆学著作出版与学术传承》，国家图书馆出版社，2011年，第187页。
④ 金敏甫编：《中国现代图书馆概况》，广州图书馆协会，1929年，第41页。
⑤ 参见范凡《民国时期图书馆学著作出版与学术传承》，国家图书馆出版社，2011年，第192页。
⑥ 金敏甫编著：《图书编目学》，正中书局，1946年，第10页。

目学》构建了大体的编目学体系，为编目学的发展奠定了一定的理论基础。此外，该书还对中外编目历史进行了梳理，将中国编目历史分为四个时期：西汉至隋唐五代，是为中国编目学的发轫时期；北宋时期到明代，是目录学的推广时期；清代是目录学的盛行时期；民国以降，则进入目录学的改进时期。①"金敏甫运用传统的断代法，简明扼要地将中外编目历史进行了梳理，为人们进一步深入研究提供了借鉴。"②

1938年，姚名达所著《中国目录学史》一书出版，该书对目录学相关史料及著作进行了系统的梳理，并作了客观的分析和评价。在总结了中国传统的目录学之后，姚名达指出，目录学的功效，就是能够将数量众多、类目繁杂的书籍，根据图书自身的性质和内容，分门别类，并且按照一定的顺序放置于某处，然后根据这个分类编纂一个目录。这样读者可以通过查阅目录，大略知道书籍的相关信息，决定是否阅读该本图书。图书馆所使用的目录不仅要有名目，即书名、作者、版本版次、卷册数等，还应有叙录，用以介绍书籍的大致内容，对书籍进行简要评价。"使得读者不但知道某书在哪一类，某类有什么书，而且明白某种学术应该读什么书，某种书籍值得读不值得读。"③ 简言之，即目录能够告知读者书籍之所在，同时还能介绍图书的大致信息、基本内容等，对于读者来说具有指南针一般的指导作用。④ 姚名达将图书编目与读者利用图书紧密结合起来，认为编目的宗旨在于便利读者，他还提出编目之时

---

① 参见金敏甫编著《图书编目学》，正中书局，1946年，第68页。
② 吴稌年：《金敏甫对图书馆学术研究的贡献》，《大学图书馆学报》2011年第1期。
③ 尤小平：《姚名达生平及其文献学成就》，《图书情报工作》2009年第11期。
④ 参见姚名达《中国目录学史》，吉林人民出版社，2014年，第6—7页。

应当将同一著者的所有著作汇集于一处，且要注意目录的整体与局部须协调一致，每书应有解题等原则。此外，姚名达有感于其时中国图书馆界研究目录学的专家盛行自行编制分类法、检字表等，导致方法混乱且各自为法；图书馆间也缺乏交流，实现全国统一方法的编制遥遥无期。因此，他呼吁学界改变这样的风气，[①] 希望图书馆界能够会集相关问题之专家，讨论并制定一个大体统一的标准，共襄进步。

二、关于图书编目规则与方法的研究

民国时期，有些图书馆学者已经敏锐地认识到图书编目规范化问题。研究与仿效英美编目规则的成果相继问世。[②]

图书馆为什么要编制图书目录？沈祖荣认为古今中外书籍浩如烟海，没有图书馆员能够完全记住这些书籍，同时，馆员无法保证能够随时解答读者的问题，因此，为便捷精准地找寻图书，编制图书目录是必要的。他指出，编目的作用，是在知晓著者名、书名或件名三之其一时，能够在目录中迅速检索出图书；同时根据著者名还可明晰知晓著者的所有作品，根据件名可以知晓该类书籍和与之有关系的书籍，起到"问一得三"之功用。因此，编目"可以为图书馆的代表，可以永久为阅者的导师。他的功用，是伟大的"[③]。沈祖荣对于编目工作非常重视，不仅翻译、撰写了多篇文章介绍图书馆编

[①] 参见姚名达《中国目录学史》，吉林人民出版社，2014年，第324页。
[②] 参见范凡《民国时期图书馆学著作出版与学术传承》，国家图书馆出版社，2011年，第194页。
[③] 沈祖荣：《图书馆编目之管测》，《图书馆学季刊》1927年第1期。

目思想，还于文华图书科教授编目法的相关课程。

沈祖荣参照美国国会图书馆与美国图书馆协会标题总录，于1927年发表《图书馆编目之管测》一文，提出图书编目的规则多来自自身经验，"富于经验的人，能够利用规则，表示他的经验。既然有了经验，又遵守规则，恒久不变，所编的目录，自然能统一，能有秩序，能够合用"[①]。沈祖荣也提到了部分注意事项："（一）编目时候，不独对于一部分书，详细审查，更要注意目录的局部同全部，都无抵触谬误的弊病。（二）编目的程式大小繁简，都要有划一的标准，编这种书同那种书，先后一律，历久不变。（三）编目所用的标点符号，同每段的距离，都要有一定的准绳。（四）编目所用的文字，英文或是正写，我用打字机写。中文或是宋字，或是楷字，也应决定一律，不得参差。（五）一人著有多种书籍，编目时应汇集一处，不可纷存各处。（六）选择件名，如有义同名不同的件名，应当选那最适用的。那未经选用的，就作'见'法以便备考。（七）小图书馆，藏书不多，编目的人，应该把所有的书，都表现出来，供人容易取用。不独件名，要仔细研究，就是书内重要的材料，为本馆不多有的，并且是人民所需要的，在书名上，或者不能表现出来，必用分析目录，把他提出，以便应用。（八）编目时选择件名，评定书籍的优劣，以及副目录卡片的去留，排列的先后，校对有无错误，均要详细的查勘。（九）编目应备一精雅清洁的房屋，光线合度，设备适宜，供编目人，心旷神怡，少耗精力，得良好的功效。（十）编目的宗旨，是为阅者谋便利，不是为编目的谋便利；所以编目的心目中，时时留意阅者那方

[①] 沈祖荣：《图书馆编目之管测》，《图书馆学季刊》1927年第1期。

面，才不致'背道而驰'。"① 鉴于此，图书馆对于编目人员也有一定的要求，这些人需要头脑清晰灵活、知识储备丰富、心志坚定、颇有涵养，能够细致耐心地兼顾读者的需求。

1929年，沈祖荣于《图书馆学季刊》上发表《中文编目中一个重要的问题——标题》一文，开篇即指出其时名词翻译混乱的现象，对我国图书馆事业的统一进展造成了一定的影响。考虑到含义明确等问题，沈祖荣提议，将 Subject Headings 暂译为标题。对于标题的意义，他于文中言道："标题系采一以词或短语作成之主题。作标目 Headings，以标明一书之内容——所讨论者何，与该书之体裁；并藉以将凡同主题之书籍，编置其下。"② 制定标题的目的在于统一标准，为制作标题卡提供便利，从而更好发挥图书功效。沈祖荣认为标题是编目非常重要的组成部分，占据编目位置之首，但其时的图书馆囿于人才不足，往往只有分类目录，因此标题目录的编制实属必要。标题目录编制的首要工作即选择标题，沈祖荣指出，选择标题之原则有四：须采用能够完全展示书籍内容者；所有内容都需准确清晰，使使用者一目了然；内容相同的书籍，其标题需要保持前后一致，这是第一要务；尽量选取普通、简单的词语，便于读者理解。此外，对于排序标准，沈祖荣从形式与内容两方面进行了详细阐述。沈祖荣综合美式方法及我国各图书馆最善之法，总结出标题选择标准与方法可供参酌的书籍。"一、普通名词，可以《汉英双解综合辞典》作根据，因此书最近出版，采引博洽。二、科学名词，取曾经中国科学社审定诸名词。三、医学名词，用

---

① 沈祖荣：《图书馆编目之管测》，《图书馆学季刊》1927年第1期。
② 沈祖荣：《中文编目中一个重要的问题——标题》，《图书馆学季刊》1929年第1—2期。

医学会所定者。四、关于新学术、新思潮诸名词，取《新文化辞书》中所用者。五、此外各专门辞书，如《教育辞书》《法律经济辞典》《动物辞典》《植物辞典》等，皆可作参镜。"①

戴志骞认为编目原则主要有三：一、编目工作者应从读者的角度进行思考，充分考虑他们对于图书分类的需求，进而选取最为便利、合适的方法，编定书籍的分类编号，排列适宜的次序，并将书籍置放于恰当的位置；二、编目工作要考虑到图书馆工作人员，尤其是出纳专员，因此目录的编制需要符合简化出纳手续的需求，同时还要便于记载、查阅，对于逾期或外借的书籍能够一目了然地查阅日期；三、编目时还宜参照其他国家的方法和原理，不可墨守一国的传统。②

我国古代之目录学注重书籍内容、思想的表现，即重视的是学术本身，而近现代图书馆的图书目录则以记录馆藏书籍为目的。完备的目录编制工作困难重重，"初不下于编书志或著述史者"③。1925年，刘国钧于威斯康星大学获得博士学位，归国后就任于金陵大学，任图书馆主任一职。多年的图书馆从业经验让刘国钧深知编目事业的困难：图书馆各行其是，无统一的著录标准，检阅者查询不便，且易产生混淆。同时，其时"图书之激增，性质之复杂，若编目者无所准则，何以能免抵牾之弊"④。鉴于此，刘国钧整理传统公私著录之通例，同时借鉴西方新式图书馆目录的规则，编撰《中文

---

① 沈祖荣：《中文编目中一个重要的问题——标题》，《图书馆学季刊》1929年第1—2期。
② 参见戴志骞《图书馆学术讲稿》，《教育丛刊》1923年第6期。
③ 刘国钧：《图书目录略说》，载史永元、张树华编《刘国钧图书馆学论文选集》，书目文献出版社，1983年，第46页。
④ 刘国钧：《中文图书编目条例草案》，《图书馆学季刊》1929年第4期。

图书编目条例草案》一文，于1929年发表在《图书馆学季刊》上。刘国钧在文中阐述了编制完整目录的通则：编目内容必须详细准确、清晰明了，使检阅者能在最短时间精确达到目的；编目须囊括书名及卷数、作者、版本及版次、稽核事项、附注、号码等内容；完备的目录，须包含著者、书名、主题等款目，以及必要的副款目，还需要准备排架目录。[①] 该条例草案发表后为部分图书馆所采用，并引起学界讨论。《中文图书编目条例草案》为尚无统一编目标准的图书馆学界提供了制定编目规则的参考范本，对当时的图书馆编目工作具有一定的指导意义，推动了编目工作的发展及编目规则标准化的进程。

1931年，商务印书馆出版了裘开明所著《中国图书编目法》一书。《中国图书编目法》将中国传统书目体例分为解题派、簿录派与考订派三派，其中，解题派以条叙学术流派、论断众书之得失为主题；簿录派仅标图书名目之书目；考订派专究版本先后，音训异同，钞校精粗，字画增损，授受源流，翻摹本末，篇第多寡，行字数目，行幅疏密，装缀优劣，等等。[②] 其时的图书馆，"应付群众使用，几至供不应求。编目者势难得先儒之宽闲，作正确之解题，精密之考订。然书目为用，在因目寻书。是每书亦不得不有相当之节述，使未睹书仅见目者，略知其内容与形式，故书目之体例及其详略，应如何为适当，实为今日图书馆编目亟待解决之一问题"[③]。鉴于这样的状况，裘开明"参酌吾国固有书目学之载籍，诸家书目史志艺文之体例，及西洋编目法之著作，将中国旧籍编目诸难点，

---

① 参见刘国钧《中文图书编目条例草案》，《图书馆学季刊》1929年第4期。
② 参见裘开明《中国图书编目法》，商务印书馆，1931年，"自序"第1页。
③ 裘开明：《中国图书编目法》，商务印书馆，1931年，"自序"第1—2页。

如考著者，定书名，审版本，纪图卷，示内容等，讨究折衷，以求解决"①。

裘开明在该书中详细地阐述了编目工作应遵循的规则："（1）目录卡片的著录项目：书名、著者、版本、图卷、细目、附注；（2）目录卡片的种类：书名卡片、著者卡片、注释校等目录卡片、标题目录卡片、分析目录卡片、丛书目录卡片、特殊图书目录卡片、目录卡片索引等；（3）目录的种类：字典式目录、书架目录、分类目录；（4）目录排列法。"② 该编目法详细明确地规定了目录卡片应记载的内容；确定目录卡片的格式，罗列其书写方式；对于不同的目录种类及其排列顺序，阐述清晰明了；同时列举实例进行说明解释。裘开明将中国图书馆界编目工作中所遇到的问题详列于书中，并一一罗列解决方法，供学界参考，"学者奉为圭臬"，"蔚然成一家言"。③

桂质柏简明扼要地概括了图书目录的功用，即便于检查。他在《图书馆学讲义》中从总论、目录形式、目录种类、目录编制通则、编目基本条例等方面阐述了他的编目思想。桂质柏提出了图书目录解决的问题主要有：图书馆是否贮藏有某作者所著的某一本书；图书馆是否藏有某作者的所有作品；图书馆是否购置了某一特定的图书；图书馆内是否藏有某一种类的图籍；某一特定图籍的内容、版本、装订、印刷等方面表现如何；某部丛书的内容是否精当；特定图书的具体位置在图书馆何处等。他还于该讲义中总结了六条编目

---

① 裘开明：《中国图书编目法》，商务印书馆，1931年，"自序"第2页。
② 王蕾：《哈佛燕京图书馆裘开明的中文图书卡片目录计划及其历史影响》，《图书馆论坛》2017年第12期。
③ 裘开明：《中国图书编目法》，商务印书馆，1931年，"王云五序"。

条例：一、图书目录应记载书籍作者的正式姓名；二、目录所收录的书籍名称应以该书卷首书名页的标题为准；三、书籍的版本及版次，必须经过审慎的核查，确认无误方可录入；四、目录记载书籍形制时，需要将页数、册数、图标等内容都清晰注明；五、图书的注释者及翻译者都要有准确明晰的记载，并且制作副卡片；六、在有关附记的问题上，书籍的所有特点，例如细目、附录等，都要酌情录入。桂质柏总结的详细规则为其时的图书馆界提供了很好的参考范本，成为后来者编制目录的依据。

三、关于目录形式的研究

我国传统的服务于藏书楼的藏书目录基本上采用书本式的分类目录，即将编好的目录装订成册。民国时期，我国传统的藏书楼逐渐向近现代图书馆发展、转变。同时，书籍数量与日俱增，图书馆作为服务民众的社会教育机构，必须时时补充馆藏图书，以满足读者的阅读需求。因此，其时图书馆的书籍数量，会随着图书馆购入新书、淘汰旧籍等不断变化。在这样的情况下，无法增改删减的书本式目录显然已不能适应图书馆的工作需求。当时的图书馆学者为突破这种困境，将目光投向西方，尤其是美国的图书馆编目思想。以便利检索为主要功用的书籍目录、书名目录、著者目录、分类目录、主题目录等多种形式的目录开始运用于中国的图书馆中。

杨昭悊认为，中国很早就产生了有关目录的学问，既有官有目录，也有私家著述，但是一直没有形成完整的方法，目录的种类也较为单一。因此，传统目录学虽然对编制古籍目录有参考价值，但在研究学问上并不能提供很大的便利。杨昭悊强调，图书馆唯一的任务是灵活有效地利用书籍，而西方图书馆的图书目录就是服务于这种任务的，因此其对于我国的图书馆极具参考价值。[①] 图书目录不仅要便于读者查找书籍，满足读者使用图书的需求，同时也要便于图书馆专员的管理工作。为了同时达到这两种目的，图书目录的种类需要多样化。图书目录根据实质，即目录的内容，分为书名目录、著者目录、分类目录和件名目录。书名目录，其录入的内容主要为图书的书名，其次还需记载书籍作者和其他必要事项，其时，中文图书书名目录主要按照笔画顺序排列，这种目录是中日两国的传统目录形式；著者目录，以表示作者的名字为主，目录按次序录入作者姓名、书籍名称、其他事项，这种目录在欧美国家盛行已久，是西文图书目录的基础；分类目录，是以学科分类为依据编制的目录形式，是最能反映图书馆书籍特色的目录，同时也能够反映学问分科，便利研究；件名目录，以记载事件、物件为主要内容。[②] 图书目录根据形制，即目录外表，分为目录片、目录簿。目录片，使用单张长方形的纸片记载内容，每一本书都单独成片，并不互相连接，正是由于卡片各自独立，才能够及时增减修正，不至于牵一发而动全身；目录簿，是簿录形制，每页可记载多本书籍，按顺序排列成册状，可以印制多本，易于保管、收藏、阅览和赠送，查检更为便利。[③]

杜定友提倡卡片式目录，他指出编定成册的普通目录，虽可以印制多册，分发给多名读者以供参考，但是在实际运用上存在多种不便。首先，其时科技日新月异，图书不断出版，图书馆书籍数量

---

① 参见杨昭悊编著《图书馆学》（下），商务印书馆，1923年，第383—384页。
② 参见杨昭悊编著《图书馆学》（下），商务印书馆，1923年，第385—387页。
③ 参见杨昭悊编著《图书馆学》（下），商务印书馆，1923年，第387页。

处于不断变化之中，书本式目录无法及时更新，久之难免陈旧；其次，每份目录一次只能供一人使用，应用范围较为狭窄；再次，馆藏书籍日益增多，书本式目录只能增加卷次，导致目录数量多、书籍记录次序乱，既不成系统，也不便查找；最后，书本式目录若出现错误，不能及时修正，错误日多，最终难免失去价值。而卡片式目录，每张卡片代表一本图书，互相独立，有序置于目录箱内，便于使用。杜定友认为卡片式目录可随时增添删减、调换顺序，对于图书购置、遗失或者卡片本身污损等问题，都能灵活处理；一份目录可以同时供多人使用，既便于管理，又经济节省。杜定友将目录卡分为著者卡、书名卡、种类卡三种。著者卡和书名卡都包含正卡、副卡两种，正卡主要录入作者名、书名；而副卡则记载其他必要信息，如译者、编者、书籍副名、卷名、别名等。种类卡下分正卡、副卡、"见"卡、"参考"卡四种。根据目录卡种类，杜定友将图书目录分成著者目录、书名目录、种类目录、分类目录、字典式目录五种。杜定友翔实地介绍了目录的形式、种类及各自优缺点，这在当时的学界较有影响。

邢云林认为"编目为图书馆基本之工作。图书之能否尽其用，大半在编目者之能否尽其职"。其著有《簿式目录中著录详略之研究》（上篇）、《图书目录著录法与编辑法论》、《图书目录著录法与编辑法论》（续完）、《图书馆参考员眼目中之编目工作观》。《簿式目录中著录详略之研究》（上篇）发表于《图书馆学季刊》，该文开篇点题，通过引用古今各家说法突出簿式目录（书本式目录）的功用和地位；对比了卡片式目录和簿式目录的优缺点，指出簿式目录的优势和研究的必要性。该文总结出当时的簿式目录之所以著录详略不同，是因为不同派别的目录学家在编目立场、书籍范围、编目的时间限制、书目的社会贡献、著录的文体以及著录项目繁简等方面存在不同。据此，邢云林提出对于簿式目录详略原则的看法，指出"簿式目录缩之可为一馆之记载，放之可为文化之征稽"①的重要地位。在当时图书馆界普遍看好卡片式目录的大背景下，邢云林却独树一帜地对簿式目录的著录详略进行研究。②

四、关于图书编目与分类的关系

"我国学者向来对于编目的方法，注重学理的分类，兼及版本校勘等事，而不以编目之能事尽于注重分类，实为一种极是的态度。……盖编目与分类，二者应相辅而行，其于图书馆目录之功效，犹人之有手足，手足缺一，则成残废；编目与分类不相辅而行，则失图书目录之功效。"③因此，图书馆对二者应同等重视，积极协调，使其共同为图书馆的管理工作及读者提供便捷和准确的查检结果。

关于编目与分类的关系，杜定友也阐述了自己的见解，他认为："编目法和分类法，有密切的关系。但是手续上，是绝对不同的。它们重要的分别，有以下二点：（一）分类法只把书籍的内容，加以肯定。把内容相同的书，放在一起。把内容相近或相关的书籍，也放在相近的地方，以便检取。不过我们找书的时候，未必知道该书的内容如何，而且分类的人，各人目光不同，所以甲是乙非，很难确定，那末找书就困难了。（二）编目法是把一本书的要

---

① 邢云林：《簿式目录中著录详略之研究》（上篇），《图书馆学季刊》1933年第2期。
② 参见陈艳芬《邢云林图书馆学著述考究》，《新世纪图书馆》2018年第7期。
③ 戴志骞：《图书分类法几条原则的商榷》，《北京图书馆协会会刊》1924年第1期。

点提出，依一定的次序逐项列明，使检书的人，可以由各方面去找他所需要的图书。"①

金敏甫在1946年出版的《图书编目学》一书当中，进一步阐述了编目和分类的关系，认为二者既不能混为一谈，又并非毫无关联。金敏甫指出，在目的上，"图书分类，所以为内部整理之需，而图书编目，则供阅者检查之用，此其大别也"②。在本旨上，"盖夫设馆藏书，搜罗当期浩博，汗牛充栋，事属可能，苟不分别部居，牙签罗列，势将无法检取；是则甲乙部次，用备稽核，乃图书分类之本旨。……目录之编，当使阅者所需，可以一索即得，此乃图书编目之本旨"③。在方法上，"图书分类，既须分别部居，故当就书中所述，按其性质，分而类之，是以图书分类，当以图书之内容为主，而类例之学，为其研究之对象。图书编目，系供阅者之用，故当就图书之本体，按其标题，列而为目，是则图书编目，当以图书之实质为主，而款目之学，为其研究之对象耳"④。虽然编目与分类相互独立，但在实际工作中，二者关系密切，有相辅相成之效果。馆藏书籍经过分类后，并不宜将分类的结果直接供读者查检。因书籍是按照分类方法进行排列的，查检书单也同样需采用分类方法，故读者唯有了解分类法才能有效查检；若读者欲查找某作者的全部作品，须将书单彻底搜寻一遍，才能实现；此外，内容包含数种类别的书籍只能容于一类，从其他类别入手就无法找寻。由此可见，目录可以将馆藏书籍完整且成系统地呈现于读者面前。

---

① 杜定友编：《图书管理学》，新国民图书社，1932年，第202页。
② 金敏甫编著：《图书编目学》，正中书局，1946年，第17页。
③ 金敏甫编著：《图书编目学》，正中书局，1946年，第17页。
④ 金敏甫编著：《图书编目学》，正中书局，1946年，第17页。

但单有目录仍无法确定书籍庋藏位置,因此需要记载分类编号于目录上,便于读者迅速找到所需图书。综上所述,分类与编目互相独立而又相辅相成,合理使用分类与编目,能达到相得益彰之效果。

第三节 检字法和索引

在中国检字法发展史上,民国时期汉字检字法的发明盛极一时,成就卓越。"其特点在于:一是参与发明的人多,有发明成果者达80余人。二是新发明的检字法多,保守的统计有121种。"[①]

杜定友一直关注相关问题。1929年初,中华图书馆协会第一次年会在南京举行,杜定友于索引检字组分组会议上提出《检字排字法编纂原则案》,同时,还与李小缘、孔敏中一同提出《设立检字委员会研究完善之汉字排检法案》。索引检字组经讨论,认为要编制检字排字法,应当先明了其原理,遂予以通过该议案。索引检字组认为汉字排检须符合简易、准确、便捷三个标准,并要遵循四项准则:"一、排字法以接近社会习惯为原则,以利一般人之采用。二、排字法以笔画为排列标准,其不妥之处设法补救之。三、排字法以直接方法为原则,一切以汉字译成数目再行排列者,均为间接方

---

① 平保兴:《民国时期汉字检字法史论》,《辞书研究》2014年第5期。

法。四、部首制应绝对废除及其他须用长表参证者，亦不适用。"①

1931年，杜定友完成《中国检字问题》一书。他在书中指出，我国的部首方法已经有几千年的历史，虽然部分部首于排检法并无贡献，但不能因此就全盘推翻部首之法，而应进行适当的改良。②汉字有自身特有的结构组织，并且蕴含独特的意义与个性，其根本在字形而不在点画，不可随意进行拆解组合，因此，汉字的次序也不能假借其他符号，而须从汉字自身出发；同时，这种次序的制定需要以国人的习惯为基准，不可为效仿欧美按字母顺序排列而对汉字强行胡乱改造。③杜定友关于检字法的思考对当时的图书馆界具有一定的启发性。

杜定友对检字法的研究一直保持积极的态度。1932年，中华书局出版杜定友所著《汉字形位排检法》一书。该方法从汉字本身出发，依据汉字的形体结构，将汉字分为纵、横、斜、载、覆、角、方、整八种形状，其中纵形为左右结构，横形为上下结构，斜形为左上包裹，载形为左下承载，覆形为上下包裹，角形为内外结构、成角而不成方形者，方形为成四方形者，整形为不可分判者。各种形状的汉字多将左部或上部的位置定作部首，此外，角形以外部为部首，方形以方框为部首，整形则无部首。"每种形状的字，指定一定的位置为部首。各个部首，依笔顺排列。同部首者，依其余一部分（即部尾）排列。"④杜定友认为，汉字部首的使用，早已

---

① 中华图书馆协会执行委员会编纂：《议决案汇录》，载《中华图书馆协会第一次年会报告》，中华图书馆协会事务所，1929年，第218页。
② 参见杜定友《中国检字问题》，交通大学图书馆，1931年，第5页。
③ 参见杜定友《中国检字问题》，交通大学图书馆，1931年，第2—3页。
④ 杜定友：《汉字形位排检法》，中华书局，1932年，第1页。

成为民族之习惯,因此对于检字方法的改造和创新应当建立在民族的心理上和习惯上,汉字形位排检法正是为适应这种需求与习惯而产生的,该排检法的目的,"就是将部首的位置和顺序,加以固定。以便实用"①。杜定友反对全然依靠笔画,认为笔画、笔法并非汉字排检的最佳选择,因为其易造成混杂难辨,但不得已时可作为第二标准。鉴于按照笔顺排列,部分同形的字无法放于一处,且部分字要比较多笔才能确定顺序,杜定友提出使用字根。"字根是一个字中的小组织。凡一笔与其他各笔不相接,或数笔互相串插,自成系统的,叫做字根","字根是各字组织的根本。凡是中国字,都是用几笔组成字根,由一个或数个字根,组织成字",字根的妙处,在于将一部分相同的字归于一处,使找寻该字的人有入手之处。② 杜定友通过分析汉字,最终得出三百余个字根,并置于该书附录中。

《汉字形位排检法》出版以后,社会反响热烈,杜定友综合各种意见,在汉字形位排检法的基础上进行修改完善,形成《汉字形位排检法修正商榷》一文,在1935年发表于《中华图书馆协会会报》。鉴于原本的八种字形存在顺序不便于记忆,且其中横、整两形容易混淆,角形定位不甚明晰,对整形的判别不够严谨等问题,杜定友对汉字形位排检法进行修整,将八种字形改为纵、横、斜、角、覆、载、方、整,进而可两两一组分为纵横、斜角、覆载、方整四组,每组中的两种字形均各自相对,更便于记忆和使用。此外,新法还对横、角、整三种字形的分判原则进行调整,更利于使用者对字形进行区分。这充分反映了杜定友聆听各界意见,随时改进,以符合实际、便利运用,切实服务使用者的精神。

---

① 杜定友:《汉字形位排检法》,中华书局,1932年,第31—32页。
② 参见杜定友《汉字形位排检法》,中华书局,1932年,第67—71页。

1926年，万国鼎发表文章《汉字母笔排列法》。文章阐释了排检法的效用："字书，辞书，索引，书目等，治学之利器也。而此数事者，苟无适当之文字排列法以为之本，则无以神其用。故文字排列法者，尤利器中之利器也。"① 万国鼎认为汉字母笔排列法需要解决三大难题：汉字笔画种类较多，且为数不少仅略有不同，因此整体较为繁杂，不利于记忆；笔画之法主要根据笔画的顺序排列而成，但同笔同序的汉字为数不少，会产生撞字现象；汉字的字体及书法并无统一标准。因此，母笔法须遵循以下原则：种类以简单且便于记忆为宜；应兼顾各母笔的位置关系、母笔种类及顺序；字体或书法不同的汉字，采用"互著"法证明。此外，万国鼎还为制定完备的排列法明确了规则：方法要整齐严谨，简洁易懂，便利记忆；要保证位次关系，不能随意互换；便于查检，一目了然，省时经济；尽量避免产生例外，已有例外则须进行详细注明。根据这些规则，万国鼎依据基本汉字的笔画排列，创制出汉字母笔排列法。该法将汉字八种母笔，即横、竖、点、撇、斜、捺、弯、翘，其中撇笔又下分为平撇、侧撇、直撇、反撇、钩五笔，按一定顺序排列，并对排列次第作了详细的阐释。② 汉字母笔排列法较旧法更为便利，表现在：各汉字均有较为固定的位次；符合简单易记的标准；排列一目了然，定位容易，节省时间；避免了部首、笔画数造成的混淆；不同字体均能够使用该法；可记于书脊或目录箱外，检查时一望而知；应用广泛，包容性强。万国鼎还详述了汉字母笔排列法的用法："初用时，细阅凡例，参看索引简表，即可明了本法大意。稍加练习，即可不必先查简表，直接求诸正表，一检即得。

---

① 万国鼎：《汉字母笔排列法》，《东方杂志》1926年第2期。
② 参见万国鼎《汉字母笔排列法》，《东方杂志》1926年第2期。

若于先后顺序有疑义时,可决之于索引简表。遇有字体歧异或写法不同,在正表中不能检得时,检阅页之上下两端所附各字,即可检得。排比目录片时,先于表中检得首字之号码,书诸片角或其他相当地方(用熟后,可先行约略排比,再书号码,更属简捷),然后按照号码排列,绝无游移莫决之弊。较之旧法,事半功倍。"① 汉字母笔排列法是万国鼎根据实际工作经验总结而成的具有实操性的方法,不仅可以直接用于图书馆的索引工作,更由于该法清晰明了,模糊之处较少,也为之后的学者提供了重要借鉴。

不久后,万国鼎认为汉字母笔排列法体例尚不精纯,于是对其进行了部分修正,并将《修正汉字母笔排列法大纲》一文发表于《图书馆学季刊》,以期有益改良。万国鼎于文中言及适当排列法之要素有三：条理清晰,易于理解,便利记忆；每个汉字都有其固定的位置,该顺序不会轻易变动；无须费尽周折即可一眼找到该字。三者兼具,才可称为适当。在修正大纲中,万国鼎将原本的八种母笔"横、竖、点、撇、斜、捺、弯、翘"修改为"横、直、点、撇、趯、捺、弯、翘"。同时文中还明确排列次第：一、取汉字首笔,按照八种母笔的顺序进行排列；二、若首笔相同,则取第二笔,排列次序参照母笔顺序；三、前两笔都相同者,再依据这两笔间的关系定顺序；四、关系相同者,取第三笔的种类,以及与前两笔的关系,往下以此类推。对于母笔种类的修改,万国鼎解释这是省并母笔之行为。旧法之规定,除八种母笔外,还将撇笔扩展,下分五笔,故实际上有十二种母笔。新法将平撇、侧撇、直撇合并,反撇更名为趯,取消钩笔,同时将斜笔并入撇笔,实际删减为八

---

① 万国鼎：《汉字母笔排列法》,《东方杂志》1926年第2期。

种，更为便捷。此外，万国鼎还于修正大纲中增添了对于笔顺的规定，此举是为防止产生歧义；新法还除去了例外，更为简明易懂。

1928年，万国鼎在《图书馆学季刊》上发表《索引与序列》一文，介绍了索引、序列、二者之功用、欧美国家的索引事业状况以及我国的实际情况和所面临的现实问题等内容。万国鼎将索引定义为："索引者，分析图书内容，别为一表，指示某种事项或参考材料见于书中或其他刊物中之某处，藉便检查者也。"[①] 换言之，即选取书中一切可治之名、可查之数作为条目，并在条目中详细注明它们的出处，再将条目依字排列成表，当有检索需求时，即查阅该表以快速准确地得到结果。文中特别提及索引与书目的区别，书目以书籍为目，而索引则是以书中所记载的事物为目，二者有本质之不同。万国鼎指出，当时中国的索引事业虽发展迅速，但依然存在诸如索引体例、序列编制、防误等众多问题。其中，尤以索引与序列的排比问题最为重要。旧有依汉字为序的方法颇为烦琐，而当时已然出现新兴的检字法，为推动检字法的发展与进步，务求编制完善、通俗易懂且排检迅速的索引方法。此外，万国鼎于《索引与序列》中首次提出"索引运动"[②] 一词，其时学者对索引工作日益重视，不乏知名学者有拟编索引的打算，"盖中国索引运动，已在萌芽矣。他日成绩，惟视吾人如何努力耳"[③]。"索引运动"一词的提出，对于当时中国的图书馆界具有重要意义。

钱亚新于1929年在《图书馆学季刊》上发表《从索引法去谈

---

① 万国鼎：《索引与序列》，《图书馆学季刊》1928年第3期。
② 参见余晖《20世纪20—30年代我国的索引运动：回顾与启示》，《中国索引》2004年第3期。
③ 万国鼎：《索引与序列》，《图书馆学季刊》1928年第3期。

谈排字法和检字法》一文,详细梳理阐释了索引法、排字法、检字法之间的关系。首先,钱亚新于文中介绍了排字法和检字法的定义。排字法,是指将许多杂乱无章的汉字或者词语、句子置于一处,并依据一定的方法对它们进行系统排序。检字法,则是指在已然系统有序排列的汉字或者词语、句子中,依据一定的方法,找寻特定的目标。排字法和检字法之间,"彷佛检字法是排字法的还原,而排字法是检字法的重组"①。因此,一旦产生一种排字法,就会应运而生相应的检字法。换言之,排字法是为检字法而设,检字法全然由排字法创造,二者相伴相生、无法分离,须共同遵循规则简单、次第森严、排检敏捷的原则。其次,钱亚新阐释了索引法中的排字法、检字法。他于文中定义"索引是检查特种范围内各项知识的工具。因此索引法就是造成这种供检查工具的方法"②。在此基础上,钱亚新将三者关系描述为"排字法和检字法仅着重于外表而索引法则注意于内容"③。要使索引法更加完备便捷,必须同时研究排字法;而要使索引之方法更有效果,也要兼顾检字法。排字法和检字法在索引法上需要做到次序自然、符号直接、兼顾整体;排列以整个汉字为标准;采用正序;方法尽量精简等。钱亚新清晰地认识到,不论是索引法、排字法,还是检字法,都仅为达成目的的工具。此外,他强调,索引是研究学问的重要工具。这篇文章详细阐述了索引法、排字法、检字法三者的定义、关系与意义,在索引法的理论方面较有建树,为其时图书馆界开展索引工作提供了一定的理论指导。同年,钱亚新在《武昌文华图书科季刊》上刊登文章

---

① 钱亚新:《从索引法去谈谈排字法和检字法》,《图书馆学季刊》1929年第1—2期。
② 钱亚新:《从索引法去谈谈排字法和检字法》,《图书馆学季刊》1929年第1—2期。
③ 钱亚新:《从索引法去谈谈排字法和检字法》,《图书馆学季刊》1929年第1—2期。

《杂志和索引》，阐述了索引与杂志之间的关系，并解释杂志需要设置索引的原因，同时系统而翔实地论述了如何对杂志进行检索。他认为，索引之于杂志，如同目录之于书籍，是表现杂志特定内容的唯一工具；杂志内容长短不一、前后无关联，因此设立索引以便于检索杂志内容；杂志是衡量学术盛衰的重要标志，索引可以便于学者查找参考资料，是学术研究的重要工具。[1] 钱亚新认为专门索引在参考方面作用巨大，因而编制完善的索引方法是图书馆界的重要工作之一。

1930年，钱亚新所著书籍《索引和索引法》由商务印书馆发行。《索引和索引法》一书的内容分为两部分，前半部分主要阐释索引，后半部分则是对索引法进行探讨。钱亚新参酌东西洋索引的定义，对索引的含义作了进一步解释，他认为："将一种书报或一套书报中讨论所及的人名、物名、事名、地名、时名、书名或篇名等分析而组合，用一定的方法排列它们的次序，并表明它们在书报中所在地位的表，叫做索引。换言之，索引是一种检查指定范围内的书报所有特项知识的工具。"[2] 这个定义点明了索引作为工具的性质，以及对所需资源进行检索的目的，可以说非常全面，是钱亚新逐步完善其索引理论体系的直接体现。随后，钱亚新再次对索引法作出定义，认为索引法是编制一种索引的方法，包含制作索引从始至终的所有程序。索引作为重要的参考工具，对普通书籍、字典、百科全书、书目、杂志、报纸等都具有十分积极的功用。该书从内容和形式两个方面对索引种类进行详细划分，每一方面都从报纸、杂志、书籍三者着手进行分类，并总结了各个索引的优缺点。钱亚

---

[1] 参见钱亚新《杂志和索引》，《武昌文华图书科季刊》1929年第2期。
[2] 钱亚新：《索引和索引法》，商务印书馆，1930年，第6—7页。

新在书中特别指出，索引的对象是索引法中至关重要的部分。该书将索引的定义、功用、种类，索引法的编制和整理校对等工作事无巨细地呈现出来，构建了索引和索引法完整的理论结构。该书既可以直接应用于实际工作，也可供学界参考研究，推动了其时图书馆界索引工作的进展。钱亚新呼吁社会各界通力合作，完善索引方法，共同促进中国学术研究的发展。《索引和索引法》一书"是我国关于索引与索引法的第一部专著"[①]。

洪业于1915年奔赴美国留学深造，于美国俄亥俄卫斯理大学、哥伦比亚大学先后获得学士学位及硕士学位，后又就读于哥伦比亚大学协和神学院，并取得神学学士学位。洪业学成归国后，就职于燕京大学，曾先后担任燕京大学图书馆馆长及哈佛燕京学社引得编纂处主任等职。在担任引得编纂处主任后不久，洪业着手编撰索引学理论专著《引得说》，并于20世纪30年代出版。洪业提出，"'引得'一辞，乃从英文index一字翻译出来的。应用引得方法于中国书籍，我们亦大部采取外人近几十年从经验而产生的原理和类例，稍加以变通而已"[②]。

在该书中，洪业对引得的定义进行了详细阐释。他认为："引得是一种学术的工具，学者用之，可于最短时间中，寻检书籍内部之某辞或某文。"[③] 引得的使用，能够便于读者快速精准地提取内容，更有效率地进行阅读行为。洪业提到，中国传统的部分类书是可以承担引得之作用，作为工具供读者使用的，如《佩文韵府》《子史精华》《骈字类编》等类书，都可以进行部分检阅，从而减轻

---

① 严明：《论钱亚新先生的索引思想》，《中国索引》2006年第3期。
② 洪业：《引得说》，燕京大学图书馆，1932年，第8页。
③ 洪业：《引得说》，燕京大学图书馆，1932年，第1页。

学者找寻翻阅之劳。但该类书籍数量总体较少，且我国历来不甚重视教授使用工具书的方法，因而这寥寥无几的类书使用起来也颇多限制。洪业认为，从狭义的角度来说，这些书都不能称之为引得。

为了更好地诠释引得之具体使用方法，洪业提出"文""录""钥""目""注""数""引""得"八个术语。"文"是指引得寻检的对象，包括书中的任一字、词、句、章等内容；"录"指著录，注意著录及被检索原文的数量不一定相当；"钥"即条目编号；"目"是指被检索内容中的关键信息，诸如人名等内容；"注"是对条目内容的进一步解释，并非每个条目都需要加注；"数"指的是被检索范围内书籍的卷数、章节、页数等数字。其中，从"钥"到"注"，统称为"引"，从"数"到原书中之文，是为"得"。① "引得者，执其引以得其文也。"② 要成引得，还需要注意两个条件："（一）学者得了引之钥，不可叫他再花好些工夫去找目。（二）录末之数，应以页为单位。"③ 洪业将引得拆分为六个部分，详细论述了每部分的定义，并通过细部探索引得整体的运作方法，清晰地构建了引得学说的理论体系，推动我国索引学说之理论登上一个新的台阶。

在引得体系中，"钥"通过特定方法得到一个固定编号，这个特定方法即为检字法。洪业对比评析了当时较为常用的方法，认为依照笔画的方式不算合适，原因在于：汉字笔画对部分人来说不易记忆；计算笔画数颇费时费力；同字首或偏旁的汉字，因笔画数不同无法列于近处，对于检索颇有不便，同时视觉上也较为杂乱。鉴于此，洪业开始剖析汉字、试验新法。他"最先把笔画强分十类，

---

① 参见洪业《引得说》，燕京大学图书馆，1932年，第3—5页。
② 洪业：《引得说》，燕京大学图书馆，1932年，第5页。
③ 洪业：《引得说》，燕京大学图书馆，1932年，第6页。

再强定顺写次序，而每字有一行数码，按码排列，即依次可检"[①]。但由于该法是强制笔顺，与通常写法相差较大，故而书写时要时刻注意先后顺序。洪业受林语堂《汉字索引制说明》之启发，期望以复画的方式来解决笔顺问题。经过不断试验，他先将汉字分为十体，其中〇到四为单体，五到九为复体；再将单笔画及复笔画分为十类；最后化字为码，先是十体的号码，再是全字或首尾笔画的号码，单体的号码不超过三位，复体的号码不超过六位，两体之间以点为间隔符号。在这一版方法还在试验之际，洪业又读到王云五的《四角号码检字法》，于是再次改进新法，最终取名为"中国字庋撷"。"庋撷"，是为放入、取出之义，该方法将二字含义引申为编入、检出。"编入"即如何将所检索之内容编成条目，再入引得之中；"检出"即将读者引导至所检条目的方法。"中国字庋撷"代表其强分汉字的五种字体，然后于每一体中各取四角的笔画得到号码，并依据该码进行排列，从而得到该字之码，汉字号码以其大小排列。

洪业总结就职于燕京大学图书馆和哈佛燕京学社引得编纂处时，通过实际工作获得的经验教训，并将其系统完整地呈现于书中。洪业在书中提出了从选书、选本到校对、加序的索引编纂方法与具体原则，为当时学界编纂索引提供了理论依据。洪业的引得编纂法从选书、选本、标点、抄片、校片、编号、稿本、印刷、印本校对、加序十个方面进行说明。选书方面，拟引得书籍由编辑会进行讨论，并且征求专家意见后决定。选书准则有五条：一、该书未听说有其他地方打算引得；二、凡是假书暂不能引得；三、凡是次品书籍暂不能引得；四、已经被他人翻译过，且该译本已被他人引

[①] 洪业：《引得说》，燕京大学图书馆，1932年，第20页。

得之书，暂不能引得；五、所有编制引得的时间预算超过两个月的书籍，暂时推后。选本方面，亦由编辑会选定。选本准则有两条：一、在通行的版本中选择较好的版本，并对选本原因进行说明；二、未被引得的版本应附上页行列表，并写出推算公式，方便读者找到其他版本。标点方面，每种书选取两本，并由两位编辑员对书籍进行标点，再由第三位编辑员进行校正。标点步骤包括：一、所选版本如果已有校勘记，需要在本书文字旁标注校勘记对原文发生议论的页数。二、随时注意文章的标点断句，凡是有字句不明白的，应进行考查，或向专家请教；将始终无法明了的句子，每项都列于一卡片上，并且在引得叙例中列举这些句子，绝不能伪装博学糊弄读者。三、每章或每段标点后，重读一遍，并且勾出人名、地名、书名、公名、专名及公名之借用为形容或形动词者，同时在书眉上写出应该录入的"目""注"，以及抄片的数量。抄片方面，以前述第三位编辑员所校正的版本为主：一、将文中所勾出的内容和书眉上的文句一起，每项抄在一卡片上，并且在卡片末处注卷号、章号、页号和异文检查号。二、一本中，以著者为目，所著书为注；另一本反之，以所著书为目，著者为注，抄写员取两本，剪下各录。校片方面，两位编辑员各逐页逐片校对一遍，勘误的同时逐片斟酌录目是否适当，并在卡片上勾出应编钥号之字。编号方面：一、先由两位抄写员合作，依照庋撷号码进行编号，并排列已编号号码的卡片；二、再由第三、四位抄写员通过"号片柜"对排列的卡片进行校正；三、最后由第五位抄写员取号片按拼音字母顺序进行排列，是为拼音引得。稿本方面：一、由一位抄写员将抄、排、校讫之片抄写成引得稿本格式；二、由另一位抄写员将按音排列的号片抄写成拼音引得稿本格式；三、这两个稿本将由两位编辑员进行校正。印刷方面,由经理商和编辑会一同办理,办法依照哈佛燕京学社出版委员会规章。印本校对方面,由编辑员轮流校对,第一次印稿由甲编辑员校对,第二次归乙编辑员校对,依次类推,印稿完全无误后,才许印定本。加序方面,由编辑会推举一人进行写作,序言的印稿校对等工作顺序,与印本的校对工作相同。[①]

《引得说》所呈现的引得编纂法内容十分详尽、严谨,同时具有逻辑严密、条理清晰的特征,体现了洪业对引得的独到见解。该方法每一个步骤都显示出非常强的可实操性,对图书馆实际工作有重要的指导价值和参考意义,为后来者进一步编制完善引得方法提供了理论依据。

关于汉字排检法和索引法的研究对于图书馆界十分重要,相关的研究成果在当时也颇为丰硕,诸如杜定友《汉字形位排检法》、王云五《四角号码检字法》等在当时都产生了较大的影响,可以说,其时的图书馆学人对于汉字排检法和索引法的研究已经达到了较高的水平。

第四节 立足实际的图书馆管理理论

图书馆管理是图书馆组织和研究的重要组成部分,刘国钧在

[①] 参见洪业《引得说》,燕京大学图书馆,1932年,第35—37页。

《图书馆学要旨》一书中写道:"研究图书馆管理方法的:可分行政、采访、整理、使用四方面。行政是讨论图书馆的组织、经费、方针、政策的。采访又可分为选购和登录。选购是选择和购买图书的方法;登录是图书购到以后记入登录簿的手续。整理是依某种方法,将图书安排成为一个系统以备人应用。这里包括分类、编目和典藏等方法。使用是讨论运用图书的种种方法的。这是图书馆目的所在。"[1]

尽管在民国时期,专门针对图书馆管理进行讨论的著作数量不多,但在图书馆学理论的相关研究中,往往会有所论及。关于图书馆管理的研究,"不仅在理论上丰富和完善了我国图书馆学的理论体系,成为中国特色的图书馆学不可缺少的重要组成部分,而且在实践中有力地促进了我国现代图书馆建设"[2]。

杨昭悊在《图书馆学》一书中将图书馆管理法单独列为一篇,从图书选择、图书购买、图书收受、图书排列、图书阅览、图书贷出、图书整理、图书保存、图书装订、图书馆卫生、图书馆统计、巡回图书馆、开架图书馆十三个方面对图书馆管理进行了详细的阐释,并另立专篇对图书分类编目进行分析。

图书的选择上,杨昭悊将选择图书的标准分为特殊标准和一般标准,其中,特殊标准之下又涵盖了主观标准、客观标准两个部分。图书馆是为读者所设立,因此选书标准自然要将读者纳入考量范围,读者是图书馆选书的客观标准,包括阅览人的种类和阅览人的程度两方面。主观标准则需要考虑图书馆性质和图书馆经费的多寡。至于选择图书,则以图书外观及内容为考察标准。而图书选购

---

[1] 刘国钧编:《图书馆学要旨》,中华书局,1934年,第14页。
[2] 沈占云:《"新图书馆运动"与民国时期图书馆学学术转型》,《图书馆》2013年第6期。

可以参考目录、解题、书史、报纸、杂志等工具书。

图书馆统计,既是对图书馆自身的总结,也是对社会和民众的总结报告,此外,还是了解图书馆业务状况,查漏补缺、优化工作的重要材料。杨昭悊认为图书馆统计可分为财政统计、一般统计以及财产统计,其中,财政统计即图书馆经费的收支,一般统计即图书的使用和保全,财产统计即建筑物和图书馆附属品。

巡回图书馆起源于欧美,其在我国的经营模式有官厅经营和图书馆经营两种。杨昭悊认为两种经营方式收效相当,但是就便利性而言,图书馆经营的方式更加方便,因为巡回文库并无固定场所,若为官办,则所有的图书管理事项都需要另觅地点,员工也须另调,但图书馆则可以很好地避免,并且能在馆内完成这些琐事。巡回图书馆可设立于学校、家庭、图书馆和其他法定团体所在地,其原本的目的是兼顾偏远、不适宜创办图书馆的地区,使这些地方的民众也得以享受图书馆的便利。民国时期图书馆事业迅速发展,图书馆数量逐渐增多,所辐射的范围也日益扩大。同时巡回图书馆反响热烈,效果出众,对图书馆事业的进步起到了非常积极之作用。因此,非偏远地区也逐渐设立巡回文库。杨昭悊非常赞同现代图书馆的开架借阅方式,认为这是其开放、先进之体现和特色。部分人认为开架借阅会造成管理上的诸多不便,以及图书遗失的可能。对于这种担忧,杨昭悊提出可以加强安全装置,同时编制翔实的分类和目录。

杨昭悊的图书馆管理思想非常全面系统,对图书馆学的理论体系进行了初步的探索和构建,并兼顾实操性,在理论指导和实际操作两个方面都对当时的图书馆界有重要的指导参考作用,对斯学发展具有一定的指引作用。

杜定友在图书馆管理学研究方面著述颇丰，他认为图书馆的各项工作应该有一个规范统一的参考标准。1933年，他出版了《图书馆表格与用品》一书，认为当时的中国对于图书馆实际问题的指示不算多见，也没有专门制造图书馆用品的公司组织，对于用品的需求是更为紧急的。因此，杜定友根据自身经验，编制了数十种用品的说明书以及符合实际的管理组织方法，以满足暂时的需求，这在客观上推动了图书馆用品的标准化。[①]

1923年洪有丰在南京开办暑期图书馆讲习科，为期一个月。1926年，商务印书馆出版洪有丰撰写的《图书馆组织与管理》一书，此书被誉为"中国图书馆学之创始"[②]，此后分别于1933年和1935年再版，全书共十六章。该书将目光聚焦于中国图书馆的实际状况、实务工作，力图解决图书馆工作中真实存在之困难。《图书馆组织与管理》完全立足于中国国情，探讨、解决中国问题，是中国图书馆学本土化的代表性著作之一。范并思认为，"在图书馆学本土化方面真正具有里程碑意义的事件，则是洪有丰的《图书馆组织与管理》的出版……《图书馆组织与管理》代表了当时我国图书馆管理研究的最高水平。……一部专业很狭窄的学术著作在短短的数年内多次再版重印，充分说明了它的学术地位和巨大影响"[③]。刘国钧对该书评价颇高，认为它着重介绍了本国的实际馆务工作，将目光聚焦于国内斯学之现状，以解决我国图书馆工作者所遇到的实际困难为主；该书参酌西方图书馆学，从我国的现实需求出发，

[①] 参见杜定友编《图书馆表格与用品》，商务印刷所图书馆部，1934年，"引言"。
[②] 程焕文：《中华民国时期图书馆学术史序说》，《中山大学学报》（哲学社会科学版）1988年第2期。
[③] 范并思等编著：《20世纪西方与中国的图书馆学——基于德尔斐法测评的理论史纲》，北京图书馆出版社，2004年，第213—214页。

同时立足作者自身丰富的图书馆管理经验,提出了许多务实可行的方法,是一本图书馆方法指导书籍。① 金敏甫认为,《图书馆组织与管理》一书是洪有丰多年从事中国图书馆工作的经验、心得之系统整合,该书完全站在中国角度,是中国图书馆学具有开创性的著作。②

1926年,桂质柏远赴美国求学深造,至1931年学成归来,先后就职于东北大学等多所大学图书馆。1932年,《图书馆学季刊》登载了他所作之文章《大学图书馆之标准》③。桂质柏采用统计的方法,将其时大学图书馆所面临的问题归为四大类:藏书数量、书籍流通状况、经费之多寡、馆员的专业素养及素质问题。在藏书数量方面,桂质柏参照其时图书馆事业最为发达的美国,将美国五所著名大学近年来的学生人数与书籍数量进行对比,认为作为学校有力辅助的图书馆必须贮藏相当数量之书籍,以备学校师生参考研究。因此,他提议教育部颁布法令,规定大学图书馆所藏书籍之最低数目。关于图书的流通致用,桂质柏认为应当统计图书馆每年借书总数、每年借书人数、每日开馆时间、每周开馆天数、每学年开馆天数五个方面,并进行分析讨论。对于图书馆财政问题,桂质柏提出了整顿方法:图书馆的经费预算,应包括在学校的总体预算中,并规定在学校的总经费中所占之百分比;每学员每年平均经费;经费,应当按一定比例购置图书;应当确定薪金以及杂用在图书馆总经费中所占的比例。简言之,桂质柏认为图书馆经费不应隶属于院

---

① 参见余海宪等《洪范五先生与华东师范大学图书馆》,《大学图书馆学报》2014年第2期。
② 参见金敏甫编《中国现代图书馆概况》,广州图书馆协会,1929年,第31页。
③ 桂质柏:《大学图书馆之标准》,《图书馆学季刊》1932年第1期。

系,而应该由学校进行统一规划,同时考虑图书馆性质及实际工作情形,对图书馆各项支出进行调整分配。① 在馆员方面,桂质柏认为图书馆的馆员应该聘请专业人士,因此,选取馆长及馆员的标准应包括学识、经验、报酬。桂质柏的图书馆管理思想是在吸收借鉴东西方图书馆管理思想的长处,同时结合自身多年实践经验的基础上而形成的,符合图书馆管理的实际,对相关工作能够起到指导作用。

戴志骞强调,图书馆管理方法在图书馆日常运营中占据举足轻重的地位。他指出,图书馆之核心,不在于建筑之宏伟壮丽,亦非藏书之浩瀚无垠,而在于高效合理的图书管理方法。② 基于此,他归纳了图书馆管理的六大核心要素:一、图书馆选址应充分考虑交通便利性,便于公众访问。二、馆舍设计无须追求奢华,但须确保环境整洁、干燥、通风良好且光线充足,为读者提供舒适的阅读空间。三、在经费有限的情况下,图书采购应优先考虑具有实际价值且内容丰富的图书,而非单纯追求高价善本。四、实施精细化的图书分类与编目工作,以提高检索效率,节省读者时间,并避免图书因检索不便而被忽视。五、图书馆应实行全天候开放制度,包括日夜、周末及节假日,以最大化满足公众需求。尽管此举可能增加运营成本,如馆员值班费用,但鉴于其对公众的显著益处,此项措施应持续执行。六、馆长在图书采购过程中应大方投入,鼓励图书资源的广泛利用。同时,馆长应保持亲和的态度,避免给读者造成距离感,以促进图书资源的广泛传播与利用。③ 综上所述,戴志骞提

---

① 参见桂质柏《大学图书馆之经费问题》,《国立中央大学教育丛刊》1934年第2期。
② 参见戴志骞《论美国图书馆》,《留美学生季报》1918年第4期。
③ 参见戴志骞《论美国图书馆》,《留美学生季报》1918年第4期。

出的这六大要素涵盖了图书馆管理的多个关键方面,包括选址、建筑、图书分类与编目、经费管理、图书采购、人员配置及行政管理等,是其图书馆管理理念的全面总结。

一、读者指导

一般来说,图书馆的读者指导工作包含了两个方面的内容,其一是对读者使用图书馆的指引帮助;其二是对读者阅读书籍的相关指导。民国时期的图书馆学人对于图书馆的读者指导工作都给予了一定的重视,相关论述也有不少成果,诸如吕绍虞、杨昭悊等学人都阐述过关于读者指导的内容。吕绍虞认为,要让普通读者自觉主动来馆使用图书馆所有的图籍和器材,当时中国的图书馆还远远无法做到;对于读者来馆这一点,图书馆的经营者、管理者都须予以格外的重视,即使是最为偏僻简陋的图书馆,也必须有专门的从业人员接待来馆读者,以使读者不致失望而归,而且能够再次来访,逐渐形成使用图书馆之习惯;其他相关工作,如为读者收集资料、回答问题等,都须尽其所能地为读者服务。[①] 杨昭悊在其译著《图书馆员之训练》一书中论述了阅览指导法,并指出六项指导事项:目录的准备,目录的使用,图书利用法,图书馆利用法,读书法,参考书使用法。[②]

在指导读者利用图书馆方面,吕绍虞于1938年出版《怎样利

[①] 参见吕绍虞《最近之上海图书馆》,中国图书服务社,1938年,第52页。
[②] 参见佛里特尔著,杨昭悊、李燕亭译《图书馆员之训练》,商务印书馆,1933年,第39—65页。

用图书馆》①一书,该书是"上海图书馆协会丛书"之一。吕绍虞在序言里提到,为了方便一般读者使用图书馆,他分别于1934年和1935年出版《图书馆使用法》和《图书馆利用法》两本书籍,但是这两本书籍都是译著,皆未能适用于当时我国图书馆的实际状况。为了弥补这个缺憾,吕绍虞便动笔撰写《怎样利用图书馆》一书,将该书作为讲解如何利用图书馆的课程大纲及讲演材料,以期能够对读者的自我修养以及阅读参考起到一定的增进作用。《怎样利用图书馆》一书共分为八章,从书籍的排列、书籍目录、字典、辞典、类书、百科全书等参考书以及索引的利用等几个方面进行论述。此外,吕绍虞还在该书的结尾处探讨了图书馆馆员与读者之间的关系,图书馆馆员应谨记"图书馆是为他们(读者)的利益而设立的"②,而读者也应尽自身力量,以促进图书馆事业进一步发展。

民国时期的图书馆学人也将对读者进行阅读指导视为重要的工作内容。最早出现"阅读指导"的时间是1922年,③为祝其乐在《中华教育界》上所刊登的文章《儿童阅读的指导》。④1928年,杜定友在专著《学校图书馆学》一书里对"阅览指导法"进行了阐释。他认为图书馆内卷帙浩繁,读者对于自己的需求不一定了解,有明确目标者也未必能自如寻找,因此,如果图书馆员无法对这样的读者提供指导帮助,那么读者很可能无法达到预期的目的,获得求学的效果,图书馆也就没有发挥相应的职能。阅览指导法包括:一、图书馆管理员须对读者进行直接指导,比如如何选取适当的图

---

① 吕绍虞:《怎样利用图书馆》,中国图书服务社,1938年。
② 吕绍虞:《怎样利用图书馆》,中国图书服务社,1938年,第38页。
③ 参见陈赫男、范并思《民国时期的阅读指导研究》,《图书馆建设》2017年第10期。
④ 祝其乐:《儿童阅读的指导》,《中华教育界》1922年第6期。

籍，或当读者对于阅读的内容有所疑问时，馆员要进行解释；二、要时常整理馆中的目录分类，使它们编列整齐，便于读者检阅；三、编制适合的目录和各科书目，使读者得以依照类目择优者进行阅读；四、书目的编制可以采用能够持续引起读者兴趣的方式，激发他们一步步钻研图书；五、可以采用贴图或者图画说明的方式，引人入胜；六、将读者想要了解的知识内容用表演或放映的方式展现出来；七、要尽量教授读者图书馆的基本使用方法，包括图书目录的用法、书籍排列的方法、参考书的使用等，使读者能够更为便捷有效地阅读；八、组织读者一起互动，如讲故事、背诵，增加读书的趣味性；九、拟定时间，组织读者一起朗诵，帮助读者进行记忆；十、召开讨论会，与读者讨论诗词文章；十一、组织读书会，让与会读者报告近期的阅读状况，交流心得体会，同时能够监督彼此的阅读进展；十二、举办讲演会，及时向读者介绍新书，并简要介绍新书的主要内容；十三、进行书籍展览，重点展示书籍的广告来引起读者的注意，激发他们的阅读兴趣；十四、注意服务范围内的儿童，与他们的父母或相关的教育机关进行联络，吸引他们进入图书馆，引发他们的阅读兴趣，同时吸引社会各界对于儿童阅读的注意；十五、对读者进行职业指导，通过交流了解他们的相关信息和个性，回答他们咨询的问题，并根据他们自身的理想和实际状况提供个人指导，同时推荐相关的专业书籍和书目；十六、督促读者进行自习，同时督促他们尽快学会使用参考书籍，提高自学能力，从而在馆员人手不够的情况下也可以自主学习；十七、指导读者学会使用书籍，比如如何快速知道书籍的大致内容，怎样精确快速查找书籍固定内容，怎样使用工具书，怎样锻炼并且提高理解、学习等能力，怎样加强对书籍内容的记忆和理解，怎样将书籍的内容运用到实处让书籍得到最大程度的利用等。①

杜定友认为，编制、教授各种类目录，培养和提高读者的读书兴趣，介绍读书、学习的方法，乃至实行职业指导，都属于图书馆阅读指导的内容。

1932年，濮秉钧在《无锡图书馆协会会报》上发表的文章《民众图书馆中的阅读指导问题》，阐述了民众图书馆的阅读指导思想，包括图书馆对民众进行指导的重要意义、阅读指导的具体内容、如何采用恰当的指导方式和正确的指导方法、指导员的态度及修养等。在关于民众图书馆对民众进行指导的重要意义方面，濮秉钧认为，阅读指导对于图书馆来说是一项非常重要的工作，其主要任务就是尽可能地把馆藏书籍想方设法地提供给读者阅读，要确保读者有机会使用这些书籍，同时还要教授读者使用这些书籍的正确方法，以提高他们的阅读水平；图书馆的借阅制度是为了让读者能够拥有使用馆藏书籍的机会，而阅读指导工作则是为了引导民众掌握使用书籍的方法。在外国图书馆中，阅读指导工作在整个图书馆工作中占据至关重要的地位，而图书馆之事业也因此获得良多裨益。读者需要馆员进行阅读指导，了解哪些书该读，该以何种方法阅读，才能够尽可能多地获得有用的智识，获得更多的益处。② 在阅读指导的内容方面，濮秉钧认为应注重两点："（一）指导民众应该阅读些什么图书？（二）指导民众怎样去阅读图书？"③ 关于怎么进行具体的阅读指导，该文从指导的地点及方法两个方面进行了阐释：地点上，分为馆内指导及馆外指导，在馆内是对一般来馆民众

---

① 参见杜定友《学校图书馆学》，商务印书馆，1928年，第171—173页。
② 参见濮秉钧《民众图书馆中的阅读指导问题》，《无锡图书馆协会会报》1932年第2期。
③ 濮秉钧：《民众图书馆中的阅读指导问题》，《无锡图书馆协会会报》1932年第2期。

实施阅读指导，宜在阅览室、阅报室里随时实施，或者在馆内为读者举行阅读指导讲演；同时考虑到馆外读者，应尽量劝导民众来馆阅读，指导他们阅读的方法，或通过通信、馆外讲演等方式进行阅读指导。指导方法则包括口头指导和文字指导，口头指导包括图书馆专员在馆内与读者面对面交流，举办公开讲演以教授民众关于书籍的选择或阅读方法等内容；文字指导则包含在馆内放置指导牌、编制图书索引、按照民众程度选编民众必读书目单、图书中心陈列、通信指导、介绍相关内容的工具书以及进行图书书名及内容的介绍等。① 图书馆专员在指导民众进行阅读之时，务必亲和且富于耐心，对读者的问题必须详细回答，不可敷衍无礼；同时工作人员必须具有扎实的专业知识和清晰流利的表达能力，能够及时且清楚地解答读者之问题。关于讨论阅读方法的书籍，馆员也应该多多阅览，然后研究出好的指导方法，这样才能在指导民众阅读时，以恭谦的态度、温和的性情，对读者循循善诱，应付自如。②

（一）儿童阅读指导理论

1919 年五四运动前夕，美国实用主义教育家杜威应北京大学等单位的邀请，来华进行讲学，倡导平民主义教育思想和实用主义教育思想。中国各界受到美国儿童本位主义和实用教育主义的影响，③ 逐渐认识到儿童对于国家和社会的重要性，为儿童谋取福利的呼声日渐高涨，对于儿童教育的重视达到前所未有的程度。图书

---

① 参见濮秉钧《民众图书馆中的阅读指导问题》，《无锡图书馆协会会报》1932 年第 2 期。
② 参见濮秉钧《民众图书馆中的阅读指导问题》，《无锡图书馆协会会报》1932 年第 2 期。
③ 参见付文超《杜威的实用主义教育思想对中国教育的影响》，《湖北经济学院学报》（人文社会科学版）2015 年第 10 期。

馆学人们也逐渐认识到图书馆在培养儿童阅读习惯上的重要作用,①杜定友在《儿童图书馆问题》中直接指出,提高国民素养应该从儿童开始,因此,其时的一切事宜都应该优先考虑儿童的情状,满足其需求。②图书馆界也逐渐改变了往日"儿童免进""孩童恕不招待"③的态度,刘国钧、吕绍虞、钱亚新等图书馆学人开始从馆舍、设备、教导工具书、书籍选择、阅读指导理论等方面着手进行相关研究,并积极撰文,倡导儿童中心论,呼吁学界重视儿童的教育培养。钱亚新在文章《儿童图书馆学导论》中指出,儿童图书馆的意义包括:广泛搜寻有用的书籍,以经济的方式进行经营管理,让儿童得以自由使用书籍,获取免费的知识,满足他们旺盛的好奇心和求知欲;儿童图书馆的建立,是以儿童为本的,这就如同管理一所学校一样,需要的一切设施、人员等都是为满足学生需求、服务于学生的,儿童图书馆也是如此,须尽一切努力,以儿童为中心,满足他们的阅读需求,培养其阅读与学习的能力;馆内专业人员应该根据儿童的兴趣以及智识水平,满足其一切合理要求,选取最能够吸引其注意,同时符合其智识水平之书籍;书籍的选择要注重儿童的心理,应依据其兴味,诸如图画、故事等;潜移默化使儿童产生阅读爱好,培养其喜欢读书的习惯;图书馆里的所有设施,都要符合儿童的身体发展、心理特点,并考虑病理方面的缺陷;同时,图书馆内的全体工作人员,也要对儿童的身心状况进行及时的了解,随时予以适当的指导。要达到这些目的,应当从儿童研究、儿童文

---

① 参见王莞菁《王柏年的儿童图书馆服务思想与实践》,《图书馆杂志》2020年第8期。
② 参见杜定友《儿童图书馆问题》,《教育杂志》1926年第4期。
③ 杜定友:《儿童图书馆问题》,《教育杂志》1926年第4期。

学和儿童图书馆三方面进行探讨。①

1920年,南京高等师范学校举办暑期讲习会,并于该年的8月23日成立儿童用书研究会,②该研究会呼吁"全国教育界把儿童用书研究,当做一个专门事业"③。刘国钧于1922年在《儿童图书馆和儿童文学》一文中写道:"说到管理员的责任,自然以选择书籍为最要。"④1933年4月15日,教育部制定了关于儿童读物内容消极的一般标准,即教训不适宜者、旨趣与国情不相适合者、思想含有封建意味与宗教色彩者、性质与时代相悖者、意义近于诲淫诲盗者、事实与儿童生活悬殊隔绝者、现象过于违背自然法则者、精神近于颓废悲观者、情事近于怨恨刻薄者、传说过于虚妄怪诞者、描写过于鲁莽残忍者、文理过于高深者、文字过于鄙俚或杂乱无章者、内容过于简陋和无意味者、选译过于拘呆和词不达意者等。⑤这些都在一定程度上说明图书馆界与教育界均认为图书馆对儿童图书的选择须严谨审慎。

应当说,其时图书馆界对儿童用书的选择极为重视,并进行了相关研究。杜定友认为"儿童用书选择问题,是一件最费研究的事"⑥,儿童图书馆择书则应注意从三方面进行综合考虑,即社会、儿童和书本,因为不同国家和社会的儿童生活背景不同,他们对于图书阅读所希望产生的结果也就有了差异。"所以任图书馆长的人,就要体察社会上的情形的需求与民族的特性,自定标准,以适应各

---

① 参见钱亚新《儿童图书馆学导论》,《教育建设》1933年第5期。
② 参见蒋风主编《世界儿童文学事典》,希望出版社,1992年,第593页。
③ 陈启天:《发刊"儿童用书研究号"的希望》,《中华教育界》1922年第6期。
④ 刘衡如:《儿童图书馆和儿童文学》,《中华教育界》1922年第6期。
⑤ 参见迟受义《第一附小儿童图书馆计划大纲》,《师大月刊》1934年第13期。
⑥ 杜定友:《儿童图书馆问题》,《教育杂志》1926年第4期。

种环境、各种需求。"①此外,"儿童用书,除适应他们的兴趣程度之外,还要注意伦理方面、道德方面。因为国民的道德,全在儿童时代培养出来。所以儿童阅书的时候,若果受着良好的感化,他们的行为自然日趋于善良"②。儿童图书馆选择书籍时,"除注意于儿童的现在之外,还要注意儿童的将来。……应该备些普通浅近的参考书,以补助学校教授之不足"③,同时培养他们使用图书馆的习惯。

刘国钧引用克尔裴去克(Kirkpatrick)的研究,将儿童发育分为六个时期,其中,完全属于儿童时代的是前儿童期、后儿童期和前青年期,每个时期的儿童心理状态都有所不同。换言之,"儿童所读的书籍既因为年龄而有不同,那儿童图书馆选购书籍自然不能不顾及儿童发育各时期的心理状态"④。合理地把控儿童读物的内容倾向,是图书馆从业人员必须掌握的专业知识,因为兴趣能够引导儿童进行读书活动,而唯有找寻真正适宜儿童阅读的书籍,才能够切实起到有效的教化作用,为民族之未来培养高素养人才。

1933年,李钟履在《图书馆学季刊》上发表文章《图书馆与儿童》,文中提到,"儿童室必须自备目录,此种目录必须适合儿童之用,简易标题之采用,即其显例。更须使儿童明了其意义与价值,及鼓励其使用"⑤。学习如何利用目录找寻所需书籍是儿童养成使用图书馆习惯的必要环节,但成人的书目不一定符合儿童的需

---

① 杜定友:《儿童图书馆问题》,《教育杂志》1926年第4期。
② 杜定友:《儿童图书馆问题》,《教育杂志》1926年第4期。
③ 杜定友:《儿童图书馆问题》,《教育杂志》1926年第4期。
④ 刘衡如:《儿童图书馆和儿童文学》,《中华教育界》1922年第6期。
⑤ 李钟履:《图书馆与儿童》,《图书馆学季刊》1933年第2期。

求,因此,图书馆馆员应该准备适合的目录并指导、协助儿童利用书目顺利借阅图籍。杜定友认为,中国传统的四部分类法及欧美各国的分类法都不能完全满足其时中国的需求,于是,杜定友"为便利起见,把世界的学问,分为十类。每类用一个号数代表他的次序。每类再分十科,共成一百科,足供小学之用。又每科,再分十项,共成一千项,足供中学之用"①。这些理论引起了学界的普遍重视,相关理论的研究逐渐走向正轨,其成果也为现实工作所采纳,如北平市市立第一普通图书馆就参考了杜定友的理论,并将其运用于图书馆的实际工作中。②

除了儿童书目,指导儿童使用工具书也是儿童阅读指导的重要内容。1922年,祝其乐在《儿童阅读的指导》一文中提出,图书馆馆员宜指导儿童学会借助"外助"即工具书进行阅读活动,其一是学会使用字典:"儿童应当知道怎样查字,怎样读音,怎样选择适当的意义。主要的生字(New word),必须考查得十分清楚。可以会意,或无关主旨的生字,尽可忽略过去,不必停止学习的进行。中文部首的排列,英文字母的次序,都要平时熟练,才可节省检查的时间。"③ 其二是学会使用《辞源》与《百科全书》,《百科全书》是非常重要且使用频率颇高的工具书,但对于儿童来说,"内容复杂,条目繁多,儿童多无从问津。指导者应该指示翻阅的方法,如某卷,某章,某节等,眉目清楚,然后寻找材料,自然容易了"④。

---

① 杜定友:《学校图书馆学》,商务印书馆,1933年,第68页。
② 参见王崇周《编制儿童书目的由来》,《北平市市立第一普通图书馆馆刊》1931年第1期。
③ 祝其乐:《儿童阅读的指导》,《中华教育界》1922年第6期。
④ 祝其乐:《儿童阅读的指导》,《中华教育界》1922年第6期。

这些"用书的外助，可以增进学习的效能，指导者都要注意的"①。

李文祎曾指出，"参考书之运用，如字典辞书传记诸书，须就其需要而指导之，所谓不愤不启不悱不发，愤悱之时即明示其需要，启发者已届指导之机会也。斯时所得，其记忆之强，则永志不忘，儿童终身获益，于此为多"②。由此可见，图书馆馆员应当指导儿童学会借助工具书来辅助阅读、满足阅读需求业已成为当时图书馆界的基本共识。除此之外，对于儿童平日里一些不恰当之举措，图书馆馆员也应及时纠正。王文莱提出，"来馆阅览之儿童，除在小学求学之学生外，亦不少失学儿童。彼辈未受教育，亦少受家庭教育是以在馆时颇难使之遵守秩序。而不良习惯如窃书及损毁图书等事时有发现。是以管理员一人，虽忙于整理图书，亦常致力于指导工作如答覆问字，代为按程度选书，以至纠正不良习惯等"③。

民国时期图书馆界关于儿童阅读指导思想的研究探讨，对于促进儿童图书馆学的相关研究，如阅读指导、图书采访、儿童心理等，培养儿童良好的阅读习惯，形成使用图书馆之风气，推动儿童图书馆事业发展乃至提高图书馆的社会地位等方面都有一定的积极作用，意义重大，贡献良多。

二、图书流通服务

在实用主义教育思潮的冲击下，民国时期出现了教育改革之

---

① 祝其乐：《儿童阅读的指导》，《中华教育界》1922年第6期。
② 李文祎：《儿童图书馆经营与实际》，《图书馆学季刊》1936年第1期。
③ 王文莱：《浙江省立图书馆儿童阅览室一年来之回顾》，《浙江省立图书馆刊》1933年第2期。

风，民众教育观日渐兴起，进而推动了民众图书馆的发展。其时，囿于财匮力绌，无法大规模设立民众图书馆，转而采取图书巡回流通服务的方式，即巡回文库。巡回文库，一般在交通不便的偏僻处所设置图书流动站，为读者办理流动借书业务，定期或不定期为读者送书上门。[①]

1891年，在上海工部局预算案付于纳税人年会上，修正案《预算表中上海图书馆的补助费应增至六百两》[②]经波唐提出，并由华尼莱脱附议通过。在这之后，也曾有期刊刊登文章，介绍西洋之流动图书馆。1910年后，文华公书林面向社会公众开放，装运2000册中英文图书走出校门，访问武昌其他学校和部分工厂，并向偏远地区的民众提供巡回文库，以便利他们使用书籍，这种具有流动性的便捷的图书馆服务方式逐渐被广泛采纳。1920年，《无锡县立图书馆汇刊》上刊登了《无锡县图书馆试行巡回文库章程》一文，"这是我国第一篇关于巡回文库的章程"[③]。由于这种简便且经济的方式符合我国其时之国情，巡回文库被大量使用于不适宜建立图书馆的地区，得到迅速发展。

民国成立后，教育部附设社会教育司，管理全国的图书馆、博物馆和通俗教育事宜。此后，全国各地相继建立巡回文库，巡回文库得以迅速发展，数量大增。据统计，民国十二年（1923），我国巡回文库已有259处[④]，其中也包含了不少私人、社会团体等设立的巡回文库。民众图书馆办理巡回流通事业之发展，成功地使巡回

---

① 参见来新夏主编《图书馆学 情报学 档案学简明辞典》，南开大学出版社，1991年，第286页。
② 胡道静：《上海图书馆史》，上海市通志馆，1935年，第11页。
③ 秦亚欧、郑晓丹：《中国近代巡回文库服务研究》，《图书馆学研究》2009年第9期。
④ 参见刘岩、秦亚欧《民国巡回文库之历史思源》，《长春师范大学学报》2015年第2期。

文库在诸多图书馆力所不及之处生根发芽，扩大了图书馆的辐射范围，使普通群众也得以享受书籍之利，凸显了图书馆的公平性质，对于当地民众的智识教育作出重要贡献，同时也起到宣传倡导图书馆之作用，提高了图书馆的社会地位。

新文化运动后，平民教育的思想浪潮不断高涨，这在客观上促进了巡回文库的发展。巡回文库因灵活、便捷与经济，深受图书馆界、教育界等社会各界以及普通民众的欢迎。俞爽迷曾评价巡回文库"秩序整齐且无遗漏者，自以公立图书馆办之，为最适宜"[①]。巡回文库的发展，有助于传播文化、开启明智，在一定程度上对当时教育事业的发展具有推动作用。

（一）图书馆学人对巡回文库相关理论的探索

民国时期，巡回文库得到了长足的发展，为了能够更好地适应实际需求，服务民众，学界对相关理论进行了探讨研究。

杨昭悊在《图书馆学》一书中对巡回图书馆进行了比较详细的介绍，他认为巡回图书馆无一定馆址，用书箱贮藏图书，送到各处，供人利用，具有流动性，凡是缺乏图书的地方均可以设立，包括学校、家庭、图书馆、其他法定团体等。[②] 巡回文库可运送的书籍册数有限，因此要尽量选择适合的图书。杨昭悊认为，巡回文库的图书编制法则有固定编制法、自由编制法和折中编制法三种。[③] 李小缘指出，巡回文库不仅仅是开放，它想方设法将书籍送至不能

---

① 俞爽迷编著：《图书馆学通论》，正中书局，1936 年，第 183 页。
② 参见杨昭悊编著《图书馆学》（下），商务印书馆，1923 年，第 334—336 页。
③ 参见杨昭悊编著《图书馆学》（下），商务印书馆，1923 年，第 340 页。

到馆阅书的读者手中，使农民乡民所得之益处甚无穷尽。①

1932年，武昌文华图书馆学专科学校的赵福来于《文华图书馆学专科学校季刊》上发表文章《民众图书馆与巡回文库应备书目初稿》。文章从巡回文库的创办缘由谈起，认为巡回文库可以将民众需要的书籍流通到那些绝少有机会去图书馆的民众那里，使他们得以读到有益的书而增广见闻，使底层群众也得以享受书籍之利，凸显图书馆的公平性质。②同时，与其他种类图书馆一致，读物之择取是其至关重要的馆务工作。文章重点阐述了巡回文库书籍选择的原则与标准：一、书的文字要好而浅近，兼顾花费少、收效大；二、要事先了解附近的基本状况，购买书籍以读者立场为前提，兼顾专门或较深的书籍；三、掌握民众的偏好取向，同时也要将该地区的现实状况考虑在内，以这些为依据选取图书，注意书籍内容的深浅程度；四、要注意书籍价目、大小形式是否与巡回工具相契合，如过大过厚的书籍既占用空间也不便于携带，阅读周期亦较长，不利于书籍的快速流通；五、选择书籍时可参考图书馆目录、评论月刊、新书广告，到店阅览或咨询民众教育者；六、将选择标准分为适合普通读者和特别研究者两种，优先满足普通读者，在经济宽裕的图书馆，当可购买专门书籍，若图书馆较为拮据，则可以和当地公立图书馆实行互借；七、遵循书籍选择的通常原则，如著者、发行机构、书的结构和内容等，同时要注重不同书籍的占比，

---

① 参见李小缘《图书馆学》，载南京大学信息管理系编《李小缘纪念文集》，2007年，第38页。
② 参见赵福来《民众图书馆与巡回文库应备书目初稿》，《文华图书馆学专科学校季刊》1932年第2期。

摒弃那些并无实际内容、充满无稽之谈的小说。① 赵福来不仅翔实地论述了巡回文库的意义及书籍选择标准，还列举了巡回文库可以准备的书目清单。文章将巡回文库应备书目分为 23 大类，并在每一目次下分别罗列及简要介绍了该类目下的重要图书。对于每一本书，赵福来都从书名、译著者、出版处及价目四个方面进行著录，部分书籍有提要或简要评价。② "这是当时图书馆学人首次对巡回文库图书选择进行的理论探索。"③

1935 年，世界书局出版徐旭的《民众图书馆学》一书，介绍了民众图书馆教育、各国民众图书馆概况、我国民众图书馆运动、创立民众图书馆之步骤、民众图书馆之设备簿表与章则、民众图书馆图书之来源、民众图书馆图书之分类编目法、民众图书馆图书管理法、民众阅读指导法、民众图书馆之推广事业等内容，并指出图书馆应"用最少的经费，得最合用的图书，以指导阅览，供应社会大众的需求"④。徐旭认为图书选择的标准应为：一、从图书馆本身方面，如性质、环境、经费等进行参考；二、从阅览者方面进行选购，对区域内读者的程度、兴趣、职业等进行综合考虑；三、从图书本身来制定选购标准，即内容要切实有用、文字要简洁隽永、理论要精辟明晰、装订要坚固入时、价格要低廉合算。其中，考虑到读者的程度方面，徐旭特别强调了宜通俗化，但不可有妨害治安等

---

① 参见赵福来《民众图书馆与巡回文库应备书目初稿》，《文华图书馆学专科学校季刊》1932 年第 2 期。
② 参见赵福来《民众图书馆与巡回文库应备书目初稿》，《文华图书馆学专科学校季刊》1932 年第 2 期。
③ 唐艳、姚乐野：《1918—1937 年巡回文库的图书选择：阅读导向与读者需求》，《图书馆建设》2016 年第 4 期。
④ 徐旭：《民众图书馆学》，世界书局，1935 年，第 145 页。

方面的内容。① 此外，该书对于图书馆图书选择的依据、比重等内容也进行了详细的讨论。

当时图书馆学人所进行的关于巡回文库理论的探索，尤其是选书标准，在客观上对于其时巡回文库的经营发展起到了推进作用，增加了民众借阅书籍的机会，对于开启民智、推动社会阅读都有一定的积极影响。

第五节　图书馆的图书采访理论

一、顾颉刚及《购求中国图书计划书》

顾颉刚，原名诵坤，字铭坚，1893年5月8日出生于江苏苏州。顾颉刚出身书香门第，六岁进入私塾接受严格的教育，熟读经书典文。1905年，清政府废除科举制度，顾颉刚也于次年结束私塾教育，并先后就读于长元吴公立高等小学、苏州公立第一中学。读书期间，顾颉刚终日遨游于书海，闲暇之余也爱好聆听当地的掌故旧闻、民间逸事等，由此对历史文化以及民俗故事等产生了浓厚的兴趣。

1913年，顾颉刚考入北京大学预科，预科期间，他醉心于京

---

① 参见徐旭《民众图书馆学》，世界书局，1935年，第145—150页。

戏，因而也留意到戏剧中的故事格局会跟随时间、地点、人物的不同而流迁变化。1916年，顾颉刚进入北京大学学习中国哲学。在校期间，顾颉刚深受北京大学锐意图新、兼容并包学风之影响，对历史、民俗等学问都产生了独到的见解。

1920年，顾颉刚于北京大学毕业，并决意留校工作。在北大任教期间，顾颉刚提出"层累地造成的中国古史"，即著名的"层累说"，其包含三层意思："第一，可以说明'时代愈后，传说的古史期愈长'。……第二，可以说明'时代愈后，传说中的中心人物愈放愈大'。……第三，我们在这上，即不能知道某一件事的真确的状况，但可以知道某一件事在传说中的最早状况。我们即不能知道东周时的东周史，也至少能知道战国时的东周史；我们即不能知道夏商时的夏商史，也至少能知道东周时的夏商史。"①"古史辨学派"成为当时学术界的重要流派。同时，顾颉刚也没有忽视民俗学方面的研究，他将民俗资料与古史学问结合起来，相互研究印证，从而得出更加合理的解释。顾颉刚先后撰写《吴歌甲集》《孟姜女故事的转变》等文章，在学界引起巨大反响，极大地推动了当时民俗学的相关研究。1926年，顾颉刚南下，先后任教于厦门大学和中山大学，其间，他实地调查当地风俗，开设相关课程，致力于将民俗学运动推进至南方。1929年，顾颉刚返京就任于燕京大学，兼于北大授课。在深入研究历史学、民俗学的过程中，顾颉刚发现《尚书·禹贡》所涉及的内容广泛且重要，于是开始历史地理的相关研究。1934年，顾颉刚与谭其骧一同创办《禹贡》半月刊，并着手筹备成立禹贡学会。可以说，顾颉刚开创并推动了中国历史地理学的

---

① 顾颉刚：《与钱玄同先生论古史书》，《读书杂志》1923年第9期。

研究，是历史地理学、民俗学等当之无愧的奠基者、开拓者。

顾颉刚除了上述这些巨大成就外，还有部分鲜少为人所提及的成就，即对于图书馆学的贡献。1927年4月，顾颉刚赴中山大学任教，先后担任史学系主任、图书馆中文旧书整理部主任等职务。当时，中山大学正计划扩充学校图书馆，打算采购社会、文化、历史、中西文等多种书籍，① 于是，学校决定派遣顾颉刚去往京、沪等地购求图书。为此，顾颉刚专门撰写了一篇翔实的购求计划书，将需要搜集的资料详细列出并进行分类，是为《购求中国图书计划书》（以下简称《计划书》），该《计划书》于1927年5月中旬修改完成。

（一）打破"经、史、子、集"的正统正宗观念

民国初期，传统的藏书楼逐渐转变为图书馆，但大多固守着旧有的藏书观念。对于这样的保守观念，顾颉刚认为，前人拥有一个"'圣道'和'古文'的传统的观念，以为惟有宣传古代的道德、政治、文学的书是有价值的，于是不赅不备的'经、史、子、集'四名就笼罩了书籍的全体"②。换言之，书籍唯有符合"经、史、子、集"四部中的某一类，才具有收藏价值，而被认为有悖于经典的书籍则往往无法被纳入馆藏，不论私人书斋还是公家图书馆，尽皆如此。受到这种旧有观念影响的图书馆所藏书籍内容往往相对固定，大多只在版本及复本数量上略有不同。对于这种过于保守传统的藏书观念，顾颉刚认为，"以前人收集图书，目光所注，至为狭隘。……这种正统正宗的观念，现在是应该打破的了"③。其时，藏书风气已

---

① 参见顾颉刚《购求中国图书计划书》，《文献》1981年第2期。
② 顾颉刚：《购求中国图书计划书》，《文献》1981年第2期。
③ 顾颉刚：《购求中国图书计划书》，《文献》1981年第2期。

渐有改变，读者的需求、学者的研究内容也与旧时有所不同，因此，唯有转变这样保守的藏书观念，才能给予图书馆新鲜的馆藏，从而促使学者找寻新的研究课题与方向。

（二）根据图书馆自身职能进行采访

鉴于老旧的藏书宗旨已无法适应其时的图书馆职能，顾颉刚在《计划书》中指出，其时的图书馆学人应当将书籍视为一种材料，即用材料的观念看待书籍；图书是帮助民众增修养、长智识、做研究的工具，而图书馆的工作就是尽可能多地收集不同种类的材料以满足阅览者的不同需要，故图书馆学人也应转变观念，从搜集资料的角度看待图书馆工作。[①] 顾颉刚认为前人看书的目的是要学做文人，甚至是做圣人，因此图书多是载圣人之道的，藏书的目的也是要劝读书之人将其作为道德和文章的标准。而民国时期民众的读书目的则更多的是增进自身，因此，图书馆的职能也转变为长智识、助研究，故而仅有四部之书已难以满足其时的需求，所有拥有记载效果的材料，不论其载体，图书馆都应尽皆纳入馆藏范围，且应好坏兼收。比如研究动植物者，不仅需采集翠鸟奇花，同时也要收集毒蛇恶草，只有有了这些资料，普通民众才能理解和获得常识，专家和学者们才能投入到研究中去。

《计划书》将要搜集的研究材料分为十六类：经史子集及丛书、档案、地方志、家族志、社会事件之记载、个人生活之记载、账簿、中国汉族以外各民族之文籍、基督教出版之书籍及译本书、宗教及迷信书、民众文学书、旧艺术书、教育书、古存简籍、著述稿

---

① 参见顾颉刚《购求中国图书计划书》，《文献》1981年第2期。

本、实物的图像,并指出收集每类图书资料的必要性。① 顾颉刚表示这些类目"只为购求图书时定出几种目标,并不是看做图书馆里的正当的分类"②,但这仍在客观上对日后的图书分类体系起到了积极的作用。

第一类,经史子集及丛书,记载了中国有史以来的正史,包括上古史、中古史等,这些历史材料几乎不见于其他地方,因此这类书籍必须收集完全,以利于读者认识古代历史,同时历史的记载及书籍的选录也可以在一定程度上反映自古以来的正统思想等内容。值得一提的是,顾颉刚认为"其需用较繁之书……应多购数部,以便观览",这充分体现了他以读者为先的观念。第二类,档案类书籍,"凡诏令、实录、国书、奏章、告示、会典、方略、则例、报销册、统计表、货物出口入口表册,及一切中央政府和地方政府之公文、公报均属此类"③。这类书籍记载了中国人实际的政治事业,是宝贵的政治史料,同时,档案里也从生活中的不同方面保存记载了普通民众的历史资料,对于平民百姓、贩夫走卒、僧道缁流之生活的记载,远详细于四部书籍所载,可以通过其了解普通民众的生活状态。第三类,地方志书籍,有一统志、省志、府州志、县志、乡镇志、山水志、寺庙书院志、地图、地方调查表等。这类书籍对地方的户口、钱粮、物产、风俗、宗教等一般都有较为丰富系统的记载,对于旁人了解各地方的现实状况、民众生活方式等具有重要的参考价值。第四类,家族志,包括家谱、族规、家训、祖先图、世德记、氏姓考等。因中国以家族为社会的单位,仕宦、经济、律

---

① 参见顾颉刚《购求中国图书计划书》,《文献》1981 年第 2 期。
② 顾颉刚:《购求中国图书计划书》,《文献》1981 年第 2 期。
③ 顾颉刚:《购求中国图书计划书》,《文献》1981 年第 2 期。

法、选举（民国后）等重要事实，家谱里往往可以钩索出部分来。第五类，社会事件的记载，报纸、杂志、报告、传单、章程、纪念册、人名录、某一件事之专记等皆属于此。这类记载的性质与价值和档案相同，不过记载者以社会机关为主。第六类，个人生活记载，有日记、笔记、手札、讣闻、哀启、寿文、挽诗、传文、节孝录等类别，是研究的一大材料。第七类，账簿，包含商店之取货簿、营业簿、货价单，工厂之物料簿、工资簿，田主之收租簿、完粮簿，公共机关之征信录，家庭和个人的伙食簿、杂用簿，以及婚丧喜庆的用费簿、礼物簿等。收集这些账册，可以获得当地的直接经济状况和贸易往来信息，还可以了解该地区的民众生活水平、方式等，以及其与传统风俗习惯的关系。第八类，中国汉族以外各民族的文籍，包含满、蒙、回、藏、苗、壮等民族之书籍、经卷、公文、金石文字拓本，及记载其语言、历史之书籍。搜罗这方面的书籍、材料进行研究，对于了解少数民族文化、消除国内民族的隔阂具有积极意义。第九类，基督教出版的书籍及译本书，如各种方言之新旧约、宗教学书、历史书、科学书、定期刊物、报告等。这些书籍不仅具有介绍、传播基督教的作用，同时也将欧美先进的技术、思想传入国内，对于近代历史产生过不小的影响，其中还有不少内容是关于西洋人士对中国的相关记载，可以供国人研究借鉴。第十类，宗教及迷信书，包含佛书、道书、善书、神道志、神像、符咒、卜筮书、星相书、堪舆书等。这些内容与底层人民的生活息息相关，能够很大程度上体现底层人民的价值取向、生活方式等，包括民间颇为流行的俗陋之书，亦要加以搜集。第十一类，民众文学书，凡是小说、故事、戏本、弹词、鼓词、摊簧、杂曲、歌谣、宝卷、诙谐文等都属于该类别。此类书往往不为士流所接纳，但流行于民众之间，是了解民众生活、言语、情感、艺术等方面的重要材料，同时，也可以从中了解部分士流文学的来源。第十二类，旧艺术书，有医书、乐谱、棋谱、法帖、画谱、图案、游戏书等。在搜寻这类书籍时，不光要找寻高雅的艺术，部分被视为浅俗的艺术材料也应收集，如胡琴谱等。第十三类，教育书，包括旧式儿童读本、科举用书、历年新式教科书、各学校讲义、课艺、试卷、报单、文凭等。这类材料对于研究教育学及教育史有非凡的意义，同时还可供教育学家研究新式课本的编制和适用状况等。第十四类，古存简籍，凡商代甲骨，周、秦、汉竹木简，汉、魏以下石经，六朝以下写本书，宋、元及明初刻本书等均属此类。收集古存简籍，既可以便利史学的研究，也可以避免材料的散佚。第十五类，著述稿本，包含未刊之著述稿，已刊著述之原稿、改稿、印刷样本等。一方面收集未刊之著述稿，防止学者囿于贫困，无力刊出；另一方面收集已有刊本之手稿，可从修改处了解著者思想的变迁及学问的进益，同时还可比对刻本和手稿，用以校正。第十六类，实物的图像，包括有记载性的图画、照片、金石拓本、留声片、影戏片、幻灯片及模型等。这类物品相较于文字记载更为直接、准确，同时还可以帮助读者对所寻找的资料产生更加深入的理解。

顾颉刚将藏书的宗旨由"载圣人之道"转变为增进人们的知识，方便专家学者进行研究，这充分体现了现代图书馆的重要职能，也阐释了图书馆工作人员的工作意义。可以说，这份购书计划打破了旧时藏书楼一直采用的四部分类法的主导地位，也使图书馆跳脱出以搜集善本古籍为主的图书采访机制。《计划书》以图书馆的职能为立足点，强调收集保存一切可能的材料，这种不问载体、好坏兼收的理念，对馆藏建设意义重大。同时，《计划书》分采访书籍为十六类，本意虽并非为图书分类，但其分类体系对日后的图书分类之发展也有一定裨益。

（三）以收集材料为购书宗旨

《计划书》详细罗列出十六大类需要收集的资料，大体涵盖了图书馆所能收集到的全部资料。① 在这些类别中，除却传统的四部经典外，还囊括了那些以往不受重视甚至被视为难登大雅之堂的材料，比如日记、手札等个人生活记载，家族志，账簿，民众文学，民间宗教迷信，以及图画、照片、留声片、幻灯片这类实物图像等，将这些资料纳入图书馆的搜集范畴，可以说是图书馆采访学的一大进步。顾颉刚言简意赅地指出，该购求计划以"搜集材料"为采访书籍的宗旨。顾颉刚认为一些自古以来的学问，诸如占星术、点金术、灵方、堪舆等已经不适用于当时日新月异的时代，因此，部分传统书籍也不适用于研究其时的新学问。新兴的学问，就要搜集崭新的材料用以研究。同样，一门学科的建立，也是立足于收集该门学科的资料。图书馆界要以新观点看待书籍，书籍采访是为收集材料，因此，图书馆应竭尽全力找寻购求囊括所有类目的翔实资料，"成就研究本国各问题之科学化，既以助成新时代之基础建设，并使我们的图书馆成为一个有生命的图书馆"②。

顾颉刚还提到了四点关于图书采访的原则：第一，收集地方性材料。在《计划书》拟搜集的十六类材料中，顾颉刚多次提到地方性材料，如地方志，地方政府公文、公报，账簿，各民族文籍，等

---

① 参见顾廷龙述、刘小明整理《顾廷龙学述》，浙江人民出版社，2000年，第119—121页。
② 顾颉刚：《购求中国图书计划书》，《文献》1981年第2期。

等，这些地方性材料对于研究那时那地的社会生活、文化风俗、宗教信仰等都是不可多得的珍稀材料。第二，收集并保存有失传之虑、不可再造的材料。比如家族志，其时受经济的影响，不少族人流散至四方，大家族制度已日呈衰落之象，甚至有消亡的可能，因而需及时搜寻并保藏这些家族记录。第三，及时收集新材料。当时古存简籍发现甚多，如甲骨、敦煌写本、三体石经等，一方面这些材料促使史学界产生了一门新学派，另一方面由于看管失当，诸多遗珍流失海外，因此，对于新出现的材料应该及时收集保藏，这样既可以满足研究的需求，也能够避免资料乃至文物的流失。第四，常用书籍资料应购置复本，以便观览，这充分说明顾颉刚以"搜集材料"为采访书籍宗旨的图书馆理念。

对于这种不论载体，而以收集材料为宗旨的采访方式，杜定友十分赞同。他认为"以往图书馆向以藏'书'为重，不重视其他有用之材料，这也是根本错误的。图书馆收藏应以'人类的记载'为范围，除图书以外，还应收藏图片、唱片、影片、幻灯种种"[①]。同时，他也对《计划书》给予了高度评价，认为该《计划书》虽然篇幅不长，但内涵丰富，价值极高。顾颉刚在《计划书》中拟定了一个周密、翔实的图书采访计划，对于所需要的书籍以及可能寻到这些书籍的地方和方法都了然于胸，并付诸行动。《计划书》拟定了十六大类图书，几乎涵盖了所有的学问和资料，同时，顾颉刚还对每类书籍收集的必要性进行了阐释。可以说，这份《计划书》对于中国图书馆界具有极大的意义，在分类、采访等方面都极具参考价

---

① 王子舟：《杜定友和中国图书馆学》，北京图书馆出版社，2002年，第123页。

值，应当被学界所重视。① 图书馆界不仅应当将《计划书》视为图籍采访的依据，更重要的是利用该《计划书》为本国斯学作出贡献。②

（四）灵活运用多种手段进行收集

顾颉刚在《计划书》中详述了不同材料的购求方法。由于其时大多图书馆都已具备经史子集及丛书，所以《计划书》提醒可以适当备置复本。档案类材料，可向地方政府申请，将时下行政不需用的材料送至图书馆保存，避免档案被销毁的同时也便利研究。地方志材料则应进行购买，各地各时代的志书宜购买完全，以免材料有所偏畸。至于家族志，由于这类材料往往不见于书肆等场所，难以购觅，所以可以采用登报悬赏征求等方式，除了出资购买外，还可登门借抄，以防错失遗漏。记载社会事件的材料，报纸应该按月装订成册，以便于翻检，但纸张易损，需注意保存，其余物件可向收藏者出资购取。账簿这类资料往往积存于老店之中，所以应先登报征求、托人访问，再亲自上门请求店家转让。中国汉族以外的各民族之文籍，除了在各地搜罗外，还可购买外国研究者已发表的成果。关于民众文学类书籍，一方面可以认准专出此类书籍的书坊，另一方面可以在各地的小摊上搜罗寻找，至于部分少有刻出的资料，如歌谣和故事等，可以登报征集，集中抄写，等等。

概括来说，顾颉刚提到的购求方法囊括了向政府申请、书肆购买、出版社购买、寻访购买、登报悬赏、登门抄写、口述记录、订

---

① 参见顾廷龙《介绍顾颉刚先生撰〈购求中国图书计划书〉——兼述他对图书馆事业的贡献》，《文献》1981年第2期。
② 参见杜定友《〈购求中国图书计划书〉书后》，载顾颉刚《购求中国图书计划书》，国立中山大学图书馆研究会，1927年，第24页。

购等。顾颉刚也是如此购置材料的,根据这份《计划书》,顾颉刚于 1927 年 5 月离开广州,其间,他亲自到旧书摊贩、小书商处搜寻,虽然不如预期,但也收集了部分账簿、日记、公文、职员录等资料;地方志这类资料,由于商务印书馆和外国图书馆已经搜求了不少,所以买到很多相关材料;医卜、星相一类的书籍,由于拥有信仰者,所以相关文献的收藏者颇多,所藏资料不仅内容丰富,珍本、秘本也偶有得见;由于流行于民间的文学小说印刻本数量众多,所以收集得较为全面;碑帖则有专营的碑帖铺,旧家也有积存,所以也获得了不少。[①] 在顾颉刚的努力搜寻下,此行"购书约十二万册(五万六千余元),计丛书约一百五十种、地方志约六百种、科举书约六百种、家谱约五十种、考古学书约二百五十种、近代史料约八百种、民间文艺约五百种、民众迷信约四百种、碑帖约三万张,内善本书及未经见之稿本钞本批本甚多"[②]。

顾颉刚所撰写的《计划书》,提出了以收集材料为中心的购书宗旨,使图书馆采访不再拘泥于传统的道德文章,极大地扩充了图书馆馆藏的寻访范围,对于当时的图书馆采访理论具有突破性的指导意义,弥补了图书馆学理论的不足。《计划书》所拟的这种"杂货店的收书法"[③],将不论载体的一切资料尽皆纳入图书馆馆藏,对于保存以往常被忽视的可能散佚的、无法再造的珍贵材料也起到了积极作用。正如杜定友所说,图书馆学人应当依据顾颉刚《计划书》所列去搜罗书籍,同时,"去打破传统观念,扩大图书馆范围,实行科学的管理。这非但于中大图书馆前途有无限的发展,即于中

---

① 参见顾颉刚《卷头语》,《国立中山大学图书馆周刊》1929 年第 1—4 期。
② 顾潮编著:《顾颉刚年谱》(增订本),中华书局,2011 年,第 161 页。
③ 胡适:《中国书的收集法》,《中华图书馆协会会报》1934 年第 5 期。

国图书馆界也有重大的贡献"①。

二、杜定友及《图书选择法》

杜定友作为我国著名的图书馆学家、图书馆事业的奠基者及开拓者，在图书馆学各方面的研究均有重要建树，其中也囊括了图书采访学。1926年，杜定友撰写的"上海图书馆协会丛书"之一的《图书选择法》由商务印书馆出版。这"是近代中国第一部图书采访理论专著"②。《图书选择法》篇幅精简，共40余页，分为七章。③

杜定友书中开篇即言："古人读书难于购买，今人读书难于选择。盖近日学术昌明，印务发达，市井出版物，汗牛充栋，美不胜收。但其中滥竽充数者，亦属不少。故学者偶一选择不慎，即受其害。故图书之选择，亦为教育上一大问题也。"④据《中国出版史》统计，商务印书馆1912至1918年共出版图书1023种，1919至1926年共出版图书2074种，增加幅度为202.73%。中华书局1912至1918年共出版图书394种，1919至1926年共出版图书533种，增加幅度为135.28%。⑤当时社会图书出版的数量与日俱增，但出版物质量良莠不齐，这使得图书馆必须慎加选择。

---

① 顾廷龙：《介绍顾颉刚先生撰〈购求中国图书计划书〉——兼述他对图书馆事业的贡献》，《文献》1981年第2期。
② 李勤合：《没有藏书的藏书家——杜定友藏书思想述略》，载天一阁博物馆编《天一阁文丛》（第7辑），宁波出版社，2009年，第147页。
③ 参见杜定友《图书选择法》，商务印书馆，1926年。
④ 杜定友：《图书选择法》，商务印书馆，1926年，第1页。
⑤ 参见吴永贵编著《中国出版史》（下册·近现代卷），湖南大学出版社，2008年，第88页。（注：原文中两处图书增加幅度计算有误。）

杜定友对于图书选择的见解十分透辟，认为图书的选择是图书管理中非常重要的问题。① 图书的优良与否，关乎人民的智识风俗；图书的选择，不仅足以引领阅览者的好恶，同时图书馆大量购置部分类别的书籍，对于出版界来说也是风向，学者作家宜重视这种讯息，进而进行创作。囿于本国其时书籍的相关产业均较为落后，一般的作者和出版社，也有于学术界执牛耳之可能，出版物难免良莠掺杂。因此对于图书的选择，显得尤为重要。杜定友认为，在图书馆中拥有图书审择权利者，应该为图书馆馆长。图书馆馆长对于书籍内容，应有一定的研究，能辨其善恶。然而中国的图书馆在当时往往先添置书籍，而后请人管理，着实有些本末倒置。杜定友还特别提到了学校图书馆，认为学校教职人员可以为选择图书提供良好帮助，但最终订购书籍的权利，仍然属于图书馆馆长。当然，图书馆还可以设置审查委员会来弥补馆长的不足之处，但该会委员须经过严格审核。

杜定友拟定了七条书籍选择的宗旨：为读者而选，即根据读者的程度以及需求选择书籍；增加读者的愉悦感；增加读者的学识及好学心；增加读者的向善心；增加读者的向美心；购置经费与收益效果必须相符；必须能尽图书馆责任，即所选图书对于文化有保存、宣传、调和、提高四种功能。②

《图书选择法》对于选择图书时会遇到的先决问题也考虑得十分周全，对经费状况、书籍用途、社会背景与环境、读者受教育程度、读者之习惯、馆藏是否在小范围内有重复等诸多问题都解释得十分透彻。

---

① 参见杜定友《图书选择法》，商务印书馆，1926年，第1页。
② 参见杜定友《图书选择法》，商务印书馆，1926年，第3—4页。

杜定友从心理、年龄、课程、体裁、环境等方面详述了选择图书的原理，这些内容基本都是就儿童而言的。他将不同年龄阶段儿童的各项需求进行条分缕析，旨在根据儿童的身心状况选择书籍，满足儿童的各种需求，从而激起儿童利用图书馆阅读书籍的兴趣，进而培养他们良好的读书习惯。除此之外，该书也提到了图书馆须应环境及社会之需求，适合群众之心理。当时社会盛行文化教育思潮，因此图书馆选择图书不可不顺应时代潮流及新鲜思想，以谋人类幸福。同时，不同类型的图书馆，如学校图书馆、公共图书馆、通俗图书馆，服务的对象有所不同，书籍类目的占比也有出入，因此，选择图书还需要根据不同种类的图书馆进行分配。可以说，《图书选择法》虽然没有对所有年龄段的读者进行系统的分析研究，但也充分体现了杜定友以读者为中心的图书选择思想。

《图书选择法》详细开列了十九项选择书籍的方针，概括来说，图书馆要以最少的资金，购得最好最多的书籍，供多数人采用；选书应先为儿童着想，因儿童较成人更易培养读书习惯；宜多购通行书，以应大多数普通人要求，但要留意内容是否精良，应先以普通常识为基础，不要囿于高深学问；书籍程度应与阅览者并齐，不能过深或过浅，也不可带有偏见等；尽量选择实用、物美价廉、内容丰富且与本地本国有关、能激起兴味的书籍，其余也须略备几种，也可多求助于专家，听取其建议；宜多购新出版的书籍，尤应以科学书为重，不适用于今的书籍也要及时撤去，这样不仅有益于读者，也便于图书馆管理；馆长应有超前眼光，选书时应考虑未来需求，以未雨绸缪；图书馆应抱有先进的观念，选择图书的程度和范围也应逐渐增高扩大,以尽图书馆的教育职能。①

该书详述了选择图书时所应注意之种种问题,用以审查各书的价值。首先详列了各种图书通行之注意事项,继而针对书籍的版本优良与否又列出六点问题,最后细致、翔实罗列了各科书籍的选择标准,这也被陈骥认为是"书中佳处"②。

《图书选择法》一书展现了杜定友结合心理学、社会学等知识,对图书采访理论的深刻理解和创新。第一,以读者为中心的图书选择思想。杜定友认为民众"不是图书馆的宾客,乃是图书馆的主人"③,"图书馆既是一种社会事业,所以对于民众的保养,实负有重大的责任"④。该书虽尚未对图书馆阅览者进行全方位的系统分析,但也多次强调图书馆"选择图书,乃为阅者而选"⑤,应考虑阅览者的文化程度、兴趣取向、所处环境、习惯和实际需求等,足见杜定友对于阅览者之高度重视。第二,图书选择应重视儿童需求,"利用儿童而介绍及其家庭与社会,学校与家庭之联络,所恃于图书馆者,此其一端也"⑥。另外,儿童乃图书馆之最良阅者,其读书习惯之养成,较成人为易。第三,体现图书馆的教育职能。杜定友认为图书馆"为世界新潮流聚集之地,亦为新思想发源之区"⑦,图书馆的初步工作要从儿童入手,应当尽可能采用一切合适的手段诱导儿童进入图书馆进行阅读活动,培养他们的阅读兴趣与

---

① 参见杜定友《图书选择法》,商务印书馆,1926年,第28—33页。
② 陈骥:《书评:新书介绍:〈图书选择法〉(杜定友著)》,《图书馆学季刊》1926年第4期。
③ 杜定友等:《民众图书馆问题》,《中华图书馆协会会报》1930年第4期。
④ 杜定友:《图书馆》,商务印书馆,1940年,第9页。
⑤ 杜定友:《图书选择法》,商务印书馆,1926年,第3页。
⑥ 杜定友:《图书选择法》,商务印书馆,1926年,第30页。
⑦ 杜定友:《图书选择法》,商务印书馆,1926年,第24页。

阅读习惯，引导他们养成使用图书馆之习惯，进而提高其智识和修养。对于在校学生，图书馆能够提供参考书和课外阅读，起到补充教育之效；对于无法接受学校教育者，图书馆可以充当他们的学校，为他们提供书籍、场馆、图书馆专员等。[①] 因此，图书馆的图书采访工作不仅要考虑到阅览者，同时也要注重时事，宜多购置新出版的、具有科学性和实用性的书籍，甚至需要图书馆具备超前的目光，准备将来可能需要的书籍，"须抱前进之观念，以提高阅者程度，全馆图书之程度，须渐渐增高，其范围亦须渐渐加大，然后能尽图书馆之教育的责任"[②]。第四，选书需要专业人才。杜定友一直强调，"欲求图书馆之发达，必先有办理图书馆之人才，以负提倡管理及进行之责。不然有馆舍有书籍，而无相当之人处理之，则有若无耳"[③]。在《图书选择法》中，他开篇即明确说道："图书馆中之审择权，则谁属乎？馆长是也。"[④] 他认为馆长对于书籍的善恶应有研究，必要时可以设审查委员会，以辅助馆长；应先设馆长，再入书籍。杜定友还特别提出，对于学校图书馆来说，教员可以帮助图书馆进行择书工作，在购求专门科书籍时则宜求助于专家，听取意见。总之，图书的选购，需要由专门学识的人才办理。第五，书籍选购要符合经济状况，以实用性为主。杜定友将"经济充裕否"[⑤]列为选购书籍时首要考虑的问题，这决定了图书馆购书的种类及先后顺序。他在选书方针中也数次强调，书籍应求实用、去虚饰，因书籍是为实用而设，而非为观摩而设。他甚至注意到同一区

---

① 参见杜定友编译《图书馆与成人教育》，中华书局，1933年，第16—17页。
② 杜定友：《图书选择法》，商务印书馆，1926年，第29页。
③ 杜定友：《图书馆通论》，商务印书馆，1925年，第41页。
④ 杜定友：《图书选择法》，商务印书馆，1926年，第2页。
⑤ 杜定友：《图书选择法》，商务印书馆，1926年，第4页。

域内各馆在书籍选择上宜尽量避免重复，因区域间图书馆往往彼此联系，此举可防止公共资源的浪费，这在一定程度上反映出杜定友已经有区域资源共建共享的意识。①

《图书选择法》是杜定友对于图书选择理论和实践的总结与创新。尽管他本人对此书并不十分满意，认为"全是理论……对于选购的技术，书目的参考，名著的提要，版本的鉴别，书店的辨识，征集的手续，交换的方式，图书的登记，注销的条例，移交的办法等等，均未提及，殊不足取"②，但该书对于当时的中国图书馆界意义重大，对于当时的图书采访活动具有重要的指导作用。

三、邢云林及《图书馆图书购求法》

邢云林，字叔平，又字述评或树屏，1902年出生于河北省永清县。邢云林少年时就读于当地的存实中学，后赴湖北武昌文华图书馆学专科学校求学，成为"文华的一代"。1931年，邢云林加入中华图书馆协会，成为协会会员。他从文华图书馆学专科学校毕业后，先就职于南开大学，担任图书馆杂志部部长，不久便转入齐鲁大学任图书馆代理馆长。③ 1932年，邢云林受田洪都邀请前往燕京大学，④ 成为图书馆采访部西文采访主任，负责西文书籍采购事宜。

---

① 参见范凡《民国时期图书馆学著作出版与学术传承》，国家图书馆出版社，2011年，第141页。
② 钱亚新等整编：《杜定友先生遗稿文选》（初集），江苏省图书馆学会，1987年，第50页。
③ 参见陈源蒸等主编《20世纪中国图书馆学文库叙录》，国家图书馆出版社，2014年，第125页。
④ 参见朱海燕《论邢云林对民国图书馆的学术贡献》，《大学图书馆学报》2019年第5期。

1936年7月20日至24日，邢云林与田洪都等同僚一起参加了在山东大学举行的中华图书馆协会第三届年会，并在会上与学界同人一起，提交了包括订购报刊在内的三份议案。① 1945年，邢云林任河北正定县公署秘书，后来就职于国立北平图书馆。②

作为民国时期重要的图书馆学人，邢云林在图书馆学领域的研究成果较为显著，在图书采访、分类编目、图书馆管理等方面都有丰富的实践经验，留下了宝贵的学术思想。

邢云林担任燕京大学图书馆采访部西文采访主任后，于1936年完成《图书馆图书购求法》一书。该书集理论和实务于一体，田洪都为此书作序，言道："关于图书馆学之出版物，虽不下百余种之多，然而对于选购图书的问题，除偶尔有单篇的文章见于报章杂志，或关于图书馆学书籍中，夹叙一章一节外，尚无专书论及之者。"③ 足见该书对于图书馆工作人员和图书馆学人具有重要的参考指导价值。

邢云林认为，购求图书是图书馆最为重要的工作，比分类、编目等更为迫切，因此，图书采访专员应当钻研恰当的方法，通过调查读者倾向、研读目录等方式确定应当购入馆中的书籍，并以最小的成本，在最短的时间内获得最相宜的读物。④ 然而彼时国内尚缺乏专论及购求法，因此，邢云林结合自身经验，构建理论框架，以理论结合实践的方式，作《图书馆图书购求法》一书，将图书馆的基本事务概括为图书的聚集、整理、应用，"聚集而后始能整理，

---

① 参见山东省文化厅史志办公室、青岛市文化局史志办公室：《山东省文化艺术志资料汇编·第二十二辑·青岛市〈文化志〉资料专辑》，1990年，第416页。
② 参见竺可桢《竺可桢全集》（第11卷），上海科技教育出版社，2006年，第534页。
③ 田洪都：《图书馆图书购求法序》，《图书馆学季刊》1936年第3期。
④ 参见邢云林编著《图书馆图书购求法》，正中书局，1936年，第19页。

整理而后始能应用，因应用而后始求聚集。此三者，如阶之级，链之镮，彼此维系，互为因果，不可废其一也。……而三者之中，尤以聚集为开源务本之工作，图书馆首宜重视之"[1]。这本书结合了邢云林服务各大图书馆的实践经验，所有理论皆从实际情形出发，甚至曾经迭次试用，可以说没有空谈泛论，所有从事图书采购征集的工作者都可以参考该书，为其时图书馆学作出了新的贡献。

邢云林开篇即梳理了中国历史上帝王聚集图书之方法，认为贞观时期魏徵请购天下书，以宫人掌之是为购求书籍之先河。为聚书籍于宫中，魏徵采用了借书誊写、买于市场、搜于邱壁、访于异国等方式，这都可算作"聚散法"。此后，郑樵的《收书之多论》和《求书之道有八论》，孙从添的《购求篇》，祁承㸁的《购书训》，等等，都是精详透彻的佳作。然而，由于现代图书馆与古代藏书楼的藏书意义和范围大不相同，这些方法已不能完全适用，因此，需要重新构筑关于图书聚散的理论。邢云林首先将图书馆聚散图书的过程定名为"购求"[2]，然后立足于"用最少之代价，于最短之时间内，取得最适用之图书"[3] 的基本原则，对于图书购求环节中的重要问题及影响因素，包括组织、经费支配、购求原则、购求方法以及书业状况等，都进行了详细剖析和悉心研讨。

在图书选择方面，《图书馆图书购求法》提出了 24 条选择图书的基本原则以及 11 种可采取的具体的选择方法。24 条选书原则分别是：一、选书的时候要注意每一门类的书籍的数量，要符合图书馆的配比，从而与图书经费预算相吻合，这是最符合图书馆需求

---

[1] 邢云林编著：《图书馆图书购求法》，正中书局，1936 年，第 1 页。
[2] 邢云林编著：《图书馆图书购求法》，正中书局，1936 年，第 4 页。
[3] 邢云林编著：《图书馆图书购求法》，正中书局，1936 年，第 19 页。

的；二、务必要以尽全力寻购到最好的书籍提供给来馆阅读者为采访的目的；三、对于图书内容的选择，最好能够具有"永久性"，即图书不论时下或是将来都能够派上用场，或可以作为参考资料促进学习上的精进，或可以作为精神食粮使阅览者得到愉悦；四、图书馆一旦确定了采访的规章制度，就不能轻易改变，除非图书馆工作人员确定采访政策有谬误，或者已拟定更加完善的政策；五、采访员所选取的图书，务必要有内涵，能够激发阅览者高尚品格、精神内涵；六、采访图书者不能以偏见的眼光或者是自己的喜好看待书籍，要站在读者的立场上，选择能够引起读者兴趣的书籍；七、要注意周围环境，分清书籍是否为必要的选择，不要盲目跟风；八、要注意随时给阅览者提供最新的讯息，要在可能范围内选择信息量最全、最新的材料；九、推荐给读者的假期读物一定要审慎选择；十、图书馆有保藏资料的职责，因此，要注意当地相关的所有资料，收集本地的相关书籍并交由图书馆保藏；十一、心胸要开阔，眼光要长远，不要随意相信他人对于一本书的评价，要亲自仔细审阅书籍的内容，另外，关于宗教内容和相关宣传的书籍，如果不是必须要买，则切勿购入；十二、在所有图书种类中，小说是最受阅览者欢迎的类目，小说对于读者有不小的好处，但是妨害也是非常大的，因此馆员对于小说的选择务必审慎，要选取真正优秀有内涵的佳作；十三、馆员在选取书籍时要注意书籍的版本和装订，务必选择坚固耐用的版本，此外还要注意书籍内部的印刷，纸张要坚韧，字体要适合阅读，印刷要清晰明了，缩印版本和装订过于奢华的版本都是不可取的；十四、馆员要对书籍作者和出版机构有相当程度的了解，这样才能够最大限度地选择适合的书籍；十五、对于读者要有一定程度的了解，要能够分析读者对于书籍的喜好，尽量选择符合读者偏好且能够增进读者学识的书籍；十六、尽量不要购买现在和将来用处都不是很大的书籍，这类书不包含古籍善本；十七、专家学者、伟人等重要人物所推荐的书籍，图书馆应该尽力纳入馆藏，当然不能超过购书经费预算；十八、大部分的图书和期刊，馆员在购买前，应该反复考虑它们的用处以及阅览者数量是否较多；十九、应该争取与其他图书馆进行合作，从而节省本图书馆的经费，可以由当地开始，逐渐推向全国；二十、图书馆如果想收藏特别的书籍，务必审慎，需考虑图书馆的场地和经济状况，条件允许才能够实行；二十一、馆员要熟悉馆中藏书的状况，选书时才不至于重复；二十二、可预约的书籍和复本书籍的购买需要多加考虑；二十三、对于馆藏图书，馆员要实时进行检查，对于那些内容已经过时、没有用处的书籍，应该酌情下架；二十四、馆员要随时注意馆藏状况，对于已经损坏的书籍，要按照书籍状况尽快修复或者补买。①

11种可采取的具体的择书方法囊括了间接选择、填介绍片、实际选择、评阅报告、分析介绍片、选书委员会审查决定、注明取舍法、入序列、书店送来审留书籍、核对预算、购置复本等。② 其中间接选择是指从有价值的工具书籍中，诸如标准目录、专门目录、杂志、报纸等，择取所需，这是最为普遍的书籍选择方法，也是历来藏书家多采用的方式。③

同时，邢云林也提出："聚集图书，原无定法，因时、因地、

---

① 参见邢云林编著《图书馆图书购求法》，正中书局，1936年，第52—54页。
② 参见邢云林编著《图书馆图书购求法》，正中书局，1936年，第59—63页。
③ 参见邢云林编著《图书馆图书购求法》，正中书局，1936年，第59页。

因势，各求其所宜而已。"① 换言之，所有的原则和方法都是就普通图书馆设想而来的，而馆与馆之间在细微处的需求或有不同，不可胶柱鼓瑟，需因时、因地、因势制宜。

关于图书购求经费问题，邢云林也广泛列举了国内外的有关理论和图书经费分配方法，认为应根据图书馆性质和随外部环境的变化确定及变更图书馆经费的分配原则，例如，公共图书馆做预算必须顾及藏书率、补充率以及各类图书价值之等差；学校图书馆必须注意各学系的人数、课程时长与图书利用的比率；等等。

邢云林在《图书馆图书购求法》一书中认为，图书采访是图书馆工作中最为重要的一环，采访的方法宜因时、因地、因势变化，但须尽可能遵循以最少的花费在最短的时间内获得最适用的书籍之原则。

《图书馆图书购求法》被认为"是我国图书采访工作第一次系统性的总结，也是我国图书采访学的第一部专著"②，作者邢云林参考自身经验和师友指示，旁征博引，对购求书籍所涉及的各个环节和因素进行了周密叙述，有许多独到的学术观点。该书对于负责图书馆采访的工作人员来说具有重要的理论与实践价值，是当时图书馆图书采访的参考指南。

民国时期的图书馆学人关于图书采访理论的著述较为有限。图书馆学人们往往秉持着以最少的代价获取最多、最为实用的书籍来满足读者需求的基本原则，对书籍的选购也逐渐从重视传统道德经典文章，过渡到重视书籍的内容和实用性，在图书馆经费允许的条件下，尽可能在保存馆藏的同时，竭力购买物美价廉、经济实用的

---

① 邢云林编著：《图书馆图书购求法》，正中书局，1936年，第3页。
② 黄宗忠：《论图书采访学》，《图书馆》1997年第4期。

书籍，以增长民众智识，培养阅读习惯，尽图书馆社会教育之职责。此时的图书馆学人已经逐渐开始将以读者为中心作为图书采访的方向。

民国时期的图书馆学应用理论主要聚焦于图书分类和编目两个问题，这也是当时图书馆界需要解决的燃眉之急。随着书籍数量与日俱增、书籍内容日新月异，传统的方法已无法将近现代新学囊括入内，而西式方法亦不能完全适用于中文图籍，改进图书分类、编目方法的呼声日渐高涨。于是，民国时期的图书馆学人们开始尝试以中西结合的方式探寻符合我国实际的图书分类、编目方法，并且一步步走向完善。

在分类法方面，《杜威十进分类法》对我国分类法的影响较大，诸多分类法都是在模仿、借鉴该方法的基础上进行更改而完成的。此外，杜定友还在创制适合中国的分类法之基础上提出研究中外统一的分类法，并付诸行动，编纂《图书分类法》一书。编目方法亦以中西结合的方式为主，我国传统的目录体系同西方目录体系相比，比较详细的唯有分类目录，而书名目录、著者目录、标题目录等都需要改进完善。书籍的编目实际上面临更多需要解决的难题，一方面要考虑图书馆员以及读者使用该方法的便利性问题，另一方面也要与图书馆原有的分类法接轨。因此，翻译学习西式编目方法并对我国的传统方法进行改造也提上日程。金敏甫《图书编目学》、杜定友《图书目录学》、沈祖荣《简明图书馆编目法》等书籍相继问世，其中金敏甫撰写的《图书编目学》是国内第一本以"编目学"命名的著作，[①] 该书汇集总结了前人的研究成果。此外，刘国

---

① 参见范凡《民国时期图书馆学著作出版与学术传承》，国家图书馆出版社，2011年，第192页。

钧编制的《中文图书编目条例草案》更是成为后来图书馆遵循的中文编目准则。① 检字法与索引方面也形成了相当丰富的研究成果，如王云五《四角号码检字法》、洪业《引得说》等。

正是由于其时图书馆学界对于西方先进方法的借鉴和改造，我国的图书分类、编目、索引方法才得以与当时世界最为先进的方法接轨。同时，这些结合中西并且合乎国情的方法的编制，也使我国的图书馆得以采用较为规范的分类、编目方法，为日后进一步完善提供了范本、奠定了基础。相较于图书分类、编目、索引，图书馆应用理论的其他方面研究较为薄弱，但也不乏一些瞩目之处，比如图书采访方面，杜定友、顾颉刚等学人均对采访理论有过探讨。对于书籍选择的重视也从侧面说明当时的图书馆学人对于图书馆教育和保藏功能的重视。

---

① 参见范凡《民国时期图书馆学著作出版与学术传承》，国家图书馆出版社，2011年，第205页。

第五章

民国图书馆学理论的时代特征与启示

第一节　对西方图书馆学理论的借鉴与改造

　　1840年鸦片战争以来,中国逐步沦为半殖民地半封建社会,国家被瓜分豆剖,面临"三千余年一大变局也"①,社会危机空前严重,中华民族遭受了前所未有的劫难。无数仁人志士义无反顾地投身于救亡图存的事业中,进行了艰辛的探索和改革,相继发起了洋务运动、戊戌变法、筹备立宪、辛亥革命等社会变革,向西方学习

---

① 梁启超:《李鸿章传》,江西人民出版社,2003年,第54—55页。

先进的科学技术以及思想文化。诸多有识之士不断传播新思想，"开通民智"等口号在士大夫、士绅之中流行起来，众多先进知识分子不断奔走疾呼，期盼以"开民智"的方式拯救民族于危难，实现国家富强。"民智"完全可以通过后天的各种文化教育活动而获得，所以，仁人志士们开始主张创办报刊、兴办近代教育。图书馆受当时社会教育思潮的影响，成为启迪民智的重要社会教育场所之一，逐步为大众所接受和认可，民众图书馆和巡回文库等逐渐在全国创办起来。哪怕身处最动荡的社会状况中和薄弱的经济基础下，图书馆学人们依然尽最大的努力去维持和发展图书馆事业。

1911年辛亥革命爆发，彻底推翻了在中国延续数千年之久的封建帝制，建立了中华民国，传播了民主共和的先进思想。1915年，在陈独秀、李大钊等人的领导下，进步知识分子高举民主和科学两面大旗，发起了新文化运动，在中国社会掀起一股生机勃勃的思想解放的潮流，民主共和观念逐渐深入人心。1917年，《新青年》率先树起"文学革命"的旗帜，提倡白话文，反对文言文；提倡新文学，反对旧文学。在这期间，平民教育运动也如火如荼地开展起来。这些思想变革在图书馆界形成了宣传美式图书馆理念的"新图书馆运动"，促进了图书馆事业的发展。

1928年北伐战争胜利后，饱尝军阀割据混战之苦的中国，终于有了喘息的机会。从这时开始一直到抗日战争全面爆发的1937年，中国迎来一个黄金发展时期，图书馆事业也达到了前所未有的高度。近现代中国经历了一系列社会运动和变革，这些社会变革不断呼吁民众接受教育、开通智识，这在一定程度上促进了民国教育体系的发展和完善。作为社会教育重要机构的图书馆，一方面，通过不断完善和发展自身以满足民众的需求，换言之，这些社会变革推动了图书馆的不断发展；另一方面，图书馆通过知识的流通，传播先进思想，唤醒民智，又进一步推动了社会变革的发生。"近现代社会变革和图书馆事业发展是一种相辅相成、相互促进与互为条件的关系……"[①]

鸦片战争后，有识之士企盼通过效法资本主义发达国家的制度、科技等方式来达到救亡图存之目的，西方文明一度被推崇至极高的地位。先进知识分子积极提倡民主、科学、新道德、新文学，拥护西方文化，对孔子学说进行大力批判，认为它是维护封建独裁统治的根基，激进者甚至提出"打倒孔家店"、废除汉字、全盘西化等主张。譬如，钱玄同认为，"废孔学，不可不先废汉文；欲驱除一般人之幼稚的、野蛮的、顽固的思想，尤不可不先废汉文"，"欲使中国不亡，欲使中国民族为二十世纪文明之民族，必以废孔学、灭道教为根本之解决；而废记载孔门学说及道教妖言之汉文，尤为根本解决之根本解决"。[②] 蔡元培认为"汉字既然不能不改革，尽可直接地改用拉丁字母了"；鲁迅提出"汉字真是愚民政策的利器"。"'汉字不灭，中国必亡！'成了中国知识分子挽救国运的响亮口号。"[③] 由此可见，当时中国传统文化已经为部分知识精英所深恶痛绝。自19世纪末开始，中国各界人士逐渐将目光聚焦于欧美发达国家之思想文化，以寻求自强独立之方法，在这一过程中，排斥传统文化、以西方为中心成为主流思潮。

甲午海战后，清政府兵挫地削，本已危机四伏的中国更加风雨飘摇，青年知识分子开始赴日本留学，以求救国之道。20世纪初，留日之风渐盛，"到1904年前后，留日学生已有3000人之多，1906

[①] 龚蛟腾：《清末至民国图书馆事业的勃兴与繁荣》（上），《图书馆》2011年第1期。
[②] 钱玄同：《中国今后之文字问题》，《新青年》1918年第4期。
[③] 潘文国：《危机下的中文》，辽宁人民出版社，2008年，第26页。

年更增至10000多人"①。欧美的思想文化经由日本辗转传入中国，其时我国的图书馆相关思想无一不留有日本的印记。1915年，日本逼迫中国签订"二十一条"，中日关系逐渐紧张，而美国为了扩大在中国的影响，从庚子赔款中拨出一部分用于开办留美训练学校，以培养赴美留学生，留学美国和欧洲之风逐渐兴起。西方先进思想开始经由留学生译介输入，甚至直接传播，我国图书馆学理论的学习对象也由日本逐渐转向美国，美国公共图书馆公开、公平、免费的先进思想也为当时的图书馆界所接纳，美国由是取代日本，成为我国学习的首要对象。②沈祖荣等图书馆学人留学归来后，积极奔赴各地进行宣讲，大力宣传美式图书馆思想，图书馆学专门教育学校、大学专业图书馆教育也相继出现，而这些都刻上了美国图书馆先进思想的烙印。

1923年杨昭悊撰写的《图书馆学》，为我国第一部系统的图书馆学理论著作。刘国钧认为该书综合了美、日图书馆思想，"为有系统之序述者"③，而书中对于图书馆学的定义则引用德国学者休叶之论述，可谓博采众家之所长。正如杨昭悊在序言中提到，该书绝大部分内容来源于日本和欧美的图书馆，中国图书馆的情形则参酌较少。④足见当时欧美的图书馆学对于国内图书馆学的巨大影响。

然而，西方文明并非解决中国问题的万能钥匙。随着图书馆事

---

① 赵晓兰：《20世纪初中国留日学生报刊概述》，《新闻出版交流》2002年第5期。
② 参见刘国钧《现时中文图书馆学书籍评》，载史永元、张树华编《刘国钧图书馆学论文选集》，书目文献出版社，1983年，第15—16页。
③ 刘国钧：《现时中文图书馆学书籍评》，载史永元、张树华编《刘国钧图书馆学论文选集》，书目文献出版社，1983年，第16页。
④ 参见杨昭悊编著《图书馆学》（上），商务印书馆，1923年，"序言"第10页。

业的不断发展，图书馆辐射的范围愈广，馆藏书籍愈多，部分管理方法已无法适用于其时的图书馆，如分类法的编制，图书馆学人自然而然地将目光转向欧美，但欧美分类法也无法完全适用于中国。杨昭悊在《图书馆学》一书中就已指出，东西洋图书馆学著作主要集中于本国之应用方面，更适合图书馆员进行参考；关于理论部分，尤其是通论的著述数量较少，不适用于学者进行理论研究；对于他国叙述更是少有，因而即便是应用部分，也未必适合彼时的中国。[①] 因此，图书馆学人尝试将传统图书馆学与西方图书馆学思想相融合，并结合中国的社会现状，开始建设真正的中国图书馆学，这也逐渐成为时人所关注的重点。1926年，洪有丰出版《图书馆组织与管理》一书，该书被金敏甫盛赞为"中国图书馆学之创始"[②]，自此，中国图书馆学人研究解决中国特有问题的图书馆学渐成趋势，即开始建设中国的图书馆学理论体系。在这之后，国内相继出版了诸多图书馆学理论的相关书籍，其中不乏成果瞩目、较有影响的著作，如杜定友的《图书馆通论》，刘国钧的《图书馆学要旨》等。图书馆学理论著述陆续发表，"标志着具有中国特色的图书馆学理论体系的初步形成"[③]。

随着外国图书馆学著作的翻译出版，西方先进图书馆学思想不断涌入，其时的图书馆学人从中学习、借鉴和移植有利于国内图书馆事业的理论和方法，借以丰富和完善符合当时社会状况的图书馆学理论，从而促进国内图书馆事业的发展。图书馆学人在对世界各

---

① 参见杨昭悊编著《图书馆学》（上），商务印书馆，1923年，第9页。
② 金敏甫编：《中国现代图书馆概况》，广州图书馆协会，1929年，第31页。
③ 景海燕：《从图书馆学译著看20世纪西方图书馆学对中国的影响》，《图书与情报》2001年第2期。

国的图书馆事业充分了解的基础上，对不同地区和国家图书馆的体制、方法、经验以及图书馆事业等进行对比研究，探索其中的异同和发展规律，进而保障我国图书馆事业的健康发展。这种对比不同地区图书馆事业的研究已然运用了比较研究之方法，为我国比较图书馆学的萌芽提供了素材、创造了条件。事实上，当时的图书馆学人们已经或多或少地运用了比较的方法来研究图书馆学，如李小缘的《藏书楼与公共图书馆》，将中国的传统藏书楼与美国的图书馆进行了全方位的比较，从而得出二者各自的特点，即动的图书馆和静的藏书楼，并产生了著名的"动静说"。除此以外，还有众多著述都使用过比较的方法。1935年出版的程伯群《比较图书馆学》一书，是最早直接"以'比较图书馆学'命名的专著，标志着比较图书馆学在我国的建立"[①]。

除此之外，杜定友、沈祖荣、刘国钧等图书馆学家，根据《杜威十进分类法》《美国国会图书馆图书分类法》《展开制图书分类法》《主题图书分类法》等西方的图书分类法，其中尤以《杜威十进分类法》为重，批判性地继承了传统的四部分类法，并结合当时中国图籍分类的现状，合理借鉴，推陈出新，"仿杜""改杜""补杜"等新式分类法相继出现。杜定友、王云五、赵景源等学者编制的汉字检字法，也吸取了西方图书馆学的相关理论。此外，图书馆学教育体系中传统与欧美并重的课程设置，有利于借鉴、吸收、移植、改进西方图书馆学，建立符合本国现实情状的中国图书馆学。

---

① 景海燕：《从图书馆学译著看20世纪西方图书馆学对中国的影响》，《图书与情报》2001年第2期。

第二节　图书馆学的本土化

"民国前期是从传统学术体系向现代学术体系转型过渡的重要阶段。"[①] 1912年南京临时政府成立，随即颁布了《普通教育暂行办法通令》《学校系统令》《大学令》《专门学校令》《师范教育令》等规程。其中《大学令》共计22条，涉及大学的办学宗旨、教育方针、课程设置、组织原则等多个领域，同时，对高校的专业设置提出了明确的要求，[②] 充分体现了当时的教育主张，是我国现代大学制度建立的重要标志。不久后，北洋政府教育部在《大学令》的基础上，颁布了《大学规程》。[③] 在经历了中西方文化一系列不同观点之间的冲突、碰撞和交流后，中国现代学术体系逐渐相互融合，由传统的"四部之学"发展为现代的"七科之学"，这个学术体系既包含了西方科学的学科体系，也传承了华夏民族的传统文化。1925年6月，梁启超在中华图书馆协会成立大会上指出，"中国的图书馆学"建设仍在路上，这在很大程度上推动了建设中国本土化

---

① 于作敏、赵慧峰：《国学传承与民国前期图书馆学的本土化》，《鲁东大学学报》（哲学社会科学版）2020年第2期。

② 参见中国第二历史档案馆编《中华民国史档案资料汇编》第三辑《（教育）》，江苏古籍出版社，1991年，第108—110页。

③ 参见中国第二历史档案馆编《中华民国史档案资料汇编》第三辑《（教育）》，江苏古籍出版社，1991年，第114—141页。

图书馆学的进程。建设具有中国特色的图书馆学之过程虽然千辛万苦，但民国时期的学者仍然从各方面探索到了最符合其时需求的道路，这不仅对于今天的图书馆学建设具有指导价值，对于其他学科的本土化、形成本国特色也有相当重要的借鉴意义。

清末至民国初年，一系列社会事件促使先进知识分子大力宣传民主共和等西方先进思想，期盼以"开民智"的方式拯救民族于危难，实现国家富强。有识之士呼吁兴办学校、图书馆等教育机构，同时，早期图书馆学人也开始引进东西方先进图书馆思想。20世纪20年代前后，沈祖荣、刘国钧等留学欧美的图书馆学人陆续学成归来，在他们的大力倡议和推动下，图书馆学人们一面译介欧美图书馆学思想的著述，一面于各地进行宣讲，直接向民众传播先进的图书馆学思想，使国民对于新式图书馆有了一个基本的认识。据统计，"在1924年至1936年期间，翻译的论文有294篇，著作29部"①。以仿效欧美图书馆精神来改革和发展中国近代图书馆事业的运动，更是在全国逐渐开展起来。

民国初年的中国图书馆界缺乏系统的专业教育，对于专业人才的培养尚难以满足图书馆事业的发展要求，为了中国图书馆学的长远发展，图书馆学的专业教育逐渐受到重视。1910年，传教士兼教师韦棣华在文华大学创设"公书林"，将文华大学的图书公开陈列。1913年，曾任普林斯顿大学图书馆参考部主任的克乃文前往南京金陵大学图书馆担任馆长。在主持图书馆工作期间，克乃文在金陵大学文科开设了图书馆学课程，这是中国高等学校开设图书馆学课程的最早记录。当时的先驱们受到韦棣华、克乃文等人的指导

---

① 吴稌年：《论"新图书馆运动"的高潮期》，《图书馆》2007年第2期。

和推荐，留学海外，学习西方先进的图书馆学思想，包括杜定友、刘国钧、沈祖荣、杨昭悊、戴志骞、李小缘、洪有丰等人，他们被誉为"我国近代图书馆事业的开创奠基的一代"[①]。作为学界最早的留学生、业界专家，一方面，他们直接接触其时欧美最先进的图书馆学思想，并将其带回国内宣传发展，使我国的图书馆学教育体系得以呈现兼容中西的特点；另一方面，他们的存在使中国图书馆学拥有了第一批国人自己的专家学者，这是斯学得以成为真正专门学科的基石。1920年，韦棣华协同留学归国的沈祖荣、胡庆生创办了我国第一所图书馆学专科学校——武昌文华大学图书科。中国图书馆学专业教育的建立与发展，使图书馆事业走向专业化，并在教育界、学界的大力推进下，形成了具有先例和典范的图书馆学专业教育。在这之后，近代中国逐渐形成了较为完整的图书馆学教育体系。我国图书馆学教育逐步形成一个多层次、富有中国特色的办学体制，包括正规学校教育和业余在职培训，具体包括高等专科学校、大学图书馆学系、图书馆学中等教育、在职培训和函授教育等，为学界输送了大批新鲜血液，保持了业界之活力。[②] 同时，中华图书馆协会也在业界专家的群策群力下正式成立，协会联合学界同人，共同面对遭遇的现实困难，研究解决方法，进而探讨中国图书馆学的发展方向；还创办了专门的报纸杂志，为学术交流搭建了一个高效的平台。

彼时之学者在赴海外学习深造之时，就已经意识到中国文化具

[①] 程焕文：《论图书馆人才的特征——关于"图书馆四代人"的探讨》，《广东图书馆学刊》1988年第3期。

[②] 参见刘应芳《民国时期图书馆学教育本土化研究及其现代意义》，《图书馆建设》2012年第2期。

有独一无二的特征，如杜定友在留学菲律宾时就曾提道："没有一所外国的图书馆学校能够养成完全的图书馆学者，以应中国图书之用。"① 因此，中国图书馆学的建立与发展应与中国的实际情况相适应。梁启超于1925年6月在中华图书馆协会成立大会上发表演讲，提出要"建设中国的图书馆学"。他认为我国建立现代图书馆学，既要与"世界共通的"图书馆学原则对接，又要从"中国书籍的历史甚长，书籍的性质极复杂"的历史特点出发，即同时考虑图书馆学的一般特性，以及中国社会所独有的历史与现实情状，进而传承"中国的目录学（广义的）"等本土学术资源，并将其与现代图书馆学贯通，建设本土化的"中国的图书馆学"。②

梁启超指出了中国图书馆学向近代迈进的方向，认为中国图书馆界不可一味仿效西方，而是既要引进西方发达国家的先进思想，尤其是所谓"通用原则"，以指导本国理论基础的完善；同时也不可一味抵触传统文化，而是有选择地进行扬弃。传统图书馆学思想在我国由来已久，其形制符合我国特有的文字及书籍系统，因此在其基础上进行修改发展，更能适应其时图书馆界的现实需求。唯有将二者融会贯通，才能建设具有本国特色的图书馆学。

民国的图书馆学人积极地接触最先进的西方图书馆学思想，并结合其时中国社会状况，不断将这些先进思想与传统文化相互融合，探索建立中国图书馆学理论体系，为该事业于近世之发展奠定理论基础，也因此创造了许多独具创见的理论。

民国时期，西方文化输入我国，致使新旧图书性质芜杂。其时

---

① 转引自王子舟、廖祖煌《图书馆学本土化问题初探》，《图书情报工作》2002年第1期。
② 参见梁启超《中华图书馆协会成立会演说辞》，《中华图书馆协会会报》1925年第1期。

四部分类法只适用于中国旧籍,由西方引进的《杜威十进分类法》《美国国会图书馆图书分类法》《展开制图书分类法》《主题图书分类法》等方法不能完全适用于中国图书,合适分类法的缺乏给当时图书馆的分类工作带来了极大不便。在这种文献分类局面混乱的情况下,图书馆界兴起了编撰新型文献分类法的热潮。《杜威十进分类法》被引入我国后,由于它编制简单、使用方便,许多学者都加以借鉴。他们通过研习十进法之原理和方法,将立足点置于本国实际需求之上,对该法采取仿、改、补等方式,在原有类目基础上进行修订,同时使用小数点等符号增加编号,使这种原本为西书所创制的分类方式得以容纳中文图籍。一时间,在十进法基础上改制而来的新分类法接连问世。这些新法的出现宛如一场及时雨,在一定程度上解决了其时各馆亟待解决之问题,使馆内图籍得到有序整理,便于馆务工作和读者使用,极大地提升了专员的工作效率和来馆者的使用体验感,对于树立图书馆之口碑及提高其社会地位都有积极作用。

民国图书馆学是在近现代中西方文化相互碰撞、糅合下持续向前迈进的。斯学清末民初步武东洋,随着社会变革以及国家间关系的此消彼长,进而将目光转向欧美。学人们一面引进其时世界上最为先进之理论,一面立足本国实际,对西学进行修改增补,以适应我国当时之情况,突破现实困境,逐渐形成东西并行之局面。至中华图书馆协会成立,建立具有本国特色的理论体系提上日程,图书馆学理论步入本土化阶段。[①] 图书分类、图书编目和新旧并行的目录学,以及专门针对中国图书馆事业的著作的大量出现,都推进了中国图书馆学的本土化进程。

---

① 参见于作敏、赵慧峰《国学传承与民国前期图书馆学的本土化》,《鲁东大学学报》(哲学社会科学版)2020年第2期。

第三节 民国图书馆学理论发展的启示

1920年,武昌文华大学创办了中国图书馆学教育的专门机构——文华大学图书科;1924年,文华大学并入华中大学;1927年,华中大学因故停办,图书科单独办学;1929年,其正式更名为武昌文华图书馆学专科学校。学校教育、社会在职培训的相继产生,标志着我国图书馆学专业教育制度化正式成形,形成由高等专业教育、中等专业教育和业余教育组成的多层次办学的本土化体系。[①] 武昌文华图书馆学专科学校、金陵大学图书馆学系以及北京高等师范学校开设的暑期图书馆学讲习会和东南大学暑期图书馆讲习科等图书馆学培训班,科目设置合理,体系较为完整,旨在培养学界与业界之专门人才。

1925年,中华图书馆协会成立。图书馆协会在图书馆业务协作、学术交流等方面都发挥了巨大的作用。图书馆、图书馆协会与图书馆团体等机构组织相继创办专门期刊,为图书馆学学术交流构建了一个难得的平台。这个学术交流平台不仅面向国内,同时也与国际接轨,图书馆学的早期开拓者们努力将国外最新的图书馆学理论、方法和技术介绍至国内,同时还将中国的图书馆状况介绍给欧

[①] 参见李明杰、李瑞龙《民国图书馆学教育体系考述》,《图书情报研究》2018年第3期。

美图书馆界。其时的中外图书馆界能够保持密切的交流往来，图书馆协会与图书馆学期刊都起到了不小的作用。比如在《图书馆学季刊》《文华图书馆学专科学校季刊》等期刊上，往往刊印有英文论文原文、译文以及用英文所写的中国论文，这些文章不仅引进了外国思想，也向世界传递了中国图书馆界以及中国图书馆学人的思想与声音。正是这样的对外交流，使中国学界得以及时掌握世界图书馆学理论的发展趋势和研究热点，并能够将最为先进的思想引入国内，及时改进且运用于图书馆的实际工作中，同时，中国传统的图书馆学理论也得以在西方产生一定影响和应用。这样的对外交流对于学术发展有着不可磨灭的贡献。

民国时期的图书馆学者，往往既接受了一段时间的传统文化教育，又接受了新式思想和教育的洗礼，更兼具赴美深造的背景。因此，他们能够译介乃至吸收欧美近现代先进思想，同时明晰本国的传统体系和历史背景，深知直接照搬国外经验无法满足本国需求。此外，这些学者都有相当丰富的实践经历，对图书馆日常工作中的困难了如指掌。因此，这些学者致力于促进我国斯学课程体系与精英培育的本土化。图书馆学教育机构、图书馆协会与图书馆学期刊的相继创办，推动了图书馆学学术研究，学术进步与事业发展相辅相成，形成了理论与实践相互促进、教学与实践相互支撑的良性互动。

"在西方图书馆学发展史上，经验、技术与方法等曾经一度甚嚣尘上，技术学派长期居于主导地位。清末民初兴起的近现代图书馆学，深受国外图书馆学思想的影响，以至留下难以克服的后遗症。"[①] 对于这种"西方中心论"的倾向，李刚与倪波曾经撰文批

---

① 龚蛟腾：《中国图书馆学的起源与转型——从校雠学说到近现代图书馆学的演变》，国家图书馆出版社，2013年，第242页。

评:"中国现代图书馆学最大的失误就是放弃了对文献内容的研究,而满足于对文献载体的管理,培养了一大批'看报看题、看书看皮'的图书管理员,而不是能研究文献自身的图书馆学学者。"[①] 中国传统的图书馆学思想源远流长,自甲骨之存集,到孔子分六艺,进而逐渐发展为《七略》《汉书·艺文志》,至清朝之集大成,绵延数千年,形成了独一无二的特质。传统的校雠学思想对于我国古籍之整理、学术之考辨都作出了巨大贡献,拥有浓厚的历史文化底蕴,适宜我国书籍之特质。即便在近乎全盘西化的民国时期,传统学术思想依旧在发挥作用,在学者改造西学以适应本国实际的过程中贡献良多。清末民初,我国学界对于欧美之学术理论进行了全方位的引进借鉴。学习和借鉴别国斯学之学术理论思想必须处理好传统与外来学理的关系。首先,要面向全球,吸收各国的长处,不能一概而论、不顾及实际情况地直接采用;[②] 其次,对于国外先进的图书馆学理论,应该进行译介学习,并且深刻彻底地理解和掌握,同时要学习和借鉴发展中国家的图书馆学,尤其是与我国社会状况接近的国家;[③] 最后,对于我国传统的图书馆学思想应当有选择地传承与发展,同时借鉴西方优秀的学术成果,并使之融会贯通,达到相辅相成之效果。唯有这样,才能真正使中国图书馆学立足于世界图书馆学之林。

民国时期,政治局势混乱不堪,民族矛盾不断加剧,社会陷入

---

① 李刚、倪波:《20世纪中国图书馆学的现代性与学科建制》,《中国图书馆学报》2002年第4期。
② 参见郑全太、李香艳《20世纪中国图书馆学研究中的"西方中心论"倾向评析》,《图书馆建设》2003年第3期。
③ 参见郑全太、李香艳《20世纪中国图书馆学研究中的"西方中心论"倾向评析》,《图书馆建设》2003年第3期。

了前所未有的动荡之中。在这样的时代背景下，思想文化领域各种流派和观点竞相涌现并激烈碰撞，构建了一个内容丰富、多元共存的文化格局。

其时，新式知识分子群体逐渐崛起并日益壮大，为思想文化的发展注入了新的动力。他们不断寻求新知，成为推动社会进步的中坚力量。尤其值得一提的是，海外留学归来的学者带回了西方先进的科技和文化知识，并将其注入时代的文化土壤。这些学人们通过著书立说、讲学传播等方式，积极推广自身观点，有力推动了思想文化的交流与科学技术的进步。

图书馆，作为文化传承与发展的重要载体，在民国时期也经历了深刻的变革。这一时期，图书馆事业得到了长足的发展，时人对图书馆事业和图书馆学理论的思考也日益深入。他们积极地继承传统，借鉴西方，努力探索图书馆事业的创新发展之路。这种探索不仅体现在图书馆建筑、馆藏资源的建设上，更体现在图书馆管理制度、服务理念等方面。正是这些努力，使得图书馆逐渐成为人们获取知识、交流思想的重要场所。

民国时期，我国图书馆事业经历了深刻的变革，这一变革体现在时人对图书馆事业和图书馆学理论的深入思考与探索中，包括继承、借鉴、发展、转型和本土化等多个方面。这一历史经验对于当今图书馆事业的推进和图书馆学的创新发展具有重要的启示和借鉴意义。

主要参考文献

鲍士伟.图书馆——教育上最重要的工具.晨报副刊，1925（120）.

北大文学院增设两专科.中华图书馆协会会报，1948，21（3—4）.

北京大学信息管理系等编.一代宗师——纪念刘国钧先生百年诞辰学术论文集.北京：北京图书馆出版社，1999.

北京图书馆出版社古籍影印室编.近代著名图书馆馆刊荟萃三编：第十四册.北京：北京图书馆出版社，2006.

北京图书馆业务研究委员会编.北京图书馆馆史资料汇编（1909—1949）.北京：书目文献出版社，1992.

北平市市立第一普通图书馆儿童读书会简章.中华图书馆协会会报，1936，12（5）.

俾沙普著，金敏甫译.现代图书馆编目法.上海：商务印书馆，1937.

蔡莹编.图书馆简说.上海：中华书局，1922.

陈传夫.略论中国现代"新目录学"的基本流派.晋图学刊，1991（3）.

陈锡岳、林基鸿主编.名人与图书馆.天津：天津人民出版社，1993.

陈燮君、盛巽昌主编.二十世纪图书馆与文化名人.上海：上海社会科学院出版社，2004.

陈学恂主编.中国近代教育史教学参考资料（上）.北京：人民教育出版社，1986.

陈友松、刘伍夫编著.图书馆.上海:商务印书馆,1937.

陈源蒸等编.中国图书馆百年纪事(1840—2000).北京:北京图书馆出版社,2004.

陈源蒸等主编.20世纪中国图书馆学文库叙录.北京:国家图书馆出版社,2014.

程伯群编著.比较图书馆学.上海:世界书局,1935.

程焕文.百年沧桑　世纪华章——20世纪中国图书馆事业回顾与展望.图书馆建设,2004(6).

程焕文.百年沧桑　世纪华章——20世纪中国图书馆事业回顾与展望(续).图书馆建设,2005(1).

程焕文.论图书馆人才的特征——关于"图书馆四代人"的探讨.广东图书馆学刊,1988,8(3).

程焕文.图书馆的价值与使命.上海:上海科学技术文献出版社,2014.

程焕文.晚清图书馆学术思想史.北京:北京图书馆出版社,2004.

程焕文.中国图书馆学教育之父——沈祖荣评传.台北:台湾学生书局,1997.

程焕文.中华民国时期图书馆学术史序说.中山大学学报(哲学社会科学版),1988,28(2).

戴煜滨、高磊.我国近代图书分类理论的形成.哈尔滨师专学报(社会科学版),1996,17(3).

戴志骞.论美国图书馆.留美学生季报,1918,5(4).

戴志骞.图书分类法几条原则的商榷.北京图书馆协会会刊,1924(1).

戴志骞.图书馆学术讲稿.教育丛刊,1923,3(6).

戴志骞讲,何兆清记.图书馆与教育.教育汇刊,1921(1).

邓咏秋.评《中华图书馆协会会报》.大学图书馆学报,2010,

28（2）.

丁道凡搜集编注.中国图书馆界先驱沈祖荣先生文集.杭州：杭州大学出版社，1991.

丁友兰、刘雯.李小缘先生图书馆社会教育思想探析.情报探索，2017（4）.

东方图书馆之暑期讲习班.中华图书馆协会会报，1928，4（1）.

杜定友.大学图书馆的需要.中华教育界，1924，14（6）.

杜定友.儿童图书馆问题.教育杂志，1926，18（4）.

杜定友.国家主义与图书馆.中华教育界，1925，15（1）.

杜定友.汉字排字法.上海：上海图书馆协会，1925.

杜定友.汉字形位排检法.上海：中华书局，1932.

杜定友.图书分类法.上海：上海图书馆协会，1925.

杜定友.图书馆.长沙：商务印书馆，1941.

杜定友.图书馆管理法上之新观点.浙江省立图书馆月刊，1932，1（9）.

杜定友.图书馆通论.上海：商务印书馆，1925.

杜定友.图书馆学的内容和方法.教育杂志，1926，18（9）.

杜定友.图书馆学概论.上海：商务印书馆，1927.

杜定友.图书馆学之研究.图书馆，1925（创刊号）.

杜定友.图书馆与市民教育（市民大学第一期讲义录）.广州：广州市民大学出版部，1921.

杜定友.图书目录学.上海：商务印书馆，1926.

杜定友.图书选择法.上海：商务印书馆，1926.

杜定友.学校图书馆学.上海：商务印书馆，1928.

杜定友.中国检字问题.上海：交通大学图书馆，1931.

杜定友.著者号码编制法.上海：上海图书馆协会，1925.

杜定友编.图书管理学.上海：新国民图书社，1932.

杜定友编译.图书馆与成人教育.上海：中华书局，1933.

杜定友等.民众图书馆问题.中华图书馆协会会报，1930，5（4）.

杜定友讲，梁春华述.研究图书馆学之心得.国立中山大学图书馆周刊，1928，1（1）.

杜定友著，广东省立中山图书馆、中山大学图书馆编.杜定友文集.广州：广东教育出版社，2012.

范并思.图书馆学基础理论的四个时期.国家图书馆学刊，2008（1）.

范并思等编著.20世纪西方与中国的图书馆学——基于德尔斐法测评的理论史纲.北京：北京图书馆出版社，2004.

范凡.民国时期图书馆学著作出版与学术传承.北京：国家图书馆出版社，2011.

分组会议记录：第三十　图书馆教育组.新教育，1923，7（2—3）.

分组会议记录：第十八　图书馆教育组.新教育，1922，5（3）.

分组会议议案汇录：图书馆教育组.新教育，1925，11（2）.

冯陈祖怡.中文目录编制问题.北京图书馆协会会刊，1924（1）.

冯方、张华.早期维新思想家与近代图书馆学思想的传播.图书馆学研究，1996（4）.

佛里特尔著，杨昭悊、李燕亭译.图书馆员之训练.上海：商务印书馆，1933.

付文超.杜威的实用主义教育思想对中国教育的影响.湖北经济学院学报（人文社会科学版），2015，12（10）.

傅椿徽主编.图书馆文献编目.武汉：武汉大学出版社，1989.

傅荣贤、李满花.基于中国古代智慧建构本土化图书馆学思想的必要性及其可能路径.图书馆，2013（5）.

傅荣贤.中国古代目录学研究.北京：知识产权出版社，2017.

傅荣贤.中国古代图书馆学思想史.合肥：黄山书社，2016.

各级学校及各机关团体附设图书馆（室）供应民众阅览办法.浙江教育，1941，4（1）.

龚蛟腾.清末至民国图书馆事业的勃兴与繁荣（上）.图书馆，2011（1）.

龚蛟腾.中国图书馆学的起源与转型——从校雠学说到近现代图书馆学的演变.北京：国家图书馆出版社，2013.

龚蛟腾.中国图书馆学近代化演进分析——从古代校雠学说到西式图书馆学.图书与情报，2014（1）.

龚蛟腾、朱潇娜.近代中国图书馆学学理的嬗变与开新.大学图书馆学报，2021，39（3）.

顾潮编著.顾颉刚年谱（增订本）.北京：中华书局，2011.

顾建新等.论洪范五对中国现代图书馆事业的贡献.中国图书馆学报，2014，40（4）.

顾颉刚.购求中国图书计划书.文献，1981（2）.

顾颉刚编.购求中国图书计划书.广州：国立中山大学图书馆研究会，1927.

顾钧.美国第一批留学生在北京.郑州：大象出版社，2015.

顾廷龙.介绍顾颉刚先生撰《购求中国图书计划书》——兼述他对图书馆事业的贡献.文献，1981（2）.

顾廷龙述，刘小明整理.顾廷龙学述.杭州：浙江人民出版社，2000.

顾烨青.民国时期图书馆学会考略.山东图书馆学刊，2009（6）.

顾烨青.中国近现代图书馆学人史料建设：现状与展望.大学图书馆学报，2010，28（3）.

桂质柏.大学图书馆之标准.图书馆学季刊，1932，6（1）.

桂质柏.大学图书馆之经费问题.国立中央大学教育丛刊，1934，1（2）.

桂质柏.国立中央大学图书馆中文图书编目规则.南京：国立中央大学图书馆，1934.

桂质柏编.杜威书目十类法.济南：齐鲁大学图书馆，1925.

桂质柏编.国立中央大学图书馆概况.南京：国立中央大学图书馆，1933.

郭英.梁启超与卡耐基对图书馆发展的贡献.图书馆论坛，2006（5）.

国家图书馆编.近代著名图书馆馆刊荟萃：第十五册.北京：北京图书馆出版社，2003.

国立中央图书馆编订.国立中央图书馆中文图书编目规则.上海：商务印书馆，1946.

韩永进主编.中国图书馆史：古代藏书卷.北京：国家图书馆出版社，2017.

韩永进主编.中国图书馆史：近代图书馆卷.北京：国家图书馆出版社，2017.

何官峰.图书馆学史理论研究综述.图书馆学研究，2015（8）.

何官峰.中国图书馆学史研究述评.图书馆论坛，2015（4）.

洪焕椿.美国退还庚款补助图书馆事业之由来及经过.图书展望，1947（2）.

洪焕椿.怎样利用图书馆.上海：开明书店，1946.

洪业.引得说.北京：燕京大学图书馆，1932.

洪有丰.国立清华大学图书馆丛书子目索引序.国立中央大学教育丛刊，1935，3（1）.

洪有丰.克特及其展开分类法.图书馆学季刊，1926，1（3）.

洪有丰.清代藏书家考.图书馆学季刊，1926，1（1—4）；1927，2（1）.

洪有丰.图书馆述略.清华周刊，1931，35（11—12）.

洪有丰. 图书馆组织与管理. 上海：商务印书馆，1926.

胡天石. 中国国际图书馆与抗战. 中华图书馆协会会报，1940，14（4）.

黄少明. 中华教育改进社年会有关图书馆议决案对中国图书馆事业的影响. 国家图书馆学刊，2009（3）.

黄少明. 走向免费服务——从清末和民国时期的图书馆法规看公共图书馆免费服务的原则最终在我国的确立. 图书馆，2005（2）.

黄星辉. 普通图书编目法. 武汉：武昌文华图书馆学专科学校，1934.

黄学军. 十年来我国比较图书馆学研究述评. 图书馆，1991（6）.

黄增章、杨恒平. 中国图书馆事业开拓者：杜定友. 广州：广东人民出版社，2009.

霍国庆. 百年沧桑　三次高潮　四代学人——20世纪中国大陆和台湾地区图书馆学史总评. 图书馆，1998（3）.

霍国庆. 百年沧桑　三次高潮　四代学人——20世纪中国大陆和台湾地区图书馆学史总评（续）. 图书馆，1998（4）.

蒋复璁. 中国图书分类问题之商榷. 图书馆学季刊，1929，3（1—2）.

蒋复璁编著. 图书馆. 南京：正中书局，1941.

蒋复璁编著. 图书室管理法. 南京：正中书局，1941.

蒋元卿编. 中国图书分类之沿革. 上海：中华书局，1937.

教育部颁布修正图书馆规程. 义乌教育月刊. 1930，3（7）.

教育部编. 第一次中国教育年鉴：戊编. 上海：开明书店，1934.

教育部编. 教育法令汇编：第一辑. 上海：商务印书馆，1936.

教育部分科规程. 政府公报分类汇编，1915（13）.

金春梅. 民国时期中华图书馆协会发展脉络梳理. 晋图学刊，2017（2）.

金敏甫. 图书编目原理. 图书展望，1937，2（8）.

金敏甫.图书馆及其利用法.学生杂志,1930,17(7).

金敏甫.中国图书馆学术史.国立中山大学图书馆周刊,1928,2(2).

金敏甫编.中国现代图书馆概况.广州:广州图书馆协会,1929.

金敏甫编著.图书编目学.南京:正中书局,1946.

津市第三图书馆主办儿童健康比赛会.中华图书馆协会会报,1936,11(6).

景海燕.从图书馆学译著看20世纪西方图书馆学对中国的影响.图书与情报,2001(2).

柯平等.图书馆学发展规律探究.情报资料工作,2006(4).

孔敏中.图书馆是完全的教育机关.新教育评论,1926,2(7).

孔敏中.中国图书馆学术文字索引.中华图书馆协会会报,1928,4(3).

来新夏等.中国近代图书事业史.上海:上海人民出版社,2000.

来新夏等.中国图书事业史.上海:上海人民出版社,2009.

来新夏.古典目录学(修订本).北京:中华书局,2013.

来新夏.近三百年人物年谱知见录.上海:上海人民出版社,1983.

来新夏、柯平主编.目录学读本.上海:上海交通大学出版社,2014.

来新夏主编.图书馆学 情报学 档案学简明辞典.天津:南开大学出版社,1991.

李凡.我国早期图书馆学家对参考馆员素质的论述及其启示.大学图书馆学报,2013,31(5).

李刚等.制度与范式:中国图书馆学的历史考察(1909—2009).北京:科学出版社,2013.

李刚、倪波.20世纪中国图书馆学的现代性与学科建制.中国图书馆学报,2002,28(4).

李刚、叶继元.中国现代图书馆专业化的一个重要源头——中华教育改进社图书馆教育组的历史考察.中国图书馆学报,2011,37(3).

李桂林主编.中国教育史.上海:上海教育出版社,1989.

李国钧、王炳照总主编.中国教育制度通史:第七卷 民国时期(公元1912—1949年).济南:山东教育出版社,2000.

李华兴.中国近代思想史.杭州:浙江人民出版社,1988.

李建良.图书馆"要素说"的研究.内蒙古科技与经济,2015(2).

李景新.图书馆释义.文华图书馆学专科学校季刊,1934,6(3).

李景新.图书馆学能成一独立的科学吗.文华图书馆学专科学校季刊,1935,7(2).

李满花.图书馆学研究中的拿来、原创和输出——兼论中国古代图书馆学的现代价值.江西图书馆学刊,2008(4).

李明杰、李瑞龙.民国图书馆学教育体系考述.图书情报研究,2018,11(3).

李彭元.论中华图书馆协会的主要历史贡献.图书馆论坛,2018(12).

李万健.中国著名目录学家传略.北京:书目文献出版社,1993.

李文裿.北平市立第一普通图书馆概况.中华图书馆协会会报,1936,11(4).

李希泌、张椒华编.中国古代藏书与近代图书馆史料(春秋至五四前后).北京:中华书局,1982.

李小缘.藏书楼与公共图书馆.图书馆学季刊,1926,1(3).

李小缘.公共图书馆之组织.图书馆学季刊,1926,1(4).

李小缘.全国图书馆计划书.图书馆学季刊,1928,2(2).

李小缘.图书馆学.南京:第四中山大学,1927.

李小缘.中国图书馆事业十年来之进步.图书馆学季刊,1936,10(4).

李芸萍.中华图书馆协会及其对我国早期图书馆事业的贡献.学园,

2012（9）.

李致忠主编.中国国家图书馆馆史（1909—2009）.北京：国家图书馆出版社，2009.

李致忠主编.中国国家图书馆馆史资料长编（1909—2008）.北京：国家图书馆出版社，2009.

李钟履编.图书馆学论文索引：第一辑（清末至1949年9月）.北京：商务印书馆，1959.

李钟履编.图书馆学书籍联合目录.北京：中华书局，1958.

理查德·克尔齐斯、加斯顿·利顿著，周俊译.世界图书馆事业——比较研究.北京：书目文献出版社，1990.

梁建洲等编.毛坤图书馆学档案学文选.成都：四川大学出版社，2000.

梁启超.饮冰室合集 文集（5）.北京：中华书局，1989.

梁启超.中国近三百年学术史.芜湖：安徽师范大学出版社，2016.

梁启超.中华图书馆协会成立会演说辞.中华图书馆协会会报，1925，1（1）.

林庆彰.图书文献学研究论集.台北：文津出版社，1990.

林语堂.图书索引之一新法.图书馆学季刊，1926，1（1）.

刘宝瑞等编校.民国图书馆学文献学著译序跋辑要.北京：国家图书馆出版社，2012.

刘春云、龚蛟腾.新文化运动与整理国故运动对中国图书馆学近代转型的影响.大学图书馆学报，2018，36（3）.

刘纯.杂志索引之需要及编制大纲.中华图书馆协会会报，1929，4（4）.

刘国钧.四库分类法之研究.图书馆学季刊，1926，1（3）.

刘国钧.图书馆与民众动员.教育通讯（汉口），1938（24）.

刘国钧.现时中文图书馆学书籍评.图书馆学季刊，1926，1（2）.

刘国钧.怎样开始分类图书.民众教育，1931，3（4—5）.

刘国钧编.图书馆学要旨.上海：中华书局，1934.

刘国钧编.中国图书分类法.南京：金陵大学图书馆，1929.

刘衡如.儿童图书馆和儿童文学.中华教育界，1922，11（6）.

刘衡如.近代图书馆之性质及功用.浙江公立图书馆年报，1923（8）.

刘衡如.美国公共图书馆概况.新教育，1923，7（1）.

刘劲松、符夏莹.民国时期陈颂的图书馆学思想及实践论略.图书馆建设，2019（1）.

刘亮.民国时期图书馆学思想的特征、影响和局限.图书馆建设，2011（12）.

刘亮、杨玉麟.抗战时期图书馆学人的救亡思想——以沈祖荣、杜定友、李小缘、刘国钧为例.图书馆，2011（5）.

刘少泉编著.中国图书馆事业史.北京：国家图书馆出版社，2013.

刘雯.刘国钧与杜定友图书馆学思想比较.图书馆，2011（4）.

刘小琳.从民国时期图书馆法规透视我国图书馆事业的发展态势.图书馆界，2020（4）.

刘阳、刘革.李小缘图书馆建筑思想的启示.河南图书馆学刊，2013，33（9）.

刘应芳、潘欣.王云五对我国图书馆学本土化的特殊贡献.浙江师范大学学报（社会科学版），2016，41（2）.

刘应芳.民国时期图书分类法本土化之研究.图书情报工作，2012，56（1）.

刘应芳.民国时期图书馆学教育本土化研究及其现代意义.图书馆建设，2012（2）.

刘应芳.沈祖荣图书馆学本土化的理念及实践.图书情报工作，2010，

54（19）.

刘宇等.《文华图书馆学专科学校季刊》的知识产出与学术风格——基于文献计量学的研究.大学图书馆学报，2015，33（3）.

刘兹恒.20世纪初我国图书馆学家在图书馆学本土化中的贡献.图书与情报，2009（3）.

罗贤春、姚明.近代文化变迁中的图书馆学思想.图书情报知识，2015（5）.

骆·约翰·亚当著，章新民译.民众图书馆的行政.武汉：武昌文华图书馆学专科学校，1934.

吕绍虞.图书馆目录之种别及其应用.大夏周报，1933，10（13）.

吕绍虞.怎样利用图书馆.上海：中国图书服务社，1938.

吕绍虞.中文标题总目.上海：中国图书服务社，1937.

吕绍虞.最近之上海图书馆.上海：中国图书服务社，1938.

《民国丛书》编委会编.民国丛书：第三编　第42册.上海：上海书店，1991.

《民国丛书》编委会编.民国丛书：第一编　第47册.上海：上海书店，1989.

马费成主编.世代相传的智慧与服务精神——文华图专八十周年纪念文集.北京：北京图书馆出版社，2001.

马秀娟.《中华图书馆协会会报》特点及其对中国图书馆事业的贡献.新世纪图书馆，2015（3）.

马宗荣、黄雪章编著.中国成人教育问题.上海：商务印书馆，1937.

马宗荣.图书馆组织及管理浅说.浙江省立图书馆月刊，1932，1（9）.

马宗荣.现代图书馆的价值并祝本志的诞生.图书馆，1925（创刊号）.

马宗荣.现代图书馆的研究.学艺杂志,1924,5(9—10).

马宗荣.现代图书馆序说.上海:中华学艺社,1928.

马宗荣.中国图书馆事业的史的研究(上).学艺杂志,1930,10(3).

马宗荣.中国图书馆事业的史的研究(下).学艺杂志,1930,10(7).

马宗荣.中国图书馆事业的史的研究(中).学艺杂志,1930,10(5).

麦群忠.梁启超和松坡图书馆.图书馆论坛,2001(1).

南京大学信息管理系编.李小缘纪念文集.2007.

宁波民教馆办理渔盐巡回文库.浙江省民众教育辅导半月刊,1937,3(6).

欧美各国图书馆学杂志目录.中华图书馆协会会报,1925,1(4).

潘燕桃、程焕文.清末民初日本图书馆学的传入及其影响.中国图书馆学报,2014,40(4).

彭斐章等编著.目录学.武汉:武汉大学出版社,1986.

彭斐章主编.目录学教程(第二版).北京:高等教育出版社,2017.

皮高品著,周荣等整理.皮高品集.武汉:武汉大学出版社,2017.

平保兴.16位图书馆学者事略与著述考录.山东图书馆学刊,2012(1).

平保兴.民国时期汉字检字法史论.辞书研究,2014(5).

平保兴.民国时期我国索引理论研究述评.贵图学刊,2009(3).

濮秉钧.民众图书馆中的阅读指导问题.无锡图书馆协会会报,1932(2).

普及全国图书教育办法.四川省政府公报,1944(229).

钱玄同.中国今后之文字问题.新青年,1918,4(4).

钱亚新、白国应编.杜定友图书馆学论文选集.北京:书目文献出版社，1988.

钱亚新.从索引法去谈谈排字法和检字法.图书馆学季刊，1929，3（1—2）.

钱亚新.儿童图书馆学导论.教育建设，1933（5）.

钱亚新.排检法的规则.武昌文华图书科季刊，1931，3（4）.

钱亚新.排检法的原理.文华图书馆学专科学校季刊，1932，4（1）.

钱亚新.拼音著者号码编制法.武汉：武昌文华公书林，1928.

钱亚新.索引和索引法.上海：商务印书馆，1930.

钱亚新.杂志和索引.武昌文华图书科季刊，1929，1（2）.

钱亚新.中国索引论著汇编初稿.文华图书馆学专科学校季刊，1937，9（2）.

钱亚新等整编.杜定友先生遗稿文选（初集）.南京：江苏省图书馆学会，1987.

秦亚欧、郑晓丹.中国近代巡回文库服务研究.图书馆学研究，2009（9）.

清华大学校史研究室.清华大学史料选编：第一卷 清华学校时期（1911—1928）.北京：清华大学出版社，1991.

裘开明.中国图书编目法.上海：商务印书馆，1931.

全根先.王云五的图书分类实践与创新.新世纪图书馆，2007（2）.

日本图书馆学杂志目录.中华图书馆协会会报，1926，1（6）.

荣红涛.20世纪80年代以来民国图书馆学思想研究述评.图书馆，2014（1）.

荣红涛.民国图书馆学思想的宏观考察.国家图书馆学刊，2013，22（5）.

桑兵.晚清民国的学人与学术.北京：中华书局，2008.

上海市立图书馆编.上海市立图书馆指南.上海：上海市立图书

馆，1947.

上海暑期图书馆讲习班纪略.教育杂志，1928，20（11）.

上海图书馆协会史略.上海法租界纳税华人会会报，1937，2（9）.

申少春编著.中国近现代目录学简史.北京：中国致公出版社，2001.

沈绍期.中国全国图书馆调查表.教育杂志，1918，10（8）.

沈绍期君在报界俱乐部演说图书馆事业.东方杂志，1917，14（6）.

沈占云."新图书馆运动"与民国时期图书馆学学术转型.图书馆，2013（6）.

沈祖荣、胡庆生编.仿杜威书目十类法.武汉：武昌文华公书林，1922.

沈祖荣.国难与图书馆.文华图书馆学专科学校季刊，1932，4（3—4）.

沈祖荣.今后二年之推进图书馆教育.建国教育，1939，1（2）.

沈祖荣.民国十年之图书馆.新教育，1922，5（4）.

沈祖荣.沈祖荣文集.武汉：武汉大学出版社，2013.

沈祖荣.提倡改良中国图书馆之管见.新教育，1923，6（4）.

沈祖荣.图书馆编目之管测.图书馆学季刊，1927，2（1）.

沈祖荣.图书馆教育的战时需要与实际.中华图书馆协会会报，1939，13（4）.

沈祖荣.我对于文华图书科季刊的几种希望.武昌文华图书科季刊，1929，1（1）.

沈祖荣.我国图书馆之新趋势.教育与社会，1944，3（1—2）.

沈祖荣.在文华公书林过去十九年之经验.武昌文华图书科季刊，1929，1（2）.

沈祖荣.中国各省图书馆调查表.新教育，1922，5（1—2）.

沈祖荣.中国图书馆目录应采书本式抑卡片式.图书馆学季刊，

1926，1（3）.

沈祖荣.中文编目中一个重要的问题——标题.图书馆学季刊，1929，3（1—2）.

史永元、张树华编.刘国钧图书馆学论文选集.北京：书目文献出版社，1983.

孙毓修.图书馆（续）.教育杂志，1910，2（10）.

孙毓修著；朱元善编纂.图书馆；图书馆管理法.北京：国家图书馆出版社，2013.

唐艳、姚乐野.1918—1937年巡回文库的图书选择：阅读导向与读者需求.图书馆建设，2016（4）.

田洪都.图书馆图书购求法序.图书馆学季刊，1936，10（3）.

通俗教育研究会编.图书馆小识.北京：通俗教育研究会，1917.

通俗图书馆规程.教育杂志（安庆），1915（4）.

图书馆参考员眼目中之编目工作观.文华图书馆学专科学校季刊，1932，4（1）.

图书馆工作大纲.广东省政府公报，1939（448）.

图书馆工作实施办法.浙江教育行政月刊，1944（15）.

图书馆协会年会.申报，1929－01－30（6）.

图书馆学书目举要.中华图书馆协会会报，1925，1（3）.

万国鼎.各家新检字法述评.图书馆学季刊，1928，2（4）.

万国鼎.汉字母笔排列法.东方杂志，1926，23（2）.

万国鼎.汉字排检问题.图书馆学季刊，1929，3（1—2）.

万国鼎.索引与序列.图书馆学季刊，1928，2（3）.

万国鼎.修正汉字母笔排列法大纲.图书馆学季刊，1926，1（2）.

王阿陶、姚乐野.《图书馆学季刊》及其学术特点刍议.图书情报知识.2015（5）.

王阿陶、姚乐野.图学史卷　时代华章——《中华图书馆协会会报》研究.大学图书馆学报.2014，32（3）.

王阿陶、姚乐野.我国近代第一个图书馆专业协会成立经过及深远影响.图书馆建设，2021（1）.

王崇周.编制儿童书目的由来.北平市市立第一普通图书馆馆刊，1931（1）.

王雷.中国近代社会教育史.北京：人民教育出版社，2003.

王文萊.浙江省立图书馆儿童阅览室一年来之回顾.浙江省立图书馆馆刊，1933，2（2）.

王新才.中国目录学：理论、传统与发展.北京：国家图书馆出版社，2008.

王余光.文献学与文献学家.北京：国家图书馆出版社，2008.

王云五.号码检字法.东方杂志，1925，22（12）.

王云五.四角号码检字法.上海：商务印书馆，1935.

王云五.中外图书统一分类法.上海：商务印书馆，1928.

王兆辉等.民国时期我国图书馆事业的建设与发展.山东图书馆学刊，2012（3）.

王重民.中国目录学史论丛.北京：中华书局，1984.

王子舟.杜定友和中国图书馆学.北京：北京图书馆出版社，2002.

王子舟.图书馆学研究法：学术论文写作撮要.北京：北京大学出版社，2017.

吴稌年、顾烨青.论刘国钧先生早期的图书馆学思想.中国图书馆学报，2011，37（5）.

吴稌年、顾烨青.中国近代图书馆专业人才培养之途径.图书情报知识，2014（5）.

吴稌年.金敏甫对图书馆学术研究的贡献.大学图书馆学报，2011，

29（1）.

吴稌年.近代图书馆学人对学术史的研究.山东图书馆学刊，2014（2）.

吴稌年.论"17年"图书馆史学术分期界定.高校图书馆工作，2017，37（1）.

吴稌年.论"要素说"的哲学来源.图书馆理论与实践，2006（5）.

吴稌年.社会教育理念下的图书馆学思想——马宗荣先生与近代图书馆事业.中国图书馆学报，2009，35（2）.

吴稌年.图书馆分期三问题.图书与情报，2004（2）.

吴稌年.图书馆活动高潮与学术转型：古近代.北京：兵器工业出版社，2005.

吴稌年.中国近代图书馆参考咨询活动之研究.晋图学刊，2006（4）.

吴稌年.中国近代图书馆界的比较研究源流.图书馆理论与实践，2010（12）.

吴稌年.中国近代图书馆学的学术转型——以杜定友、刘国钧为中心.图书情报工作，2004，48（10）.

吴稌年.中国近代文化保守主义思潮与图书馆学思想.国家图书馆学刊，2009，18（4）.

吴稌年.中国近代文献分类体系探源.晋图学刊，2005（2）.

吴稌年.中国图书馆界早期近20年主要学术思想特征.图书馆理论与实践，2011（12）.

吴稌年.中华图书馆协会对外交流的首件大事——鲍士伟考察中国图书馆85周年.图书馆，2011（2）.

吴永贵编著.中国出版史：下册·近现代卷.长沙：湖南大学出版社，2008.

吴永贵、林肖海.文华图专与中国近代图书馆学学科建制.图书情报知识，2009（3）.

吴仲强.中国近代图书分类学史论.图书馆学研究，1995（4）.

吴仲强.中国图书馆学史论.中国图书馆学报（季刊），1992（4）.

吴仲强等.中国图书馆学史.长沙：湖南出版社，1991.

伍若梅、张杰.我国图书馆学史理论研究综述.图书馆，2012（6）.

武汉大学、北京大学《目录学概论》编写组编著.目录学概论.北京：中华书局，1982.

武汉大学图书馆学系编.图书馆学目录学论文集.武汉：武汉大学，1964.

肖东发主编.中国编辑出版史.沈阳：辽宁教育出版社，1996.

谢欢.新教育运动对我国近代图书馆事业的影响.大学图书馆学报，2014，32（3）.

谢灼华主编.中国图书和图书馆史（第三版）.武汉：武汉大学出版社，2011.

谢灼华主编.中国图书和图书馆史（修订本）.武汉：武汉大学出版社，2005.

邢云林.簿式目录中著录详略之研究（上篇）.图书馆学季刊，1933，7（2）.

邢云林.图书馆图书购求法.图书馆学季刊，1936，10（2）.

邢云林编著.图书馆图书购求法.南京：正中书局，1936.

徐家麟.中文编目论略之论略.图书馆学季刊，1929，3（1—2）.

徐凌志主编.中国历代藏书史.南昌：江西人民出版社，2004.

徐旭.民众图书馆实际问题.上海：中华书局，1935.

徐旭.民众图书馆学.北京：国家图书馆出版社，2013.

徐学.略论我国近代图书分类法的发展和特点.科技信息（学术研究），2008（12）.

许欢.王云五先生图书馆学贡献述评.图书馆，2015（11）.

许振东.通俗图书馆之管理法.浙江教育行政周刊,1932,3(45).

许振东.图书馆的吸引工作.浙江第二学区图书馆协会会刊,1934(4).

薛毅.中国华洋义赈救灾总会研究.武汉:武汉大学出版社,2008.

严文郁.中国图书馆发展史:自清末至抗战胜利.北京:中国图书馆学会,1983.

杨宝华、韩德昌编.中国省市图书馆概况(1919—1949).北京:书目文献出版社,1985.

杨薇.《图书馆学季刊》的创办及其影响.内蒙古科技与经济,2011(13).

杨昭悊编著.图书馆学.上海:商务印书馆,1923.

姚名达.目录学.上海:商务印书馆,1933.

姚名达.中国目录学史.长春:吉林人民出版社,2014.

于厚海.20世纪初我国社会教育背景下图书馆权利思想探源.图书馆建设,2015(2).

于良芝.图书馆情报学概论.北京:国家图书馆出版社,2016.

于作敏、赵慧峰.国学传承与民国前期图书馆学的本土化.鲁东大学学报(哲学社会科学版),2020,37(2).

余海宪等.洪范五先生与华东师范大学图书馆.大学图书馆学报,2014,32(2).

俞君立.文华图专学者对图书分类理论与实践的贡献.高校图书馆工作,2001(1).

俞君立主编.中国文献分类法百年发展与展望.武汉:武汉大学出版社,2002.

俞爽迷编著.图书馆学通论.南京:正中书局,1936.

袁莉莉.梁启超与李小缘的公共图书馆观念比较.图书馆界,2009(1).

曾凡菊.民国时期三大图书馆学期刊办刊特色之比较.高校图书馆工

作.2019,39(5).

曾凡菊.民国时期图书馆学学术转型研究.北京:科学出版社,2020.

翟桂荣编著.李燕亭图书馆学著译整理与研究.北京:中国社会科学出版社,2016.

翟艳芳.中国近代图书馆事业的积极倡导者——梁启超.农业图书情报学刊,2007(6).

张峰.二十世纪我国图书馆学理论研究两次高潮的比较与分析.图书情报知识,1992(2).

张凤英.略论中国传统目录系统的近代化.湘潭大学学报(哲学社会科学版),1989(S1).

张鸿书.比较图书馆.文华图书馆学专科学校季刊,1935,7(1).

张亮、肖海龙.顾颉刚先生对中国图书馆事业的影响.新世纪图书馆,2007(5).

张书美、刘劲松.近代中国巡回文库与平民教育思想探析.图书馆研究与工作,2008(2).

张书美、刘劲松.美国所退庚款与中国近代图书馆事业.图书馆界,2008(3).

张书美.民国时期民众图书馆中的巡回流通事业.国家图书馆学刊,2017,26(2).

张书美、周芝萍.论《中华图书馆协会会报》的刊文重心及特色.河南科技学院学报,2015(3).

张树华、张久珍编著.20世纪以来中国的图书馆事业.北京:北京大学出版社,2008.

张研、孙燕京主编.民国史料丛刊1120:文教·文博.郑州:大象出版社,2009.

赵福来.图书馆建筑与设备.武汉：武昌文华图书馆学专科学校,1935.

郑建明编著.当代目录学.南京：南京大学出版社，1994.

郑锦怀.中国现代图书馆先驱戴志骞研究.青岛：中国海洋大学出版社，2017.

郑丽芬.筚路蓝缕先驱之路——试论我国第一代图书馆学人留美经历.图书馆论坛，2015（4）.

郑丽芬.民国时期赴美第二代图书馆学人群体研究.图书馆，2020（2）.

郑全太、李香艳.20世纪中国图书馆学研究中的"西方中心论"倾向评析.图书馆建设，2003（3）.

郑全太.我国图书馆学史学科建设亟待加强.图书馆学研究，2001（3）.

郑永田.麦维尔·杜威与美国公共图书馆运动.图书馆，2011（4）.

郑章飞等主编.中国图书馆学教育概论.长沙：国防科技大学出版社，2001.

中国第二历史档案馆编.中华民国史档案资料汇编：第三辑　教育.南京：江苏古籍出版社，1991.

中国第二历史档案馆编.中华民国史档案资料汇编：第五辑　第二编　军事（二）.南京：江苏古籍出版社，1997.

中国科学技术协会主编，中国图书馆学会编著.中国图书馆学学科史.北京：中国科学技术出版社，2014.

中国图书馆学会主编，《建筑创作》杂志社编.百年文萃——空谷余音.北京：中国城市出版社，2005.

中国图书馆学会主编，《建筑创作》杂志社承编.百年大势——历久弥新.北京：科学出版社，2004.

中华教育文化基金董事会图书馆学助学金规程.中华图书馆协会会报，1926，1（6）.

中华图书馆协会第一次年会纪事.中华图书馆协会会报，1929，

4 (4).

中华图书馆协会第一周年报告.中华图书馆协会会报,1926,2 (1).

中华图书馆协会图书馆学暑期学校之经过.中华图书馆协会会报,1925,1 (4).

中华图书馆协会执行委员会编纂.中华图书馆协会第一次年会报告.北京:中华图书馆协会事务所,1929.

中华图书馆协会执行委员会编纂.中华图书馆协会概况.北京:中华图书馆协会事务所,1933.

中华图书馆协会组织大纲.中华图书馆协会会报,1925,1 (1).

周洪宇.不朽的文华——从文华公书林到文华图书馆学专科学校.武汉:华中师范大学出版社,2013.

周慧梅.鲁迅与北洋政府时期的教育部社会教育司——社会生活史的视角.宁波大学学报(教育科学版),2020,42 (5).

周太玄等.庚子赔款与教育(上).上海:商务印书馆,1925.

周文骏、王红元编.中国图书馆学研究史稿(1949年10月至1979年12月).北京:北京大学出版社,2011.

周亚.美国图书馆成人教育运动简史(1924—1957).图书馆研究与工作,2020 (11).

朱建亮.早期图书馆学理论流派"要素说"今评.图书馆,2002 (4).

朱天策.梁启超1903年的美国之行及其近代图书馆思想.国家图书馆学刊,2000,9 (3).

左玉河.从四部之学到七科之学——学术分科与近代中国知识系统之创建.上海:上海书店出版社,2004.

A. L. A. Glossary of Library Terms. Chicago:American Library Association,1943.

Hwang W. The First Library School in China. 文华温故集，1920，15（4）.

Kwei J C B. Boone Library School. 英文学生杂志，1926，12（3）.

Kwei J C B. Chinese Library and Literacy Development Visualized. Library Journal，1929（10）.

Wedgeworth R. ALA World Encyclopedia of Library and Information Services. Chicago：American Library Association，1980.

索 引

【人 名】

B

保罗·奥特勒 158
鲍士伟 90，128
布朗 158，173
布利斯 158
布鲁奈 158

C

蔡锷 121，122
蔡莹 131，145
曹柏年 65
陈训慈 150
陈子彝 163
程伯群 111，144，258

D

戴志骞 13，26，54，55，60，63，74，79，81，83—86，88，89，107，113，138，142，145，148，173，174，189，214，261
杜定友 9，10，13，26，37，53，55，60，63，69，72，75—77，80，84，86，89，93，97，107—109，112，113，129—135，139，145—150，163—168，170，178，179，181—184，193—195，197—199，209，212，216，218，220，221，223，237，239—245，251，252，257，258，261，262
杜联喆 65

F

房兆楹 65
冯陈祖怡 63，81—83，85
冯汉骥 65

G

高尔柏 145

高尔松 145

葛受元 65

耿靖民 65，102

顾实 48，106，145，147，148

桂质柏 65，174，175，191，192，213，214

H

哈利斯 158

亨利·拉封丹 158

洪业 205—207，209，252

洪有丰 26，63，72，79—81，83，89，90，108，113，149，168—172，212，213，257，261

胡庆生 52，63，68，102，112，113，149，160，163，170，261

胡延钧 65

黄维廉 65

黄星辉 65

黄炎培 78

J

吉士纳 157

蒋复璁 163

蒋元卿 157，163

金敏甫 48，54，108，146—150，162，184，185，196，213，251，257

金泽慈海 48

K

克乃文 69，114，260

克特 158，172，173，176

L

蓝乾章 12，65，93

李大钊 71，254

李芳馥 65

李继先 65

李明澂 48

李小缘 16，26，52，53，55，60，63，69，72，93，105，108，109，113，130，136，137，143，197，226，258，261

李燕亭 13，63，89

李钟履 16，25，26，93，222

梁启超 1，23，29，38，78，90，92，101，115—121，123—128，

140，149，151，259，262

梁思庄 65

林语堂 92，207

刘国钧 9—11，16，25，37，54，63，69，72，77，86，108，110—112，129，130，135，138，139，142，145—147，150，163，166—169，178，189，190，209，212，220—222，251，256—258，260，261

刘楷贤 65

刘廷藩 65

陆秀 65，82，83

吕绍虞 215，216，220

M

马宗荣 36

麦维尔·杜威 50，62

P

皮高品 177，178

濮秉钧 218

Q

钱存训 65，93

钱亚新 18，93，179—181，202—205，220

裘开明 14，65，81，82，87，163，190，191

R

阮冈纳赞 158，177

S

沈学植 110

沈祖荣 13，14，23，26，36，37，52，55，60，63，67，68，80，84—86，90，93，102，104，111—113，142，147—149，159，160，162，163，170，178，182，186—188，251，256，258，260，261

孙毓修 8，23，32，141，159

T

谭卓垣 65

陶述先 140

陶行知 36，78

田洪都 65，245，246

田中敬 48，106

W

万国鼎 69，200—202
汪长炳 65
王京生 63
王懋镕 47，48，106
王文山 65，89
王云五 73，112，175—177，207，209，252，258
王重民 65，71
韦棣华 14，32，52，56，62，63，66—68，81，90，94，102，113，114，260，261
吴光清 65，93

X

邢云林 194，195，245—247，249，250
徐家璧 65
徐家麟 65
徐亮 65
徐燮元 63

Y

严文郁 12，21，65

杨昭悊 48，53，54，63，74，75，106，107，135，145，148，172，173，183，192，210，211，215，226，256，257，261
姚名达 156，157，182，185，186
于震寰 65，93
喻友信 16，65
袁同礼 16，18，63，72，90，101
约翰·杜威 36，78
岳良木 65

Z

查修 65，81，85，174
张葆箴 65
张鸿书 143
章新民 49
赵福来 227，228
郑韬三 48，49，106
朱家治 16，81，86，182
朱元善 48，106
祝其乐 216，223

【文献名】

B

《北平图书馆协会会刊》 105，113
《比较图书馆》 143
《比较图书馆学》 111，144，258
《簿式目录中著录详略之研究》（上篇）194

C

《从索引法去谈谈排字法和检字法》 202

D

《杜氏图书分类法》 166

E

《儿童图书馆和儿童文学》 138，221
《儿童阅读的指导》 216，223

F

《法国分类表》 158
《仿杜威书目十类法》 111，112，160—163，165，170

G

《公共图书馆之组织》 53
《购求中国图书计划书》 229，231
《广东图书馆计划》 148
《国际十进分类法》 158
《国立北平图书馆馆刊》 105
《国立东南大学孟芳图书馆图书目录》 170
《国立清华大学图书馆丛书子目索引》 172
《国立中山大学图书馆周刊》 105，147

H

《汉字母笔排列法》 200
《汉字索引制说明》 207
《汉字形位排检法》 198，199，209
《汉字形位排检法修正商榷》 199

J

《简明图书馆编目法》 182，251

《金陵大学图书馆丛刊》 105
《近代图书馆之性质及功用》 129，142

L

《论美国图书馆》 138

M

《冒号制图书分类法》 158
《美国公共图书馆之精神》 37
《美国国会图书馆图书分类法》 158，159，168，173，258，263
《民众图书馆的行政》 49
《民众图书馆与巡回文库应备书目初稿》 227
《民众图书馆中的阅读指导问题》 218

O

《欧美各国目录学举要》 182

P

《拼音著者号码编制法》 179，180

Q

《全国图书馆计划书》 52，130

S

《三民主义中心图书分类法》 167
《三十五年来中国科学书目编印细则》 97
《世界图书分类法》 112
《世界图书馆小史》 32
《书目用图书分类法》 158
《索引与序列》 202

T

《提倡改良中国图书馆之管见》 84
《通俗图书馆规程》 33，43，46
《图书编目学》 184，196，251
《图书分类法》 112，145，149，164—166，168，170，251
《图书馆》 8，32，141，142
《图书馆编目之管测》 187
《图书馆参考员眼目中之编目工作观》 194
《图书馆管理法》 47—49，106
《图书馆管理法上之新观点》 139

《图书馆广告学》 140

《图书馆规程》 33，40，43—46

《图书馆简说》 131，145

《图书馆利用法》 216

《图书馆使用法》 216

《图书馆事业之发展》 147

《图书馆通论》 75，107，134，257

《图书馆图书购求法》 245—247，250

《图书馆小识》 48，106，147

《图书馆学》 53，54，74，107，108，135，136，143，145，148，149，173，210，226，256，257

《图书馆学 ABC》 110

《图书馆学的内容和方法》 75

《图书馆学概论》 108，130，134，139，146

《图书馆学季刊》 97，100—102，113，188，190，194，201，202，213，222，265

《图书馆学讲义》 191

《图书馆学术讲稿》 145

《图书馆学要旨》 77，110，111，135，139，210，257

《图书馆学指南》 48，106

《图书馆与成人教育》 37

《图书馆与儿童》 222

《图书馆与市民教育》 129，132，139，148

《图书馆员之训练》 215

《图书馆指南》 48，106，145

《图书馆组织与管理》 108，149，212，213，257

《图书管理学》 76

《图书目录学》 183，184，251

《图书目录著录法与编辑法论》 194

《图书目录著录法与编辑法论》（续完） 194

《图书选择法》 240—245

W

《万象图书分类法》 157

《文华图书馆学专科学校季刊》 102，113，227，265

《文华图书科季刊》 102

X

《西洋图书馆目录史略》 182

《现时中文图书馆学书籍评》 145

《修正汉字母笔排列法大纲》 201

《学部奏拟定京师及各省图书

馆通行章程折》33

《学校图书馆学》76,109,216

《学校文库及简易图书馆经营法》48

Y

《研究图书馆学之心得》75,134

《引得说》205,209,252

Z

《杂志和索引》204

《在报界俱乐部演说图书馆事业》142

《怎样利用图书馆》215,216

《展开制图书分类法》158,159,168,173,258,263

《中国检字问题》198

《中国全国图书馆调查表》37,52

《中国十进制分类法及索引》177,178

《中国图书编目法》190

《中国图书分类法》112,168,169

《中国图书馆事业十年来之进步》105

《中国图书馆学术史》147

《中国现代图书馆概况》147,149

《中国现代图书馆教育述略》147

《中华图书馆协会成立会演说辞》128,140,151

《中华图书馆协会会报》93,95,101,113,199

《中华图书馆协会缘起》95

《中外图书统一分类法》112,176,177

《中文编目中一个重要的问题——标题》188

《中文图书编目条例草案》189,190,252

《主题图书分类法》158,159,168,173,258,263

《著者号码编制法》112,179

《最近中国图书馆事业之进展》150

【专有名词】

A

安徽省立图书馆 40

B

北京图书馆协会 85，89，90
比较图书馆学 111，141，144，151，258
波士顿市立图书馆 117，118
布朗氏分类法 142

D

东南大学图书馆 89
动静说 130，258

G

甘肃省公立图书馆 40
哥伦比亚大学图书馆学院 51
哥伦比亚图书馆 51
公共图书馆运动 33
公共图书馆章程 42
国际图书馆协会联合会 94
国立北京高等师范学校图书馆 71

J

吉林省立长春图书馆 40
济南图书馆协会 89
江苏省教育会 72，78
金陵大学图书馆 63，69，167，168，260
京师通俗图书馆 40，41，85

K

开架借阅 32，119，120，211
克特氏展开分类法 142

L

里奇蒙德纪念图书馆 66

M

美国国会图书馆 118，119，158，187
美国国会图书馆分类法 142
美国纽约州立图书馆学校 52，63，67，102
美国图书馆协会 50，51，90，187

美国图书馆运动 51

民众图书馆 49，69，93，218，225，228，254

N

南京东南大学暑期图书馆讲习科 72

南京高等师范学校图书馆 63

南京图书馆协会 89

P

普拉特学院图书馆学校 67

普林斯顿大学图书馆参考部 69，260

S

上海圣约翰书院 66

上海图书馆协会 89，149，164，179

上海图书馆学校 71

上海中华图书馆学函授学校 73

上海总商会图书馆 89

暑期图书馆学讲习会 71，264

四川图书馆专科学校 71

四角号码检字法 73，176，180

松坡图书馆 85，120—122

苏州图书馆协会 89

索引委员会 92

T

天津图书馆协会 89

通俗图书馆 36，39，40，46，79，133，169，242

图书参考法 69

图书馆法规 33，41，43，44，60

图书馆管理法 32，71，74，77，80，107，132，210

图书馆教育委员会 88，92

图书馆教育组 79，81—87，89

图书馆学专修科 71

图书馆责任委员会 85

W

文华公书林 32，52，62，63，67，69，111，159—161，179，225

武昌昙华林文华学校 51

武昌文华图书馆学专科学校 21，49，52，58，227，245，264

武昌文华学校 52

X

巡回文库 32，36，44，46，48，49，52，62，67，85，111，137，211，225—229，254

Y

要素说 5，111，137，140，141，151

英国图书馆协会 94

Z

中华教育改进社 78，79，81—90

中华教育文化基金董事会 56，58，59，93

中华图书馆协会 1，15，59，72，79，86，87，90—97，99，113，114，123，127，149，151，197，245，246，259，261—264

中华职业教育社 72，78

中央图书馆 40，56

著者排列法 73

后　记

民国时期是中国近代史上的重要转折时期，图书馆学作为文化事业的关键组成部分，在这一时期同样经历了从传统到现代的巨大变革。在这段波澜壮阔的历史进程中，图书馆学不仅仅是书海泛舟、知识整理的工具，更是推动社会进步、启迪民众智慧的重要力量。

北京大学信息管理系王子舟教授曾言："欲了解中国图书馆学现今所处之地位，以及预测今后之大势，莫如从近现代图书馆学史入手，从历史演进、嬗变中来判定图书馆学当今已行进到了哪一个区间站。非如此，不能解决我们今天存在的某些困惑，获取新的方向感。求因才能得果，鉴往方可知来。"由是，本书期望通过对民国时期图书馆学文献的深入挖掘、细致整理与缜密研究，尽可能还原其时图书馆学的真实风貌，探寻其发展的历史脉络，为学科史的发展添砖加瓦。

在这个过程中，笔者也真真切切体会到了"找书之难"。民国时期的图书馆学文献，在经历了连续战争的摧残后散佚颇多，幸存下来的文献数量相对较少。笔者最终通过查阅各种书目中关于民国时期图书馆学著作的目录，比对《清末民国图书馆史料汇编》等书籍资料，以及"民国图书馆学文献数据库""民国图书数据库""大学数字图书馆国际合作计划（CADAL）"等数据资料库，尽可能全面地爬梳现存书籍文献，挖掘其中蕴含的丰富文化价值，从而更加深入地理解其时图书馆学人的精神追求。

图书馆不仅仅是一个存储知识的宝库，更是一个传播文化、启迪思想的重要平台。在民国时期，图书馆作为重要的公共文化空间，承载着传承中华文化、推动社会教育的重要使命。通过对民国时期图书馆学文献的深入研究，我们可以发现其中蕴含着丰富的文化价值。这些文献不仅记录了民国图书馆事业的发展状况，它们还如同一面镜子，映照出其时的文化精神与思想风貌。通过对这些文献的解读与分析，我们可以更加深入地理解当时图书馆学的文化内涵与价值追求。

在对文献资料进行研究的过程中，笔者也被民国时期图书馆学人们的深厚学识和广阔视野所震撼。他们不仅致力于图书馆事业的发展与创新，同时也关注社会文化的传承与交流。从图书馆事业的飞速发展，到图书馆学理论的不断革新，每一处变化都体现出他们对知识的热烈渴望与不懈追求。其时图书馆学人的思想成果与学术贡献，为我们今天理解图书馆学的深层内涵提供了重要的参考与启示。在回顾历史、解读文化的同时，我们更应关注图书馆学未来的发展。随着科技的进步和社会的发展，图书馆学正面临着前所未有的机遇与挑战。如何适应时代的发展需求，推动图书馆事业的创新发展，是当代图书馆学人必须面对的问题。

因此，在本卷中，笔者试图通过对民国时期图书馆学理论的总结与反思，尽可能为当前图书馆学的发展提供一定的借鉴。笔者认为，在未来的发展中，图书馆学将继续发挥其在文化传承、知识创新、社会服务等方面的重要作用，为人类文明的进步贡献更多的力量。

最后，我要向所有为这本专著付出努力的人表示衷心的感谢。因为有你们的辛勤工作与无私奉献，本书才得以顺利出版。在未来的日子里，我将继续关注图书馆学的发展动态，积极参与学术交流与合作，为推动图书馆事业的创新发展贡献自己的力量。同时，我也希望本书能够为广大读者提供有益的参考，激发大家对图书馆学的热爱与关注。让我们共同努力，为推动图书馆学的繁荣发展贡献更多的力量！

王莞菁

2024年2月于北京